物换星移

话唐朝

黄永年——著

中华书局

图书在版编目(CIP)数据

物换星移话唐朝 / 黄永年著. —北京:中华书局,
2013.11
  ISBN 978 - 7 - 101- 09608 - 8

  Ⅰ.物… Ⅱ.黄… Ⅲ.中国历史—唐代—通俗读物
Ⅳ.K242.09

  中国版本图书馆 CIP 数据核字(2013)第 207239 号

书　　名	物换星移话唐朝
著　　者	黄永年
责任编辑	李洪超
出版发行	中华书局
	(北京市丰台区太平桥西里 38 号　100073)
	http://www.zhbc.com.cn
	E-mail:zhbc@zhbc.com.cn
印　　刷	北京天来印务有限公司
版　　次	2013 年 11 月北京第 1 版
	2013 年 11 月北京第 1 次印刷
规　　格	开本 /700×1000 毫米　1/16
	印张 15½　插页 2　字数 150 千字
印　　数	1-8000 册
国际书号	ISBN 978 - 7 - 101- 09608 - 8
定　　价	29.00 元

前　言

2011 年我开始编纂业师黄永年先生编年事辑，搜集到先生上世纪五十年代撰写的历史读物若干种，《唐代的长安》、《敦煌千佛洞》便是其中的两部佳作，后来我连同黄先生八十年代撰写并收入"祖国丛书"的《〈旧唐书〉与〈新唐书〉》、《唐太宗李世民》一并提供给感兴趣的中华书局，由他们出版这一部《物换星移话唐朝》。

《唐代的长安》出版于 1954 年 3 月，9 月即获再版，一共印行五千册；《敦煌千佛洞》出版于 1954 年 6 月，印行三千册。这两本书是先生应顾颉刚先生开办的大中国图书局之邀撰写的。由于公私合营的关系，大中国图书局与其他几家出版社合组四联出版社，故出版时就以该社名义出版了。黄先生注重长安历史地理及敦煌学的因缘始于此。先生上世纪八十年代应中华书局之邀整理点校《类编长安志》、《雍录》等长安地理名著，与此不无渊源；研究玄武门之变也是从太子及齐王由东宫入大内路线以玄武门为必经之路考证此次政变的侥幸伏击性质，与撰写《唐代的长安》时曾绘制详细的唐代长安地图有关。

正如古人所说的"物换星移几度秋"，唐代长安及其附近的景致，今天凭想象是不容易描画出来的。黄先生在《唐代的长安》中却用这样几个标题为我们一一描画出来：西北第一个大都市、渭水两岸的几个古都、周围三十六公里的大城、热闹的东市和西市、长安城里的西域人、西域文化传入了长安、骊山和曲江、大雁塔和景云钟、壁画和碑刻、唐代以后的长安城。全书虽然篇幅不大，只有一万七千字，但叙述刻画形象生动。如描写位于龙首原的大明宫："大明宫的宫门在山脚下，进了宫门，向上一望，正殿好似在天上。从宫门到正殿，有条用花砖砌成的道路可以通上去，两旁用青石做栏干，道路曲了三折，远远看去活像一条龙的尾巴，它的名称就叫龙尾道。大明宫的气象，是雄伟极了。再看个精巧的建筑，这便是唐玄宗时候的凉殿，唐玄宗用来避暑的场所。在凉殿的顶上，用机器喷水，水从屋檐冲下来，好像一个人工的水帘洞，殿里用石块雕琢成榻椅，榻椅后面装着用水力转动的风车，殿里凉风习习，不见炎日，人坐在里面，觉得万分舒服。这种凉殿，是模仿西域人的方法建造的。"再如描写骊山华清池："华清宫中有个九龙殿，是专供唐玄宗洗澡的地方，浴室的四周砌着白玉，刻着鱼龙花鸟等雕刻，浴池中装了一对白玉雕刻的莲花，温泉从莲花中喷出来，因此这个浴池就叫做莲花汤。还有杨贵妃的浴池，叫做芙蓉汤。"给读者以时空想象。后来先生的旧诗中就有"骊山游华清池"诗作："海棠汤畔玉莲汤，绝代风流想李唐。今日初临缘旧约，卅年不到转回肠。山峦明灭生云气，台馆参差凝水光。此是人间歌舞地，莼鲈那复话江乡。"

《敦煌千佛洞》全书二万七千字，黄先生以这样几个标题将千佛洞的故事娓娓道来：敦煌——古代西北的大门、鸣沙山和千佛洞、千佛洞的遭劫、两万多件卷子、石窟和塑像、壁画和佛教故事、优秀的艺术遗产、西千佛洞和万佛峡、敦煌回到了人民的手里。先生这本书中的真知灼见、神来之笔也时时可见，如先生在描写敦煌壁画飞天形象时，曾比较西方基督教、东方中国道教中仙人的样子："我们祖先并没有在飞天的背上加翅膀，也没有在飞天的脚下添云彩，只在飞天的身上画了两根飘带，两根飘带一转一折，便把这个上下飞腾的身子运用自如地飘忽在空中了。这种方法，是多么地简洁、灵巧，多么富于想像力。"再如先生在此书中叙述被帝国主义分子劫余后的敦煌卷子在被官府命令运往北京途中，一路上以及到京后不断被官僚、"学者"李盛铎之流偷盗时曾引鲁迅先生所说："中国公共的东西，实在不容易保存。如果当局者是外行，他便将东西糟完，倘是内行，他便将东西偷完。"这一点先生后来在课堂上也讲过。确实，一部《永乐大典》从明代偷到清末，所剩寥寥无几。明末人张岱对此便有记述。

黄先生所撰写《〈旧唐书〉与〈新唐书〉》1985年6月由人民出版社出版。这两部李唐史书，先生先后用功长达五十年之久，真知灼见比比皆是。南开大学的张国刚先生在天津教育出版社1996年出版的《隋唐五代史研究概要》评价该书"极有创见"，"篇幅虽小，却极有分量"，"对初学唐史者也是很好的入门之作"。如关于新旧《唐书》的版本问题，先生就实事求是地指出："现在容易买到的是中华书局点校本的《二十四史》，这是在六十年代开始整理出版，到七十年代后期才出齐的。中间由于受到过十年动乱的干扰，因此工作做得并不很理想。《新唐书》根据百衲本整理是对的，《旧唐书》却没有根据百衲本，而是根据源出殿本和原文已有改动的岑建功本，在整理时又根据其他文献随便改动了原文，只是在所附的校勘记里交待了一下，标点、分段也有许多欠妥当的地方。在没有重新改订之前，这恐怕不能说是好本子。当然，开始读《旧唐书》、《新唐书》时可以用中华书局的点校本，因为它有标点，读起来比较方便。如果要进一步研究，还是用百衲本为好，因为它保存了南宋本等旧本的面貌。好在建国后曾把本来是线装形式的百衲本《二十四史》重印成精装本，现在还不难找到。"

黄先生所撰写的《唐太宗李世民》1987 年 2 月由上海人民出版社出版。这是一本堪与吕思勉先生《三国史话》比肩而立的佳作。这本传记有如下三个鲜明特征：

讲科学。先生认为："有些人写唐太宗或其他历史上的所谓'正面人物'，往往不写缺点错误，明明看到有，也来个'隐恶扬善'，藏起来不让读者知道，这就不科学。""就李世民来说，就应该老老实实地把他写成一个封建帝王，封建帝王的阶级本性，由阶级本性决定的种种阴暗面，只要李世民身上有的，都应该毫不隐讳地写出来，这是一个方面。另一方面，李世民毕竟又是一个有才能有作为的皇帝，在封建社会的条件下，在阶级本性许可的条件下，他对祖国的统一、富强做了不少有益的工作，给中华民族的历史增添上光辉的一页，这些当然更要写。……这样写出来的才是有血有肉的真李世民。"

注重弄清历史真相。先生认为："写历史人物的传记不比写历史小说，写历史小说可以虚构，只要虚构得合理就可以，传记则必须是真人，还必须是真事。而写真事难度比较大，因为目前主要只能依靠旧式的史书。""从李渊在太原起兵到打进长安做上皇帝这一段，幸好有一本没有被篡改过的《大唐创业起居注》作为依据。以后没有这样现成的好资料，那就只能从《旧唐书》、《资治通鉴》等史书里细心挑选不曾被篡改过的地方，加以分析研究，来弄清楚事情的真相。

在《唐太宗李世民》这本小书里，有很多地方就是根据我个人分析研究的结果来写的。有人会说，你的分析研究一定正确吗？当然不敢说一定正确。如果错了，而且被高明的读者发现了，在再版时认真改正就是。"

文字趣味生动。先生认为："除了弄清真相、讲科学外，通俗读物还应该写得有趣味。现在的历史教科书有个毛病，太缺乏趣味性，大学里用的不用说了，连中学课本都习惯板着脸说话，好像讲科学就非板脸不可，而不懂得寓科学于趣味，有时会收到更大的效果。""有趣味不一定讲打仗，说故事。有时候在说故事的同时，还得讲点道理。……记得四十多年前我在高中上学的时候，读过老师吕思勉先生写的《三国史话》，故事少，道理多，可仍很感兴趣，很解渴，我写这本书在有些地方就想向老师学习。"

由此可见，黄先生对自己写作的《唐太宗李世民》一书颇为自负，曾对学生说："此书，太师母都能读。"当然这是针对该书语言生动有趣而言，当时先生岳母、童书业先生夫人蒋咏香女士就养于陕西师大先生家。此外，先生后来还在致川大缪钺先生函中云："拙撰短书《唐太宗》附呈。限于体例，不得出考订语，虽自思尚用过一番功夫，与书坊古人传记或不尽相同耳。疏失之处，尚祈指正。"

以上便是我重温这几种书后的一些感想及若干著述背景的交待。这几种书数十年未获再版，读者寻找购读不易，中华书局征得黄先生家属的同意，配以精美的插图，一并结集出版，必将受到广大读者的欢迎。如果我的论述能为读者阅读这几种书提供一点疏说或解题作用，那我的写作初衷也就实现了。

曹旅宁

2013 年 5 月 15 日

唐太宗李世民 **1**

唐代的长安 99

《旧唐书》与《新唐书》 131

新唐书

唐太宗李世民

TANGTAIZONG LISHIMIN

李家二郎

旧史书上记载：隋文帝开皇十八年十二月二十二日，也就是公元 599 年 1 月 23 日，在雍州武功县南十八里的渭水边上，发生了一件新闻。一座大馆宅门外出现了两条真龙，馆宅里传出夫人生了二郎的喜讯。这位二郎就是后来贵为唐朝第二代皇帝、史称唐太宗的李世民。龙呢，整整飞舞了三天才消失，好像真在庆贺这位真命天子的诞生。

尽管记得一本正经，到今天已哄不住一个小学生。龙，地球上根本不曾存在过这种动物，画在墙壁上、塑在庭柱上、或者春节耍龙灯都可以，谁真见过活龙在飞舞，还为未来的皇帝诞生欢欣鼓舞呢？就是馆宅里的人，谁也想不到这位二郎将来会做皇帝啊！但今天也不必多责备编造这种神话的史官们，就连著名的大史学家司马迁编写的《史记》里，还不是说汉高祖是龙种吗？哪个封建帝王不想在自己身上加点神秘的光圈，尽管他们出生时和平民老百姓家的一样，只是会哭、会要奶吃而已。

不过李世民这个小孩也有其不平凡之处，这就是他有个阔爸爸。这从他被叫做"二郎"就可知道。当时的"郎"，就是解放前的所谓"少爷"，解放前哪有劳动人民贫苦人家的孩子可称少爷的。隋唐时候的儿童、青少年要被称

唐太宗像

为郎，起码得有个做官的父亲，哪怕芝麻绿豆官也够格。而李世民的父亲、祖父、曾祖父……的官职，还远不止芝麻绿豆，说文雅点，是关中地区（今陕西中部渭河流域一带）的头等大官僚、大贵族。

"王侯将相宁有种乎？"关中李家也并非有史以来就阔气的。现代历史学家有人怀疑他们的祖先并不是汉人，是东晋南北朝时入居中原的鲜卑族。不过证据不充分，更有可能和汉人中的赵郡李氏有关系。赵郡李氏是南北朝时候的高门大族，但李世民的上代不算这个高门大族的正统嫡系，只是族里流落到柏仁县定居的破落户，还有可能是邻近另一家姓李的平民百姓假冒成赵郡李氏。这种假冒高门大族的事情，在南北朝是屡见不鲜的。当然，冒牌货不会得到正牌赵郡李氏的承认，破落的旁支也享受不到高门大族的余荫，要发家只好打仗立军功，到北朝时，李世民的曾祖李虎已官拜左仆射，封爵赵郡公，以后又和宇文泰等支持逃到关中的孝武帝，建立了西魏政权，他又成为最有权势的"八柱国"之一。人阔了，就想另外高攀更阔的祖宗，正好东晋时候的西凉①皇帝是李暠（hào），抓住同姓这一点拉来当作自己的祖先，再推上去先秦道家姓李名耳的老子，又是现成的始祖。李虎死后，宇文氏取代西魏建立北周政权，追封李虎为唐国公，这个封爵由李虎的儿子李昞（bǐng）、孙儿李渊相继承袭。

这位李渊，就是李世民的父亲。李世民的母亲姓窦，这可不是汉姓而是鲜卑姓，是鲜卑的大贵族。连祖母，也就是李昞的夫人独孤氏，也是

唐高祖李渊像

---

① 西凉建都在现在的甘肃省酒泉县，占有今甘肃省和内蒙古自治区的西部到新疆维吾尔自治区的东部。

鲜卑大贵族。只是这时的鲜卑贵族早已汉化了，而我国历史上的民族，实际上主要不是以血统区分，而是以文化来判定的①。少数民族汉化了，也就成为汉族，所以说李虎这一系完全是汉族也可以。

李渊年轻时又遇上改朝换代，先是北周灭掉北齐统一北方，接着北周的权臣杨坚又夺取政权建立隋朝，再灭掉了南朝的陈，重新统一中国。杨坚的父亲杨忠系"十二大将军"之一，本来就和李虎齐名，杨坚的皇后独孤氏，和李昞夫人独孤氏是亲姐妹。从亲戚关系来讲，李渊还是杨坚的姨甥。他先做杨坚的亲信警卫"千牛备身"，以后历任谯州、陇州和岐州的刺史。二郎世民在武功诞生时，李渊正离开谯州去陇州上任。

唐太祖李虎永陵华表、石虎

李世民是二郎，哥哥大郎呢，名叫建成，比李世民大九岁。以后母亲又生了两个弟弟、一个妹妹，三郎玄霸没有长成就死了，四郎元吉比李世民小五岁，妹妹后来嫁给军人世家子弟柴绍。封建社会的官僚、贵族惯例是多妻，除了窦氏是正式夫人外，李渊还有不少妾，有的是李渊做皇帝前就娶的，有的是当上皇帝再找的。她们又为李渊生了十八个儿子，他们都比李世民、李元吉小，是一群小弟弟，在政治舞台上轮不到他们多表现。有表现的是窦氏亲生的大郎、二郎和四郎，而且戏剧性地，大郎、四郎成为二郎李世民的对立面，当然这是后来的事情。在童年，在青少年时代，兄弟之间应该和寻常百姓家一样同吃同玩，同学

---

① 像唐代的大诗人白居易的祖先，很可能是中亚的少数民族。和白居易齐名的元稹，即曾经以自己为原型写成《莺莺传》的风流才子，竟是北魏皇室鲜卑拓跋氏的后裔，但当时就都把他们看成汉人，毫无见外之意。

唐代箭镞

习，同打闹，最多年龄大的要装得老成些，做出哥哥的样子罢了。

李家虽是军人世家，但既已阔了，就不能光靠刀枪弓马，要学文化。当时的惯例，念书先读《孝经》、《论语》，再读《周易》、《尚书》、《毛诗》、《礼记》、《春秋左传》等所谓"五经"，但不一定都读全，同时还得学会做诗做文章，这又得读《文选》①。李世民小时候，大概也经历了这样的学习过程。另外，练习写字也是要紧的功课，李渊自己就爱写字，对儿子哪能放松要求。

光读书写字，当个文人是够格了，但准备做大官还不行。当时继承魏晋南北朝门阀制度盛行以来的老传统，当大官要文武兼资，或者通俗点说，要文武双全才够格，平时要会搞政治、管老百姓，发生战争能指挥大军，甚至亲自冲锋陷阵。在这方面，李渊本身就是个榜样，他之所以能娶到窦氏夫人，就凭一手好弓箭。原来窦氏夫人的父亲窦毅，也是一个能文能武的大贵族。为了选女婿，他请人在家里的门屏上画了两只孔雀，谁能射中孔雀的眼睛，谁就中选。好多阔公子都失败了，独有李渊两箭都中。这个"雀屏中选"，后来就成为被阔人家挑中当女婿的典故，尽管这些女婿并不真像李渊那样有射孔雀屏的本领。做父亲的武艺高强，儿子们自然也都不弱，就李世民来说，弓箭功夫也是很过硬的，"挽弓当

---

①　这是南北朝时南朝梁昭明太子萧统选编的文选，到隋唐时极其风行，为学做诗文者所必读。

挽强，用箭当用长"（杜甫《前出塞》），李世民惯用的箭，据说真比寻常的要长大。另外，打猎也是李世民从小养成的嗜好，这在当时也是练习跑马挽弓的一种方法，并不单纯为了娱乐。

光会冲锋陷阵还不行，还要会当高级指挥官，这又要懂兵法。相传春秋时孙武编写的而其实是战国时的著作《孙子兵法》十三篇，是李世民自小熟读的，读的是当时流行的曹操的注解本，曹操本身就是一位大军事家。

当时的贵族习惯早婚。李世民在十六岁①时就娶了个长孙家的小姐做夫人，比他还小三岁。长孙这一家也源出鲜卑拓跋氏，和李家一样是关中地区的大贵族。小姐的父亲长孙晟（shèng）在隋朝官至右骁卫将军，只是死得早，小姐和她的哥哥长孙无忌寄养在舅父高士廉家里。小姐从小就知书识礼，而且颇有政治才能，是李世民的贤内助。长孙无忌则更是个干才，以后成为李世民最亲信的助手和宰相。

---

① 我国过去计算年龄都用老算法，即生下来就算一岁，并不要满了周岁才算一岁。为了方便起见，在这本书里一般不再换算成今天流行的计算法。

从太原到长安

　　人心厌乱，从东汉以后，经过魏、晋、南北朝长达三百好几十年的分裂战乱，在杨坚（就是隋文帝）手里，中国又回复到统一的局面。如果这种局面不再被破坏，那李渊最多再升点官就终其一生，李世民以及李建成、李元吉兄弟最多继承父业，在杨隋政权下做个刺史或将军。但是，"时势造英雄"，隋朝后期的大动乱，把李氏父子推向历史的前台，让他们扮演了一场新编剧的主角。

　　杨坚这个完成统一事业的皇帝，在处理家庭问题、挑选继承人上，做得并不很高明。隋炀帝杨广在杨家本和李世民一样是个二郎，是独孤皇后亲生的第二个皇子，哥哥大郎杨勇呢，也是独孤亲生的，按照我国封建社会立嫡、立长的传统习惯，皇帝的法定继承人"皇太子"的头衔，自然首先落到杨勇的头上。杨广

▶ 隋炀帝像

▼ 隋文帝像

不甘心，利用平陈战役充任统帅的机会，勾结大将权臣杨素等人，哄瞒住杨坚，让杨坚废掉杨勇改立杨广当太子。杨坚一死，杨广就矫诏把哥哥杨勇害死，稳稳地坐上了皇帝的宝座。杨坚在历代帝王中算是比较节俭、比较谨慎小心而不肯胡来的。隋炀帝杨广却是反其道而行之，开运河，打高丽，苛重的劳役、兵役连年不断，把老百姓压得实在透不过气来。要知道，封建社会的农民对缴租税还不那么害怕，即使重一点，有时还能咬紧牙关顶过去；服兵役，服劳役，要背井离乡，甚至一去不回，田地就非荒芜不可，老婆、孩子非饿死不可。为了活命，就只好造反，也就是今天所说的闹农民起义。当时起义的烽火蔓延到整个黄河中下游地区以至长江流域，许多地主武装也乘机而起，天下重新大乱。

在这大动乱中，李家父子在干什么？隋大业七年（公元611年）在长白山（在今山东章丘东北）开始点燃起起义烽火的时候，李渊又已历任了两郡太守①，被姨表弟杨广调进长安做京官。大业九年，杨广第二次打高丽，李渊被派到前线督运粮草。杨素的儿子杨玄感起兵反隋，李渊又被派到弘化郡当留守，给杨广看守长安的后院。大业十一年，杨广去太原晋阳宫（在太原郡治所晋阳的离宫）避暑，又派李渊到河东做山西河东抚慰大使。炀帝去雁门（今山西代县），被北边少数民族东突厥兵围困，李渊又出兵解围。大业十二年，杨广坐龙船到江都（治所在今江苏扬州），又任命李渊做太原留守。看起来很想利用

隋炀帝游幸江都图

---

① 隋炀帝即位后把州改称郡，刺史改称太守。

这位姨表兄替他效劳尽忠。但是李渊自己的想法就不一样了，祖上同是当年的重臣，杨家的江山眼看保不住了，李家来取而代之完全够资格。何况这时姨表弟杨广远去江都，对中原已无力过问，太原又是当年北齐的军事重镇，有粮有兵有装备，正是个发难起兵做大事业的好据点。于是，让二十八岁的大郎建成带着十四岁的四郎元吉留在河东，替他联络地方豪强，收买人心。二郎世民只有十九岁，救援雁门之役虽曾随军参战，并没有真上过战场，怕不够老练，带到太原帮助自己办事。

李世民到太原后，工作做得很出色，结纳了晋阳县令刘文静，此人以后和管理晋阳宫的宫监裴寂，成为李渊的主要助手。李世民还参加了李渊镇压农民军甄（zhēn）翟儿部的战役，在他第一次实战中立了功。

这时候北边的东突厥不断南侵，马邑郡（治所在今山西朔县）太守王仁恭和太原副留守高君雅战败，远在江都的杨广，曾派人到太原来追查李渊的责任。结果虽然没有查出什么大事，李渊却不能不加速自己的行动。正好在大业十三年（公元617年）二月里，马邑土豪刘武周袭杀太守王仁恭，联结突厥要南下夺取太原。李渊就借口加强防御，公开为自己招募、集结兵力，让李世民直接掌握。到五月十五日这一天，晋阳宫外，由李世民在新招募的兵中挑选五万精锐，负责戒备；宫里，李渊假意请站在隋朝一边的高君雅和另一个副留守王威商议公事，让刘文静带着李渊的亲信进宫，诬告这两个副留守里通突厥，当场抓起来处斩。李渊自称大将军，将太原的新旧部队，加上投奔来的各路豪杰，一共好几万人

晋阳古城遗址（位于山西太原市晋源区）

马，编成左、中、右三军。这时候，李建成、李元吉已得到秘密通知，从河东赶来太原，李渊派李建成和李世民分领左、右军，中军由李渊直接统帅，开始军事行动。

首先，要解决太原南边的西河郡（治所在今山西汾阳），这是李渊向外发展的最大阻碍。于是在六月初，派李建成和李世民带领左、右两军向西河进军。当时官兵军纪最坏，农民军当然不一样，不过不是正规部队，也未必有严肃的纪律。李建成、李世民要成大事业，就得在纪律上做出样子来。吃瓜果、蔬菜一律价购，发现战士窃取了，马上找到主人把钱补上。老百姓主动给李建成、李世民进献酒饭，推辞不掉，就和部下分享。这样，战士肯出力，老百姓也拥护，不花多大气力就打进西河城。郡丞高德儒是个无耻小人，当年在洛阳把孔雀说成鸾①，谄媚朝廷升了官，杀了好平民愤，此外据说不杀一人。

打西河只算牛刀小试，接着要在战略上大规模行动。杨隋政权的京师是长安，还有洛阳是东都。当时东都已被李密的瓦岗军包围，城里是隋朝的越王杨侗在防守，杨侗不算什么，瓦岗军可是农民军中最强大的一支，和他们打硬仗、争东都，太不合算。不如把大军指向西南，渡过黄河进入关中，直取长安。长安是西魏、北周以来的旧都，关中是李家几代活动的场所，兵源、粮食都不成问题，地势又可守可进取，而且当时在长安的代王杨侑（yòu）是个十三岁的小孩子，留守的卫文升、阴世师之流，也不难对付。

这个英明的战略行动，当然是李渊决定的，李世民、李建成、李元吉以及裴寂、刘文静等，也一致拥护。李渊任命裴寂做大将军府长史，刘文静做大将军府司马，封李建成陇西公，做左领军大都督，封李世民敦煌公，做右领军大都督，都随大军行动；四郎李元吉做镇北将军、太原太守，留守晋阳宫。

大业十三年（公元617年）七月四日，军门口竖起大白旗，宣读了出师誓言，公开指责杨广的罪恶，不再承认他的皇帝地位。当然，李渊也不便像农民军领袖那样，痛快地让自己来做皇帝，他表面上还要顾点封建社会的所谓君臣之

---

① 鸾和凤都是传说中祥瑞的神鸟，地球上其实并无这类动物。

道，要学魏、晋、南北朝以来惯用的办法，先拥立一个徒有虚名的皇帝为傀儡，然后叫这个傀儡把皇帝宝座禅让给自己。这个傀儡，在誓言里选定了将由代王杨侑来充当。

三万大军离开太原，沿汾水向西南前进，经过西河郡，到达贾胡堡。代王杨侑派来堵截的宋老生部，也来到了距离贾胡堡五十里的霍邑（今山西霍县）。可是天不作美，下起大雨来，二十多天不见放晴，粮草已将断绝。是进呢，还是暂时撤退回太原？部队里议论纷纷，甚至流传出刘武周要乘机引突厥兵南下的谣言。李渊找李建成、李世民和文武官员来商量。李建成、李世民异口同声地主张前进，攻取霍邑，李渊很高兴。正好天晴了，粮草也从后方运来了，于是双方在霍邑城东展开一场大战。

李渊让李建成、李世民各率大队骑兵，绕过隋军冲到城下，一个堵住东门，一个堵住南门，李渊在正面阵上叫人高喊："已斩了宋老生！"隋军信以为真，阵脚大乱，要退进城里，城门外又布满了李建成、李世民的骑兵，城上的隋军放下绳子想把宋老生拉上城，李渊大军赶上来，把他杀死，一鼓作气拿下霍邑①。

从霍邑再沿着汾水前进，临汾郡、绛郡（治所在今山西新绛）望风而降，大军顺利地进入河东，到达黄河东岸的龙门县（治所在今山西河津）。这一带是李建成、李元吉活动过的地方，有河边上的居民提供船只，关中拥有实力的土豪孙华也投奔李渊，并自愿来做向导。李渊从左、右两军中抽调先遣部队，随孙华先从壶口渡河据守西岸，自己带了李建成、李世民、裴寂沿河南下，围攻河东郡城，因为城里还有屈突通率领的大股隋军在据守。屈突通守得顽强，一时攻不下，为争取时间，李渊毅然率领大军渡河，派李建成带同刘文静等，占领隋朝设在关中的大粮库永丰仓，并分兵驻防潼关。屈突通跟踪渡河想回救长安，已经进不了潼关，后来被俘投降。

再说李渊怎样攻取长安。他兵分两路，一路派李世民沿渭河北岸西进，连

---

① 上面所说战斗过程，根据《大唐创业起居注》。其他旧史书上把李渊写得几乎战败，全凭李世民舍命血战才反败为胜，这是后来史官的曲笔。

克高陵、泾阳、武功，再渡过渭河，拿下了盩厔（zhōu zhì。今陕西周至），来个大迂回后向东进逼长安；再一路是让李建成抽调精锐，从潼关直趋长安。李渊自己也亲临前敌指挥，大营安到长安城东春明门的西北。这时候，关中的地主武装和小股农民军，看到李渊声势浩大，都纷纷前来投靠，连李渊的女儿，也就是柴绍的夫人，都收编到七万地主武装和农民军，并且亲自带了一万精兵来会攻长安。长安城周围李渊的大军，一下子超过了二十万。

这时的长安城，已不是西汉时候的旧城，而是隋文帝建筑的新城——大兴

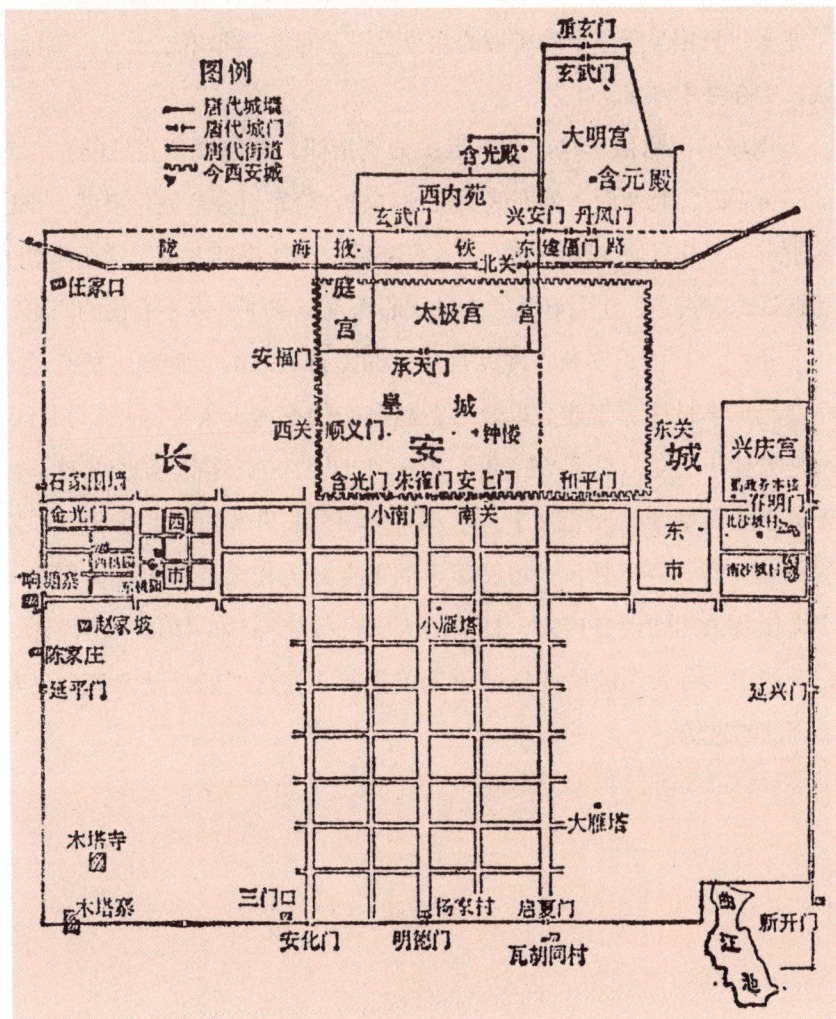

长安城略图

城。城大极了，周围是四方的外郭城，城里居中偏北是皇城，皇城北面是宫城，宫城的北面连接着外郭城的城墙。宫城是皇帝、后妃和太子等居住活动的地方，宰相的办公机构也附设在宫城的南边。皇城则是政府各个机构的所在地。一般居民包括贵族官僚的住宅，都在皇城以南和皇城、宫城的东西两边。从皇城到外郭城城墙，南北向有一条朱雀大街，把居民区平分成两半，每一半从南到北各有五条街，从东到西又有十四条街，街和街把居民区分割成一块块豆腐干似的住宅区，叫做里，到唐代又改叫坊。今天的西安城，是明代初年建筑的，规模也够雄伟了，可是和隋的大兴城也就是唐的长安城相比较，比那时的宫城加上皇城大不了许多，只相当于整个隋唐城的六分之一。可想当年用二十万人马围困这样的大城，实在并不嫌多。

围城的部队由李建成和李世民分别指挥，李建成负责城的东、南两面，李世民负责西、北两面。外郭城很快被打破，隋军退守宫城、皇城。李建成的军头雷永吉，又从皇城东面的景风门首先登城，迅速全部占领了这个隋朝的都城。头功被哥哥夺去了，逞强好胜的李世民心头难免留下一点不愉快的阴影。

不过，打下长安城，终究是欢乐的振奋人心的大喜事。捕杀敌人，维持秩序，也够李世民、李建成以及准备做皇帝的李渊大大忙碌一阵。打进皇城、宫城是大业十三年（公元 617 年）十一月十一日的事情，到十七日，让代王杨侑先做上傀儡皇帝，改元义宁。李渊从唐国公高升为唐王和丞相，一切大权全归丞相府。第二年三月，杨侑又让李渊再高升为相国。不久，杨广在江都被亲信宇文化及杀死的消息传来，杨隋的天下已彻底完结。杨侑下诏禅让，五月二十日李渊正式称帝，改隋为唐，改元武德。其实这一切都是李渊自己在牵线，走个合法的过场。

西讨北征

从太原起兵到攻取长安，李世民这位青年军事家，基本上是在父亲李渊直接带领下行动的，没有机会充分发挥他自命不凡的才能。进入长安后，父亲做了唐王、丞相，他也由敦煌公进封秦国公。父亲还让他以右元帅的名义统率大军出潼关，东窥东都洛阳，但同时行动的还有个左元帅、哥哥李建成。李建成现在是唐王的世子了①，当然一切以李建成为主，李世民仍然只算个副手。这次行动没有多大收获，只攻取几个县城，就班师回长安，原因仍旧是洛阳城外的瓦岗军太棘手。何况长安西边的薛举正加紧东侵，盘据马邑的刘武周也有南下的消息。大举进攻洛阳还不是时候。

李渊正式做了皇帝，李世民水涨船高也成为秦王。这年六月，薛举入寇泾州（治所在今甘肃泾川），李世民被皇帝李渊任命为西讨元帅，率领刘文静、殷开山和八个总管出长安抗击。这次，哥哥李建成不再同行了，因为他已从唐王世子高升成了皇太子。我国封建社会很早形成一种惯例，叫"君之嗣嫡，不可以帅师"（这句话最早见于《左传》），意思是君主的继承人不应带兵出去打仗，甚至君主御驾亲征时，也让他在后方留守。这倒不仅考虑到"兵凶战危"，上战场难免遇到不测，而且需要他留在京城里学习治理国家的本领，以便一旦君主去世，可以驾轻就熟地接掌政权。事实上也正是如此，当时李建成正以皇太子的身份，在李渊身边忙着主持日常政务，除掉军国大事得由李渊亲自过问、决策外，一般性的都由他全权处理。大战役的统率指挥权，自然落到了威名和李建成相埒（liè）的秦王李世民手里。这对李世民来说，自然是颇为高兴的事情。何况在李氏父子进入长安不久，薛举曾派他的儿子薛仁杲（gǎo）领兵入侵扶风郡，被李

---

① 当时皇帝的法定继承人叫"皇太子"或"太子"；王的继承人低一点，叫"世子"。

世民轻易地打败过。这次率领大军西征，自以为必可马到成功。

哪知薛举此人并不容易对付。他出身河东地区的军事世家，父辈移居金城（治所在今甘肃兰州）一带，后来成为当地的豪强，大业末年乘乱在今天的甘肃东部、青海北部割据，自称秦帝，战士号称三十万，而且利用当地良种战马，组成为数众多的骑兵，战斗力并不弱于唐军。而李世民毕竟还缺乏指挥大战役的经验，防御欠严密，在高墌（zhí）城（今陕西长武北）浅水原被薛举的骑兵绕到阵后突然袭击，好几个总管被俘虏，士兵折损了一大半。李世民收拾残部撤回长安，高墌城被薛举攻占。

李渊追究这次战败的责任，刘文静、殷开山被撤职，李世民究竟是亲儿子，没受处分。后来史书都说李世民当时本来采取守势，要等秦军的锐气受挫后再出战，不巧害上疟疾，临时代理指挥的刘文静、殷开山违背了李世民的旨意，才弄得大败亏输。这显然是李世民当了皇帝后史官们为他推卸责任。其实，天下本无常胜将军，能做到胜多败少就不容易，初次指挥大战役吃个败仗本不足为奇。

高墌战役后，薛举已准备乘胜进取长安。可是历史真有偶然性，薛举还没有行动，八月里就一病不起，儿子薛仁杲即位。此人的才能比薛举差远了，李渊决定再让李世民挂帅西征，薛仁杲派大将宗罗睺（hóu）到高墌城迎敌。吃

昭陵六骏之"白蹄乌"。李世民平薛仁杲时所骑战马

一堑，长一智。李世民这一次真的深沟高垒、坚壁不出了。不管对方怎么挑战，部下怎么请战，都概不理会，并且公开号令全军："敢言战者斩！"这样相持了六十多天，秦军粮食眼看吃尽，有的小部队支持不下去，还主动投奔唐军。李世民知道对方军心动摇，有瑕可乘，就先派一支偏师到浅水原扎营，引诱宗罗睺来进攻。等秦军主力磨得很疲劳，李世民再让大队唐军加入战斗，自己指挥几十个骑兵从原北出其不意地杀向秦军。把秦军击溃后，李世民又亲自带上二千铁骑，直取薛仁杲盘据的折墌城（今甘肃泾川东北），逼薛仁杲开城投降。薛仁杲、宗罗睺等被押送长安斩首，战士万人都编入唐军，大大充实了秦王李世民系统的武装力量。

薛仁杲的剪除，使李唐政权解除了西顾之忧，另一个实力远不如薛家父子、盘据在姑臧（今甘肃武威）的李轨，不久也被手下的将领抓起来降唐。可是太原的局面紧张起来了。马邑的刘武周这时联结宋金刚大举南侵，进逼太原。在太原镇守的四郎李元吉，这时已进封齐王，出兵暂时抵挡了一阵，但刘军势大，李元吉的这点兵力支持不住。李渊派李仲文带兵救援，不料又战败被俘，好容易才逃脱回来。再派宰相裴寂出马，仍连吃败仗。李元吉只得主动撤离太原。当时李元吉只有十七岁，上一年二十一岁的二哥李世民都会在浅水原吃大败仗，十七岁的

昭陵六骏之"特勒骠"。
李世民平宋金刚所骑战马

李元吉在敌众我寡的形势下守不住太原，就更情有可原。后来，史书上把李元吉说成胆小无能，实在冤枉。

李元吉、裴寂都回到了长安，抗击刘武周、宋金刚的重任，又落到秦王李世民身上。这年十一月，李世民带了关中大部队渡河，和刘、宋军较量。当时太原已丢失了，现在的山西省的绝大部分，都已落到刘、宋军手里。李世民先把部队推进到绛州的柏壁（今山西新绛西南），采用对付薛仁杲的深沟高垒、不匆忙求战的老战术。另外，让和刘、宋军较量过的李仲文坚守住浩州（今山西汾阳），这是敌人从太原运粮到绛州前线的必经之地，有了浩州就等于切断敌人的运输线。刘武周几次攻打浩州不下，宋金刚在前线又无法和唐军主力作战。相持到第二年武德三年（公元620年）二月里，这个高明的战术见效了。宋金刚军乏粮饥疲，被迫沿汾水北撤，李世民挥军追击，在霍邑北面的雀鼠谷追上宋军，一天里八战八捷，宋军战死过半，剩下残部二万逃到介休。唐军又兼程赶上，宋金刚只好在介州城西摆开阵势，再和唐军决战。李世民还是用打薛仁杲的老办法，让大部队在正面和宋军厮杀，自己带了铁骑绕个圈子，到宋军阵后发起冲锋，把宋军彻底击溃。宋金刚弃军脱逃，骁将尉迟敬德等率领残部八千，向李世民投降。

刘武周知道大势已去，丢掉太原，带了五百骑兵匆忙逃入东突厥。宋金刚还想串连流散的旧部再干，但已缺乏号召力，只好带一些死党走刘武周的老路，投靠东突厥。这两个人在东突厥部落里又不安分，先后被杀死。

西讨、北征两大战役胜利结束后，李世民挥戈再上东战场。

平定山东

讲东战场之前，先让我们打开地图看一看当时的全国形势。

李渊起兵太原，进入关中，奠都长安，现在的陕西、山西是李唐政权的根据地。经过两次大战役，打掉了薛仁杲、刘武周，西、北两边暂时不再有后顾之忧。东突厥呢，当然比刘武周、薛仁杲更可怕，但毕竟远在边塞，稍缓一点不致影响大局。

陕西南边是四川，这个历史上常闹封建割据的地方，在隋炀帝末年倒还不曾发生大动乱。李渊派窦氏夫人的堂侄窦轨进入汉中到达成都，很快稳定了局势，使四川成为支援关中的一个后院。从四川东下，雄据长江下游的农民军首领杜伏威已经降唐，只剩下并没有多大实力、在江陵称帝的梁朝后人萧铣。而且，当时这些地区还不是全国的重心，这里在经济、文化上超过黄河流域，成为全国重心，是唐朝中期以后以至宋代的事情，当时李唐政权的注意力不会放到这里。

当时，李唐政权注意的是"山东"，这个"山东"并非正式的行政区域，而是战国、秦、汉以来的习惯称呼。最初用来指华山、崤山、函谷关以东直到沿海的广大地区，甚至连长江流域也包括在里面。到隋唐之际，长江流域一般不算了，今天的山西省在唐人心目中是创业之地，通常也不算，当时的"山东"是指黄河中下游，今天河南、山东、河北三省的地区，有时候也把河北单独提出来，和山东并称为山东、河北。这一带在当时是全国最富庶的地方，出物资，出人材。因此早先在这里的北齐就远比北周强大，而北周要强大，就得费尽心机灭掉北齐。现在李唐政权又要走北周的老路，把山东这片广大的地区收入版图。

山东地区的政治重心，当然首推东都洛阳。这时候，进入洛阳的王世充，已经杀掉隋朝的越王杨侗，自己做皇帝，改国号为郑。此人是西域胡人的后裔，上代虽早就入居中原，他本人也已汉化，但并无多大政治才能。他从江都带来的

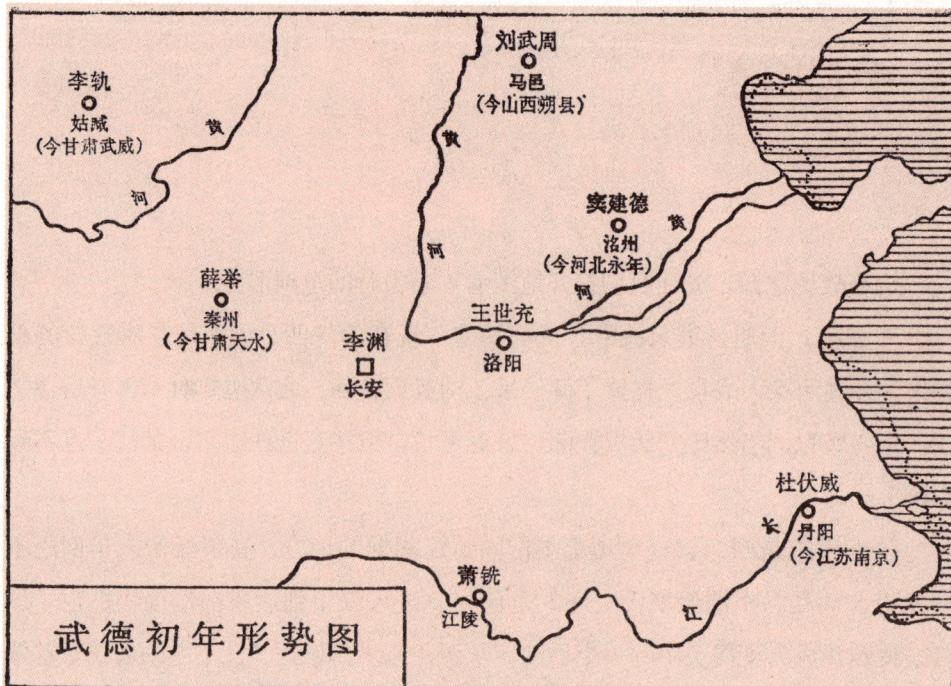

武德初年形势图

江淮兵善用排矟（shuò），而不精于骑射，在黄河流域大平原上和唐朝拥有的西北铁骑较量起来，也明显地相形见绌。

东进更有利的条件，是原先在洛阳城外的瓦岗军已经销声匿迹。本来，以李密为首的瓦岗军在当时所有农民部队中，是最强大、最能战斗的。在全盛时期，山东、河北各路农民部队、地主武装，都表示要推戴李密当领袖，还劝李密建号称帝。但在宇文化及杀死杨广、带了江都部队全军北上时，李密和他打了一次硬仗，宇文化及虽被杀败，瓦岗军也损失惨重，大伤元气。王世充乘机出动，偃师一战把李密的主力彻底击溃。瓦岗军内部的团结本来有问题，当初翟让一派就不服李密的指挥，结果翟让被李密给杀了；另一个地位仅次于李密的徐世勣（jì），也因为和翟让接近，被派出去镇守黎阳（今河南浚县），实际上已脱离了李密，自成一股势力。偃师战败后，又有好些不属李密嫡系的将领投降了王世充。李密只得带了少数亲信，狼狈地进入潼关，向李渊投降称臣。后来，在黎阳的徐世勣也归附唐朝，李渊赐他姓李，这就是和李靖齐名的唐初名将李勣①。李密则又乘李渊派他出京招募旧部的机会叛唐，被唐军杀死。这样，唐军在山东的对手，只剩下洛阳的王世充，比原先瓦岗军存在时好对付得多了。

当然，如果把河北地区也算进去，那还有一个窦建德。此人在农村里当过里长，父亲死了有上千人送葬，大概也是个结交江湖好汉的地方豪杰，后来凭此资本，成为农民起义军的首领，建都乐寿（今河北献县），自称夏王。宇文化及被李密杀败后北窜，是窦建德把他歼灭的。李勣归附了唐朝，窦建德又南下争夺地盘，先打下洺州，改为夏国的都城。又打下黎阳，俘虏了李勣。但是窦建德和王世充也有矛盾，互相争夺过管领的州县。如果唐军进攻王世充，估计窦建德不会马上支援。

这样，李唐政权就决定了攻取洛阳，进而平定山东的战略。在解决了刘武周以后不到两个月，武德三年（公元620年）七月初一这一天，李渊正式下诏东征王世充。统帅当然是一再建立功勋、锐气旺盛的秦王李世民。齐王李元吉十八岁了，做哥哥秦王的副手。李勣已从窦建德那边逃回来，考虑到他是山东地区有影响的军事人材，也让他参加东征，成为仅次于秦王、齐王的重要将领。此外还动员了大批有作战经验、有智谋的文武官员带兵随军。驻守山东有战斗力的唐军，也纷纷向洛阳移动。真是猛将如云，谋臣如雨，比西讨、北征的格局大不相同。

战役的第一步是扫清外围，派勇将罗士信拿下距洛阳三十里的慈涧，史万宝挺进龙门（洛阳南），黄君汉攻占回洛城（洛阳东北，黄河南岸）。王世充控制的一些州县，看到形势不利，也纷纷降唐，李世民带着大部队进驻到洛阳城北的北邙山，扎下连营准备攻城。

俗话说："困兽犹斗。"洛阳城里的王世充多少还有点兵力，自然不甘束手就擒，在洛阳城西北的青城宫摆下阵势，和唐军对峙。王世充亲自出马，对秦王

---

① 当时还叫李世勣，到了唐高宗初年为避太宗李世民的名讳，又去掉"世"字，叫李勣。为方便起见，这里提前称他为李勣。

李世民说："隋朝灭亡了，你们李家在关中做皇帝，我在河南做皇帝，我没有向西出兵侵犯你们，你们却举兵东来，这是干什么？"李世民叫秦王府的宇文士及回答他："四海都要归顺大唐，就你在顽抗，为此我们就得来！"王世充口气软下来了，要求罢兵讲和。宇文士及回答得干脆："我们奉大唐皇帝诏书取东都，没有叫我们讲和。"大概也算是先礼后兵吧，当天双方收兵回营，以后才多次交锋。李世民挑选了一千多最精锐的铁骑，一式黑衣黑甲，编成左、右两队，由秦王府亲信骁将秦叔宝、程知节①、尉迟敬德、翟长孙统带。每次战斗拚杀，李世民都披上黑甲亲自带队当前锋，把敌人杀得望风披靡，叫苦不迭。

一次是李世民带了尉迟敬德和五百黑甲铁骑巡视战地，王世充亲自指挥上万人马突然杀过来，把黑甲铁骑团团围住。原先瓦岗军的大将、后来投降王世充的单雄信挺槊直取李世民，尉迟敬德大喝一声，一槊把单雄信刺伤落马，保护李世民突出重围，李世民和尉迟敬德再带着黑甲军向郑军冲杀。这时候，宿将屈突通带着大队唐军赶到，结果是上千郑军被斩杀，郑军大将陈智略，和王世充的嫡系六千江淮排槊兵被俘，王世充和少数残卒逃进洛阳城。

一次是屈突通、窦轨带队伍在城外行动，和王世充大部队碰上，唐军措手不及，眼看要吃亏。李世民带了黑甲铁骑冲杀过来，郑军被杀、被俘损失了六千多，骑将葛彦璋也被唐军活捉，王世充逃回城里。

再一次，李世民移军青城宫，壁垒还未立定，王世充又带了二万人马出城作战，李世民派屈突通率步兵五千渡水迎击，吩咐他一接触就纵火放烟，一时烟雾腾腾，李世民带着黑甲铁骑冲进郑军大阵。不料冲杀得太猛了，脱离了大队，身边只剩了一员战将丘行恭，骑的战马飒露紫又被一箭射中要害。丘行恭下马拔箭，眼看飒露紫不行了，赶快把自己的战马让给李世民，步行挥舞长刀开路，跟李世民一起和大队会合。王世充这边也拚命死战，反复冲杀了好半天，才不支而败退，李世民乘胜追击到洛阳城下，俘斩的郑军又是七千多。

王世充一再损兵折将，不敢再出兵野战，只好闭城困守。李世民督军四面

---

① 本名麟金，也就是《说唐》等旧小说里的程咬金，不过他实际上比旧小说里描写的更勇猛。

昭陵六骏之"飒露紫"。丘行恭
正在拔箭

围攻，最紧张时，十多个昼夜攻打不息。城上郑军则向城下施放大炮、弩箭。这时候还不懂得利用火药来制造火炮、火枪，所谓"大炮"，其实是一种机械式的抛石机，抛的大石块重至五十斤，可飞出二百步远。箭也特别长大，箭镞（zú）像把大斧头，用八张弓连在一起，拨动弩机发射，能射出五百步以外。靠这些利器，对攻城的唐军还可以勉强抵挡一阵。严重的问题是，城中的粮食本来有限，仗打了几个月，已吃得差不多。王世充的儿子、镇守武牢（今河南汜水）的王玄应，带了几千人马把粮食运往洛阳城，又被李世民派战将李君羡中途邀击，王玄应弃粮只身脱逃。消息传开，洛阳城里更惶惶不可终日。一匹绢只能换到三升谷子，一升盐竟要十匹布才能换，老百姓连树皮草根都吃光了，只好用澄过的泥土和点米屑做饼充饥，吃下去身重脚软，倒毙在街道上的不知其数，甚至连做官的都病倒饿死。面对这种危局，当然无法再支撑下去，唯一的希望就盼雄据河北的夏王窦建德赶快前来救援。

前面说过，窦建德本来和王世充有矛盾。当唐军开始压境时，王世充曾向窦建德求救，窦建德只是敷衍了一下，派个使者到李世民那边去劝说退兵，被拒绝后也不采取什么行动。相反，却调重兵南下周桥（今山东曹县东北），吞并了另一支孟海公的农民军，用来扩充自己的实力。他想让王世充和唐军两败俱伤，以便乘机从中渔利。

现在，洛阳的战局已呈现一面倒的形势，不是两败俱伤，而是眼看唐军就要吞没王世充，唐军的锋芒下一步可不轮到夏王头上？不如乘郑军还未完全覆没，同他们联合起来，把最可怕的敌人李世民打退再说。这时候的夏王窦建德还是够威风的，调集已收编的孟海公部，和屯聚在兖州已经向他投降的农民军徐圆朗部，由自己统一指挥，步骑一共十多万，号称三十万，水陆并进，浩浩荡荡杀奔洛阳前线。

这是唐军围攻洛阳的第二年武德四年（公元 621 年）三月里发生的事情。情况起了变化，秦王李世民、齐王李元吉以及谋臣宿将们赶快商量对策。稳重一点的像屈突通等人认为，夏军声势浩大，如果留下来继续打，那将两面作战，腹背受敌，不如暂时撤围退守新安，等有机会再进兵。薛收、郭孝恪等人表示反对。郭孝恪主张立刻进据天险武牢，把夏军顶住。薛收认为，如果撤退让夏、郑两家协力，今后更不好解决。李世民赞同他俩的意见，他果断地说："王世充兵折粮尽，上下离心，用不到再花多少气力就能打下来。窦建德新破孟海公，将骄卒惰，也没有什么可怕。我们应该进据武牢，这等于扼住窦建德的咽喉。窦建德如敢冒险争锋，我取之甚易；如果他狐疑不战，那不到十天半个月王世充就得崩溃，我们拿下东都，然后集中力量消灭窦建德，这岂非一举两克！"这用今天的军事术语来讲，就叫"围城打援"。围城的任务由齐王李元吉分带屈突通等部承担，李世民和李勣率领精锐进据武牢天险，组织打援。

战局基本上按照李世民的安排在进展。窦建德的大军开到成皋（今河南汜水），看到唐军已据守武牢，无法挺进，只好在板渚筑起营垒，和唐军对峙。夏军几次出击，都被李世民的黑甲铁骑打败。王世充在洛阳城里听到夏王救兵入境，想来个里应外合，搜罗残兵败将，开城出战，结果中了齐王李元吉的埋伏，军士阵亡八百，还有一千多人加上大将乐仁昉被李元吉俘虏。吓得王世充从此再也不敢有所举动，龟缩在洛阳城里，痴等夏王的消息。这样，李世民在武牢的部队，就不再有后顾之忧，这是李元吉的一大功绩。

相持了二十多天，夏军带的粮食快吃完了，夏将张青特从后方运粮来接济，李世民派王君廓带骑兵抄袭，连张青特统统被活捉。窦建德焦躁起来，五月初一这一天，他调动全军攻打武牢，夏军布成一个长达二十里的大阵，敲着鼓吵吵闹闹向武牢进逼，李世民叫部队不要理睬，只管好好休息，等敌军累了再动手。

果真，夏军等到中午，还不见唐军出战，士兵又饥饿又疲乏，纷纷坐倒下来，有的还抢着找水喝，阵势乱了。唐军这边呢，饭吃饱了，休息得也够了，在河边上放牧的战马也及时赶到。一声号令，唐军跳上马背，像暴风雨似的向敌阵冲杀过去，顿时尘土飞扬，刀光闪耀，夏军招架都来不及。李世民自己带了程知节、秦叔宝几员勇将，卷了大旗一直冲杀到敌阵背后，然后把大旗扬起，敌军以为已被唐军前后包围，立即全线崩溃。唐军穷追三十里，斩杀敌军三千，俘虏五万。窦建德被枪刺中受伤，逃到牛口渚躲藏起来，结果被唐军搜出活捉。

李世民把窦建德押送到洛阳城下，王世充知道再没有指望，只好开城投降。接着，窦建德残部献上河北州县归降，徐圆朗也举兖州降唐，山东地区宣告平定。

这年七月，唐军凯旋。秦王李世民身披黄金铠甲，意气飞扬地坐在大战车上，接着是齐王李元吉和李勣以下二十四员大将，带着队列齐整的上万骑兵，在鼓吹声中开进长安城。王世充、窦建德也被押来行献俘礼。李渊考虑到窦建德在河北还有影响，下令斩首。王世充则贬为庶人，放逐去四川，还没有动身，就在长安城里被冤家杀死。

不久，窦建德的将领刘黑闼果真打着窦建德的旧旗号起兵，他和东突厥勾结，不到几个月又占领了河北各州县。这年十二月，李世民再一次自请出征，齐王李元吉也同行。第二年三月，刘黑闼被打败逃入突厥。李世民、李元吉收兵回长安。

昭陵六骏之"拳毛䯄"。李世民平刘黑闼所骑战马

这时候，李渊已派堂侄赵郡王李孝恭和名将李靖灭掉割据江陵的萧铣。以后长江下游的杜伏威旧部辅公祏反唐，也被李孝恭、李靖擒杀。其余一些无关大局的割据势力，或是降唐，或是被唐扑灭。除了边境少数民族有的还和李唐政权对抗外，中国基本上又得到统一。

父子兄弟之间

战争的烽火逐渐熄灭，统治者之间的矛盾又尖锐起来，给李唐政权制造了不安定的因素。

我们不必为李世民这位有成就的历史人物隐讳，在制造不安定因素方面，他应该负主要责任。

他还年轻，平定王世充、窦建德这一年还只有二十四岁，一系列赫赫战功把他抬到崇高的地位，难免目空一切，有点飞扬跋扈起来。弟弟李元吉只是自己打仗的副手，哥哥这几年坐在长安朝堂里很少上战场，大半个天下是秦王用血汗换来的，他们却要坐享其成！更不乐意的是父亲已经五十好几了，一旦发生变故，即位君临天下的将是当上了皇太子的哥哥，自己只好俯伏称臣，这实在太不是滋味。何况，表叔杨广虽然结局不好，那是给他胡弄坏了，他早年可不也是个二郎吗？后来还不是因为平陈立了功，取代大哥杨勇当皇太子当皇帝。再早一点，南北朝时候不是嫡长子当上皇帝的，就更多啦，他们的才能、功勋哪一点比得过我秦王？这些念头，很自然地会经常在李世民脑海里起伏回旋。

客观上给李世民创造了不少条件，这也是两晋南北朝以来的旧传统，就是皇子们不光可以带兵，还常常拥有兵权，形成半独立的武装集团。这也不是当时的皇帝糊涂，不搞军事上的中央集权，而是因为当时的皇帝本是门阀大贵族捧上去的，这些大贵族都拥有强大的军队，甚至还有数量可观的、不属国家军事编制的私兵，皇帝为了搞平衡，只好让自己的兄弟、儿子、侄儿手里也有点兵。唐朝建国后也是这么做的。秦王有他的秦王府，齐王也有齐王府，这些王府不像后世那样只住人，只是王和家族的住宅，而且还是王的正式办公机构。王府可以招募、编组军队，"秦府兵"、"齐府兵"等名称当时是公开的、完全合法的，连皇太子李建成也编组了一支直属东宫的"长林兵"。其中尤其是"秦府兵"，托秦王李世民的福，在打薛仁杲，打刘武周，打王世充、窦建德等几次大战役中，迅速地壮大起来。这不仅是因为在这些大战役中"秦府兵"一直充当主力，像在洛阳城外杀出威风来的，就是李世民直接编组、统带的黑甲铁骑，而且在一连串的胜利中还吸收补充了大量的战士和将领。就将领来说，尉迟敬德这位勇冠三军的猛将，就是从刘武周、宋金刚部队里投降过来的。和他齐名的秦叔宝、程知节，本是瓦岗军的骁将，是李密手下最能打的"四骠骑"中的两员，在李密失败时先投降王世充，在李建成和李世民第一次进窥洛阳时又都投到了李世民麾下。和他俩一起投到李世民麾下的，还有吴黑闼和牛进达，很可能就是"四骠骑"中另外的两员。再晚一点，从王世充那边投过来成为秦府干将、李世民亲信的，还有张公谨、刘师立、李君羡、田留安等一大批人。还有一些人像段志玄、钱九陇、樊兴、李安远、公孙武达、张士贵等虽然并非降将，也都是跟随李世民打王世充，而成为秦府系统将领的。有一些宿将谋臣，像屈突通、宇文士及、萧瑀、封德彝等，也是因为参加东征而成了李世民一边的人。以上这些人，除了萧瑀、封德彝

段志玄像

虞世南像

不会上阵打仗外都是武将。还有文的，当时秦王府、齐王府都合法地设立了文学馆，馆里养了许多博学多闻的高级文人当学士，最有名的就是以杜如晦、房玄龄为首的"秦府十八学士"。其中像房、杜等是早就跟随李世民的，大经学家陆德明、孔颖达，大书法家文学家虞世南等七人，是李世民打王世充、窦建德时搜罗来的。李世民的几次出征，尤其是东征王、窦，平定山东这一次，确实给秦府大大地扩充了实力。

实力扩充了，想夺取权力就更有了资本。而且这几次搜罗来的文武人材，对李世民的思想也有很大影响。切莫认为"秦府十八学士"只是单纯的文人，单纯给秦王讲点文学、经学和书法，实际上是帮着出点子的高级智囊团，帮李世民用心计来取得皇位的继承权。主子当上皇帝，大家一起高升，这是他们的最大心愿，否则老跟个亲王有什么前途！武将呢？尉迟敬德、秦叔宝、程知节之流，说穿了都是亡命之徒，哪个主子对自己亲，给自己好处，就替哪个主子卖命。他们当然盼着主子秦王能变成皇太子、皇帝，携带自己做高官，发大财，即使贴上性命也算不了什么。

但是当上了皇太子的李建成和齐王李元吉，也并非无能之辈，并非糊涂虫。就军事上来说，从太原起兵到进军关中这一阶段，大郎李建成和二郎李世民一样都打得很好，而且李建成几乎从来没有吃过败仗，不像李世民那样在浅水原栽过大筋斗。齐王李元吉丢失过太原，但前面已说过，他那时才十七岁，以后充当李世民的副手出征洛阳就打得很漂亮，而且从武艺来说，恐怕还比李世民略高一筹。文治上，李元吉没有机会表现，李建成则应该是有一套的，他当皇太子留在长安主持日常政务这一段，连专帮李世民讲话的旧史书也无法谤毁，可见是个懂政治、会治理天下的材料，起码在当时经验要比年纪小得多的李世民丰富。这两位皇子对秦王府的活动不会无动于衷。就李建成来说，自己堂堂的嫡长子，当上皇太子是名正言顺的事情，弟弟秦王立了点战功，就把自己挤下去，这可办不到！李元吉呢？当了秦王的副手，对这位二哥的飞扬跋扈，是看在眼里的，你是个秦王，我也是个齐王么，不过比我大了五岁，当了二哥，就那么处处占先，将来真当上皇太子、皇帝，还不知怎样呢？倒是建成大哥宽厚多了，做了皇太子也不拿架子，你想挤掉他，我偏站到他一边，看你是不是挤得成！

兄弟之间拉帮结派闹矛盾，做父亲的李渊怎样来处理？本来，都是自己的宝贝儿子么，记得二郎世民小时候生病，自己还和他妈妈一起到草堂寺求佛菩萨保佑，二郎的病好了，大家高兴得赶快出钱刻了座佛像还愿。可是现在他羽毛丰了，连我这个爸爸、这个谁都不敢不尊敬的大皇帝，都慢慢地不在他眼里了。不错，在让二郎当"陕东道大行台"的时候，曾下过诏书，叫他在所管辖的地方，可以用秦王的"教"①直接下命令，不用向自己请示可否，那是为了要经略山东，让他好便宜行事啊！可现在山东州县只凭他的"教"办事，连我下了诏敕都不顶用了。老皇帝李渊真是越想越生气。有一次和最亲信的裴寂在一起，讲到这位二郎，叹口气说："此儿典兵既久，在外专制，为读书汉所教，非复我昔日子也！"这"读书汉"就是房玄龄、杜如晦之流。李渊认为二郎是被这些人教唆坏的，他不懂在权欲的驱使之下，即使没有人教唆，也很容易走上这条路。这不是一个人的品质好坏问题，而是我们今天所说的封建地主阶级的本性所决定的啊！

当时皇太子、齐王和秦王都设法到后宫活动，在老父亲的妃嫔中做工作。当时最得宠的尹德妃、张婕好都经常在李渊面前替太子、齐王说好话。秦王的王妃长孙氏，本来也是很会笼络人的，在老皇帝的妃嫔面前经常装出一副恭顺的模样，对老皇帝也就是老公公，更能曲尽孝道。无奈李渊对二郎世民已经失去了信心，信任的、喜欢的只有建成和元吉，在矛盾斗争中明确地站在李建成、李元吉一边，再活动也无法把局面倒转过来了。

---

① 当时规定，秦王、齐王下的命令叫"教"，以区别于皇帝的诏敕。

血溅玄武门

李建成、李元吉的公开反攻，是从武德五年（公元 622 年）下半年开始的。

前面说过，这年三月里李世民、李元吉把刘黑闼赶进了突厥，四月里李世民、李元吉班师回朝，六月里刘黑闼又借了突厥兵卷土重来。这次，李渊没有再派李世民而改派李元吉和李建成出征，十月齐王李元吉重返前线，十一月，皇太子李建成以统帅的身份，率领大军到河北和刘黑闼周旋。据记载，李建成这次是采纳了他的亲信谋士太子中允王珪（guī）、太子洗马魏徵的建议，主动向李渊提出让自己出征的。王珪、魏徵劝建成乘此机会在军事上建立功勋，提高威信，同时还可以把河北地区纳入自己的势力范围，招纳当地的英豪来扩充东宫的实力。这也符合李渊的意愿，他正想支持东宫和齐府，来压一压秦府的气焰，于是破除了太子不远征的惯例。

李建成、李元吉这次出兵十分顺利，他们玩了点政治手腕，没有对敌人一味镇压，只要不是刘黑闼的死党，俘虏了也宽大释放，让他们回家乡务农。这种收买人心的办法可真见效，刘黑闼在河北地区很快被孤立起来。对刘黑闼的主力，则出动大部队穷追猛打，打得刘黑闼连战连败，最后在馆陶被唐军彻底打垮，刘黑闼本人也被旧部捆送给唐军杀掉。这是武德六年正月的事情，离开李建成出兵还不到两个月时间，使大家认识到这位皇太子的才能并不亚于秦王李世民。

在以后的两三年里，东宫、齐府的实力迅速膨胀起来，洛阳虽然仍为秦府的死党张亮控制，河北地区则已成为东宫、齐府的外援。在长安，东宫兵、齐府兵的数量和战斗力合起来大大超过了秦府。李建成、李元吉还不满足，还要拆秦府的墙脚。办法先是收买，这本也是秦府惯用的手法，这时候东宫、齐府用同样的手法收买秦府尉迟敬德、段志玄、李安远等勇将。尤其是尉迟敬德，李元吉是领教过他的武艺的，据说李元吉擅长在马上使矟，有一次当场比试，才交手李元吉的矟就被尉迟敬德夺过去，一连夺了三次。收买这号勇将，就得花上一大车金银宝器。无奈敬德不识相，坚决不干，段志玄也拒绝收买。但被收买脱离秦府的或者怕李世民垮台主动离开秦府的，为数总还不少。

收买是暗的，明的还有一套手法，把秦王府里的人调到外地去做官，一去又是一大批，等于叫秦王府散伙。对铁心紧跟李世民的大谋士，"十八学士"中为首的杜如晦和房玄龄，则让李渊出面，把他俩斥逐出秦府。这一切反正都有李渊这个老皇帝在支持着，主持日常政务的皇太子李建成，也有权这么干，李世民有什么办法。

到了武德九年（公元626年）五月，李建成、李元吉利用突厥入侵的机会进一步收拾李世民。李建成推荐李元吉充任统帅带大军北征，李渊当然同意，李元吉就亲自点了秦府勇将尉迟敬德、秦叔宝、程知节、段志玄的名，命令他们统统随军。还把秦府兵的花名册子要到手，挑选其中的精锐，编进自己的部队。秦府兵眼看就得彻底瓦解。

李世民到了生死关头，慌忙召集最信得过的少数死党在秦王府密商。这时大谋士房玄龄、杜如晦已被皇帝斥逐出秦王府了，李世民叫舅爷长孙无忌把他俩找到，他俩不敢违背诏敕，李世民拔出佩刀交给尉迟敬德，硬把他俩叫了回来。

正当这伙人在盘算谋画、举棋不定的时候，李世民突然得到通知，六月四日这天一早要去大内①临湖殿，由皇帝亲自处理他

长孙无忌像

---

① 当时长安宫城里皇帝住的地方还只叫大内，正式命名为太极宫，是后来的事情。

和李建成、李元吉之间的矛盾纠纷。这当然是李建成、李元吉甚至是老皇帝对李世民的最后措施，好一点也得剥夺李世民的一切职权，挂着个秦王的空爵位，老老实实地在长安闲住，坏一点的就更不堪设想。堂堂的秦王岂能就此束手待毙，不如还他更毒辣的一手，立即对李建成、李元吉来个肉体消灭。什么亲哥哥、亲弟弟，杀哥哥、弟弟的事情在过去多得很呢！为了保存自己，为了夺取政权，什么也在所不惜。

要动手就得抢在去临湖殿之前，紧要的是选择好下手的地点。临湖殿在大内西北角北海池、南海池之间①，而大内的东邻就是太子居住的东宫。李建成这天清早去大内，最方便的路线是先出东宫的北门，沿城墙向西到达玄武门，进了玄武门，再向西就可直达临湖殿。李元吉经常住在齐王府里，但他和李建成一鼻孔出气，这天早上肯定会先去东宫同李建成一起进大内，也许头天晚上就先住在东宫里。这就好办，由李世民、长孙无忌挑选武艺高强的少数死党，在四日这天，更早地在玄武门里边找个地方隐蔽起来，等李建成、李元吉进了玄武门，就包围上去下毒手。玄武门不是有禁军把守吗？禁军的指挥部——屯营不也在玄武门外吗？不要紧，大内里本有给秦王、齐王临时居住的宫殿，秦王、齐王经常带着警卫、挂着弓刀从玄武门出出进进，禁军谁也不敢过问一声。何况禁军首脑敬君弘本是太原起兵时的老人，和李建成、李元吉平素没有什么往来，不是他们的党羽。敬君弘手下的常何，在建成出征河北时倒曾随军打过仗，但又接受过李世民的私人馈赠，起码不会帮着李建成跟秦王为难②。至于维持京城治安的雍州牧，本来就是秦王挂名兼领着的，长孙王妃的舅父高士廉是雍州治中，有实权，让他带同吏卒，并把囚犯放出来，统统拿上武器，支援城里的行动。这时候，被秘密通知参加行动的高士廉、侯君集等死党，已陆续来到秦王府，听候李世民分配任务，空气真是紧张到万分。李世民还感到没有把握，心很虚，要烧灼龟甲来占卜

---

① 北方因为水少，往往把不大的湖也叫"海"或"海池"。今天北京的北海、中南海也就是这样叫起来的。当时大内也有三处海池，北海池、南海池都在大内西北角，东北角还有一个东海池。

② 这里所讲的选择玄武门内行凶的理由以及禁军的态度，和一般说法不一样，是我根据可靠的史料加以分析后才弄清楚的。我另外写有文章，这里不再细说。

一下吉凶①。正好一个死党、以力气大著称的张公谨赶到，拿起龟甲朝地下一摔，说："还卜什么！卜了个凶兆难道罢手不干？"

六月四日早晨，皇太子李建成和齐王李元吉在谈笑声中，并马进入玄武门，他俩事先已清楚，在临湖殿上的秦王将得到什么结局，所以显得那么轻松愉快，毫无半点戒备之心，连警卫也不曾带一个。进了门才向西拐，突然一阵马蹄响，秦王李世民和长孙无忌带着尉迟敬德、侯君集、张公谨等九名秦府死党，冲上前来。李建成、李元吉情知不妙，拨转马头向东加鞭快跑，想跑到御赐齐王的武德殿找警卫，后面十一骑紧紧赶上。李元吉连忙拉出弓，搭上箭，心慌了，就是射不成。这边李世民的弓弦倒响了，一支长箭对准李建成嗖地飞过来，正中要害，李建成立即堕马死去。很快李元吉又中了一箭，跌下马背，李世民赶过来要下手，马被树枝绊住，也狠狠摔了一交。李元吉翻身起来，和李世民肉搏拼命，弓已夺到手，听背后尉迟敬德一声大喝，赶快丢开就跑，尉迟敬德的马更快，追上一箭，射死了李元吉。

门内出了大事，玄武门外边的东宫、齐王府死党不会绝无所知。很快，东宫、齐王府的大队人马来到玄武门外，要禁军让他们进去救主子。敬君弘这位禁军首脑还没有弄清楚情况，只是职守攸关，哪能随便放这么多武装部队进入皇帝所在的大内。东宫、齐府兵不容分说，一拥而上，敬君弘和另一员守将吕世衡当场被砍（zhuó）杀，常何跑得不知去向。幸亏秦府兵也赶到了，同禁军一起在玄武门外和东宫、齐府兵展开一场混战，东宫、齐府兵人多势众，秦府兵、禁军支持不住，东宫、齐府兵马上要冲进玄武门。在现场行凶的张公谨跑过来把大门闭上，死死顶住。很快，李建成、李元吉两颗人头在城楼上挂起来了，东宫、齐府兵一看主子已死，希望破灭，只得纷纷逃散。

在这同时，也对李渊采取行动，尉迟敬德杀气腾腾地挺起长矛，一直跑到临湖殿。李渊和裴寂等宰相大臣正等得不耐烦，看到尉迟敬德这副模样，都惊呆

---

① 用乌龟的腹甲烧灼后看裂纹的形状，是商代就通行的占卜吉凶的方法，到唐代这种迷信活动还未断种。李世民虽然高明，毕竟是个封建社会的人物，要求完全摆脱这类迷信活动是不现实的。

唐高祖的献陵

了。尉迟敬德说："秦王以太子、齐王作乱，举兵诛之，恐陛下惊动，遣臣来宿卫。"下文自然不用细说了，李渊被迫下了手敕，叫所有军兵都受秦王统辖号令。六月九日，立李世民做皇太子，大小政事都归皇太子处理，皇帝不再过问。八月八日，皇帝下诏传位于皇太子，二十九岁的李世民做了皇帝，太子妃、也就是原先的秦王妃长孙氏成为皇后。新皇帝李世民也尊老皇帝父亲李渊为太上皇，把西苑里自己住过的弘义宫改名为大安宫，请太上皇搬出大内，住进去养老。第二年正月，皇帝李世民改元贞观。贞观九年，太上皇李渊以七十高龄病死在大安宫，被谥为大武皇帝，庙号高祖，因此后来写历史书的人就都称他为唐高祖。

李建成的五个儿子和李元吉的五个儿子统统被处死，女的一概没入后宫当奴婢。李元吉的王妃杨氏长得漂亮，成为皇帝李世民的妃嫔，很受宠爱。贞观十年长孙皇后死后，李世民还想立她做皇后，被魏徵劝止住。这一切，你说残酷不残酷，这就叫封建社会啊！如果李建成、李元吉成功了，秦王李世民的妻儿还不是同样的命运。如果李建成、李元吉再闹矛盾，发生火并，还得有一家遭受这样的命运。这决不是谁的秉性严酷或宽慈的问题。

好了，玄武门的血迹已经冲洗干净了，统一战争也早胜利结束了。现在得看李世民、也就是有名的唐太宗怎样做皇帝，怎样出现历史上的"天可汗"和"贞观之治"。

雪　耻

在汉族周围，在我国边境，向来是少数民族活动的地区。少数民族的老百姓和汉族的老百姓是友好的，但是他们的统治者除了压迫自己的老百姓外，还要侵犯、奴役其他民族包括汉族在内的老百姓，甚至这些民族的统治者，这和汉族的统治者也会欺侮少数民族和他们的统治者一样。只有到今天各族人民自己当家做主，有了正确的民族政策之后，才永远不会重演这种互相欺侮、互相侵犯的悲剧。

从汉族来说，历史上的侵略往往来自北方。南方也有少数民族，但多数是从事农耕的，即使处在奴隶社会，他们的奴隶主想抢点汉人来当奴隶耕田，为数也不会很多。因为他们居住、生活得很分散，力量不大，倒是汉族统治者欺侮他们的事情，发生得更多一些。西边呢，狭义的西域包括今天的新疆维吾尔自治区和中亚地区，分布着不少有水草可种植的小绿洲，少数民族就在这些小绿洲上，分别建立起自己的政权，种粮食，种西瓜、葡萄，通过所谓"丝绸之路"做买卖，也不喜欢打仗侵略。只有北方，覆盖着大片大片的沙漠，有点水草也只适宜放羊牧马。因此生活在这里的少数民族都以游牧为生。他们从小就会骑马，男的都是骑马打猎的好手，也是冲锋陷阵、能征惯战的勇士，一旦出了个有本领的部落首领，能把其他小部落联合起来，就有足够的力量向南边的农耕地区侵略。远的不说，从战国、秦、汉算起，先是匈奴，再是鲜卑，再是柔然，到南北朝后期柔然不行了，又是突厥，一个接一个地给以汉族为主的中原老百姓以及统治者很大的威胁。

北朝的北周、北齐，首先吃了当时还在奴隶社会的突厥的苦头，对付不了，就对突厥大笔地贿赂，希望突厥帮助自己来打击对方。当时突厥的首领佗钵可汗①就曾狂妄地说："只要我在南边的周、齐两个儿子孝顺，我还怕短少金宝财帛！"这种局面到隋统一后才扭转过来。隋文帝杨坚在突厥最高首领沙钵略可汗大举南下时，曾派兵分道出塞把他打退。接着，另一个阿波可汗和沙钵略发生矛盾，逃到西边和达头可汗联合起来闹独立，突厥分裂成东、西两个政权。东突厥的沙钵略为了取得隋朝支持，转而向杨坚称臣。以后东突厥又内乱，沙钵略的儿子突利可汗战败投隋，隋文帝封他做启民可汗。启民可汗回去取得了政权，和南边总算和平相处了一个时期。隋末中原大战乱，很多汉人北投东突厥，东突厥在启民可汗的儿子始毕可汗手里又强大起来，战士号称上百万。好多北方的封建割据者甚至农民军首领，像刘武周、梁师都、薛举、王

突厥石人

世充、窦建德等，都先后向东突厥借过兵，向始毕可汗称过臣，接受过赐予的狼头纛②，封个"定杨可汗"、"大度毗伽可汗"之类的称号，不管他们这么做是被迫还是自愿。

　　太原起兵时李渊父子遇到的难题，也是怎样对付东突厥。为了避免东突厥在背后捣乱，避免进军长安时腹背受敌，李渊也曾让二郎世民和世民的亲信刘文静跟突厥拉关系，而且被迫地也和刘武周等人那样向始毕可汗低头称臣。李世民

---

　　①　"可汗"是北方少数民族首领常用的称号。

　　②　古代把大旗叫做纛（dào），狼头纛是在大旗上加个狼头。因为突厥民族以狼为图腾，当时也把这种狼头纛，赐给臣服的汉族首领。

则和始毕可汗的儿子什钵苾结盟为兄弟。称臣对准备做中国大皇帝的李渊讲起来，当然是奇耻大辱，但"好汉不吃眼前亏"，为了成大事，耻辱只好暂时忍受。刘文静被派去见始毕可汗，回来报告了可汗支持李渊的条件："由可汗派二千骑兵随同唐公李渊的大军进攻长安，进了长安后土地、老百姓归唐公，财帛、金宝则要送给突厥。"也真够苛刻。

长安的财帛金宝是要送一些的，可哪能都送给突厥，始毕可汗欲壑难填，在武德二年（公元619年）竟带兵入侵太原，他中途病死，突厥兵才退走。继承始毕可汗的是他的弟弟处罗可汗，处罗死了，继承的是弟弟颉利可汗。颉利的侄儿、始毕的儿子什钵苾则成为突利可汗，在颉利手下专管东边各部族。这几位可汗也多次出兵侵扰过北边的州县。

到武德七年（公元624年），颉利、突利竟大举南侵，李渊派齐王李元吉和当年跟突利结过兄弟的秦王李世民去抵敌。因为敌众我寡，硬打不是办法，李世民机智地利用了颉利、突利叔侄之间的矛盾，施展了一次反间计。他带了小队骑兵上阵先和颉利对话，责备颉利为何无故南侵，表示要打的话，唐军已有充分准备。接着又到突利阵上，向突利拉盟兄弟关系。颉利不明底细，生怕突利和李世民勾结起来对付自己。李世民又派人再次做突利的工作。颉利最后还是想要打，突利已不肯干。颉利只好和唐军讲和，接受金帛后退兵。

武德九年（公元626年）六月，发生了玄武门政变。前面说过，在这次政变之前，准备让齐王李元吉当统帅出兵抵御突厥。政变成功，李世民当上了皇太子、皇帝，到八月里颉利真的带着突利一共十几万人马大举南下，武功、高陵、泾阳都受到突厥铁骑的蹂躏。京城长安戒严，李世民动员大小将领统统带兵上阵，在渭水的便桥之南和突厥大军对峙。做了皇帝的李世民仍旧亲自出马找颉利对话，责备他不守信约。颉利看到唐军的声势也很浩大，没有敢动手，同意讲和，和李世民在便桥再一次订立盟约，得了金帛退兵。

一次次戒严、抵御，送金帛讲和，中原的统治者和老百姓实在被东突厥骚扰得无法安生。要国泰民安，非把这个灾难消除掉不行。

正好，第二年贞观元年（公元627年），东突厥内部发生一连串问题。先是接连下大雪，冻死不少赖以为生的牲畜，到处闹饥荒。颉利却不管好歹，仍旧一味向各部族横征暴敛，弄得民不聊生，薛延陀、回纥等部纷纷叛离。颉利叫突利带兵讨伐，吃了败仗，被颉利痛打一顿，扣押了十多天。突利气极了，心一横，索性投靠南边的盟兄唐朝皇帝，在贞观三年，真的向李世民递了降表。颉利出兵打突利，突利就带了部落逃到长安。

这么好的机会怎能放过。就在贞观三年（公元 629 年）十一月里，李世民调动十多万人马，派大将李靖、李勣以及柴绍、薛万彻等分任各道行军总管，由李靖统一指挥，大举进攻东突厥。

李靖六十岁了，他是当年隋朝名将韩擒虎的外甥，是平定过长江中下游在统一战争中立过大功的老军事家，精通孙吴兵法①。这一次他采取了出其不意、攻其不备的战术，不辞劳苦地亲自带领三千精骑，在贞观四年（公元 630 年）正月从马邑出发，夜袭颉利牙帐所在的定襄城（今内蒙古清水河县），颉利想不到唐军来得那么快，先逃到砂碛口，接着又逃进阴山北边的铁山。李勣指挥的另一路大军从云中（今山西大同）出发，到白道（今内蒙古呼和浩特西北）找上突厥兵，也打了一个大胜仗。

颉利慌了，想来个缓兵之计，派人见李世民请求降附，还说准备亲自入朝。李世民表示同意，下诏叫李靖派兵迎颉利来长安。这时李靖、李勣两军，已在白道会合，商量下一步的行动。李靖弄清楚颉利是假投降，想等草青马肥时远遁到大

李勣像

---

① 《孙子兵法》和《吴子》是我国古代著名的军事理论著作，通称"孙吴兵法"。

砂碛以北，主张不能放松，应该乘机立即直捣铁山，活捉颉利。这年二月，李靖军出动，李勣军跟上，到阴山俘虏了一千多帐突厥人。正巧起了大雾，唐军就在大雾里继续奔袭颉利牙帐。颉利认为唐军不会来了，李靖的先头骑兵到了牙帐七里外，他才知道，跳上快马就逃。逃不及的突厥人，被斩杀上万，十多万人成为俘虏，二十多万牲畜也都成为唐军的战利品。这时，颉利手下还剩上万人，正想越过砂碛，李勣的大军已出现在碛口。颉利带了几个亲信北逃，到三月里在荒谷中被抓住，其余统统投降。唐军凯旋，颉利被押送到长安。

当年向突厥称臣的耻辱，统统洗雪了，李世民高兴极了，大赦天下，大酺①五日，让老百姓共同欢庆这次伟大的胜利。宫廷里也热闹起来，在凌烟阁举办大宴会，皇帝、太上皇、亲王、妃嫔、公主、大臣都到场。太上皇李渊身体还硬朗，亲自弹琵琶，皇帝李世民在音乐声中起舞，大臣们轮流敬酒，高呼万岁。

庆祝过了，剩下的是怎样处理俘虏来的和表示降服的东突厥人，还有突利可汗投奔时带来的东突厥人。送到长安的颉利可汗好办，对少数民族的可汗、酋长们，李世民一向主张宽大为怀，先让颉利和家属住进太仆寺，给予优厚的生活待遇，以后准备外放他到虢州去做刺史。因为州内多獐鹿，可以让这位突厥首领闲着打猎消遣，免得郁郁寡欢。颉利不愿，就留他在京城做右卫大将军，还赐给田地住宅。麻烦的倒是颉利、突利管领的上十万突厥人，应该怎么安置，李世民让大臣们发表意见。有的主张用强制的办法，把他们统统迁到现在的河南、山东一带，分散在各州县安家落户，学着种地、织布，让他们同化成内地的农民。魏徵主张索性把他们都放回故土，认为和老百姓杂居，会像西晋时"五胡"那样发生变乱。更多的如温彦博等人，则主张把他们迁到边塞附近，保存他们的部落组织，由政府设置军事机构管理，让他们替国家捍边出力。李世民采用后一种主张，在突厥故土的南边边塞附近，设置了羁縻州，让酋长们充当羁縻州的刺史或都督，管领他们原来的部落。东边突利原来统辖过的地方，设了四个羁縻州，

_____

① "大酺（pú）"，有时也简称为"酺"。"酺"本是民间聚会吃喝的意思，封建社会为了防止老百姓有不轨活动，禁止无故聚会吃喝，但遇国家大喜庆时，就开禁让老百姓吃喝几天，乐一乐。这种做法，在秦、汉时代已有了，到封建社会后期平时聚会吃喝已不算犯法，大酺几天的事情才少起来，以至消失。

西边颉利统辖过的地方，设了六个羁縻州，上面再成立军事机构定襄、云中两个都督府，作为这些羁縻州的总管。突利当时已是中央的右卫大将军，封上北平郡王，这时带了部落到故土顺州出任都督。后来，李唐政权对其他少数民族用兵时，这些东突厥部落真还出过力。

当然，这种羁縻政策，仍旧不是平等对待少数民族的政策。把颉利打跑后继续穷追，非把人家全部歼灭俘虏不可，今天看来也是做过

> 資治通鑒 卷一百九十一
>
> ……吾接位日淺，國家未安，百姓未富且當靜以撫之。一與虜戰，所損甚多，虜結怨既深，懼而脩備，則吾未可以得志矣。故卷甲韜戈，咱以金帛，彼既得所欲，理當自退，志意驕惰，不復設備，然後養威伺釁，一舉可滅也。將欲取之必固與之，此之謂矣。

《资治通鉴》中有关唐朝攻灭突厥的记载

了头的。但总比把别的民族打败了统统弄来做奴隶，甚至大批残酷屠杀，要文明得多。一个封建皇朝，一位封建皇帝，能做到这一步，平心而论已经很不容易。

前面进过，突厥可汗的声势曾经是不可一世的，现在居然很快被唐朝皇帝所俘虏、所征服，而且这种恩威兼施的一套，也使西北的其他少数民族心悦诚服。于是他们的可汗、酋长，都尊称李世民为"天可汗"！

治天下

边塞的战火暂时熄灭了，让我们来看看内地的老百姓，看李世民怎样来统治好这些老百姓。

当时的黄河中下游一带，经过十多年的大战乱，已弄得十分荒凉残破。大业初年，隋朝全盛时期，全国除了少数民族以外，登记到户籍簿上的就有八百九十万户，到唐建国初武德年间，却只剩下二百多万户，还不到隋朝的四分之一①。无怪乎在讨论如何处理降附的突厥部落时，有人主张安插到现在的河南、山东当农民，大概就有用来充实户口的意思。当然这不是个办法，被否定了，要富庶起来只有靠老百姓自己努力，同时政府还该拿出有效的政策。

在封建社会里，封建统治阶级总得压迫剥削农民，李世民这位封建大皇帝当然也跳不出这个大框框。但是在大框框里也可以有点小办法，就是不要对农民剥削得太狠、压迫得太凶，隋炀帝杨广不就是做得太凶狠，引起老百姓武装叛乱，最后亡了国吗？李世民对这个表叔的一生，是十分清楚的。他和大臣们谈论如何治理天下时，经常把他这个表叔隋炀帝作为鉴戒。

李世民曾对大臣们说："往昔初平京城，宫中美女珍玩，无院不满，炀帝还嫌不足，征求没个

唐太宗像

----

① 当时的户籍簿是作为征收赋税的依据的，因为有逃避赋税这一原因，所以户籍簿上的户数、人口数总比真实数字要少许多，像今天这样比较精确的人口统计数字，在封建社会里是不可能有的。

完，加上他东西征讨，穷兵黩武，百姓不堪其苦，结果隋朝灭亡了。这都是我亲眼看到的。我现在所以整天这样孜孜不倦，只是想要清静，使天下无事。"有位大臣王珪，也对他说："古时帝王为政，都志尚清静，以百姓之心为心，近代帝王则只知损害百姓来满足自己。"李世民君臣们在这里说的"清静"，当然不是《老子》这本书里所说的"清静无为"，不要去管老百姓，而是主张加在老百姓头上的兵役、徭役减轻一些，让老百姓能够生活得下去，切不能像隋炀帝那样只顾自己铺张享乐，向老百姓诛求、剥削得没有底，否则就会反过来使自己灭亡，什么也剥削不成。李世民君臣经常喜欢引用的"君者舟也，庶人者水也，水则载舟，水则覆舟"这几句话[①]，就是讲的这个道理。这当然仍旧是站在封建统治阶级立场上说话，为封建统治者自己打算，不是真像王珪所说的"以百姓之心为心"。但和隋炀帝那套做法比起来，总高明一些。它对封建统治者有好处，老百姓在客观上也受到点它的好处。

在武德年间，老皇帝李渊当政时，就想推行"均田制"。这是北魏以来的老制度，北齐、北周、隋朝都推行过。武德七年（公元 624 年）颁布的《均田令》规定：年满十八岁的男子，由政府授田一百亩，其中八十亩是"口分"田，死后要归还政府，二十亩叫"永业"田，死后可以传子孙；六十岁以上的老人以及残废人、长期有病的人，永业田二十亩，口分田减少为二十亩；死了丈夫的妇女，永业田二十亩，口分田减少为十亩，这些人如果是户主，还可增加口分田二十亩。当然，这套办法是不可能真正实行的，天下的土地哪能分授得那么平均？而且有的地主占了几百亩，甚至成千上万亩地，政府能把它没收来分给无田少田的农民？这样做岂不是在消灭地主阶级，这成什么封建政权。事实上无非是承认现状，在各人各户的私有田地上，加个"永业"、"口分"的名称而已。永业田不必缴还政府，多到成千上万亩也没事。少的或者贫无立锥之地的，政府可以分给一些无主的荒地，没有无主荒地或不够分，也就管不了许多。

---

① 这几句话见于《荀子》的《王制》篇里，意思是君主好比是舟船，百姓好比是河水，水能托起舟船，也能把舟船掀翻。

不过，这么做对发展生产多少总有点好处。经过战乱，原来的田主死掉了，黄河中下游大地主被农民军杀死的更多，无主荒地在一些地方有的是，分授给无田少田的农民，不光可以恢复生产，还增加了国家的赋税收入。当然，这套制度是在李渊手里制定的。现在有些教科书，把它说成李世民的功劳，是不对的。但它确实给李世民治理好天下、恢复生产，创造了条件，而且李世民本人也继续在这么做。像贞观十一年（公元 637 年）暴雨成灾，就下诏把一些离宫别馆的土地，分给洛阳的受灾户耕种。

赋税，尤其是徭役、兵役，不能再像隋炀帝时候那么苛重了。武德二年（公元 619 年）颁布了历史上称作"租庸调"的赋税法，规定年满二十一岁成丁的男人，每年向国家缴纳粟二石，叫做租；缴纳绢或绫、绝等丝织品二丈，如果缴布要二丈四尺，缴绫、绢之类的，附加三两丝绵，缴布的附加三斤麻，这都叫调；庸，就是徭役，规定成丁的男人一年服役二十天，不需要服役时一天折缴三尺绫、绢，服役时间增加十五天就免调，增加三十天，调和租都免掉①。以上这些才算是对国家的"正供"，另外零星的税收、杂差还有一些，但比隋炀帝时动不动征发几十万、上百万老百姓，来替他开运河、筑长城，总算宽厚得多了。

到李世民手里，还好多次找机会予以减免赋税。例如，武德九年（公元 626 年）八月他刚做上皇帝，就让关内各州和附近六个州免掉二年租，通天下还都给复（免租税、徭役）一年；贞观元年（公元 627 年）六月，山东大旱，免掉一年租赋；贞观四年十月皇帝去陇州，岐州、陇州免掉一年租赋，等等。当然，这类减免在过去各个朝代也常有，武德年间李渊当皇帝时，也这么做过。而且真得到好处的，只有地主和自耕农，租种地主土地的佃户并没有得好处，加上里正②从中捣鬼，恐怕连自耕农得到的好处也有限，但究竟比隋炀帝时只有横征暴敛，很少减免，总要强得多。

---

① 这种"租庸调"当然还有不合理的一面，每个人负担相同，但每个人拥有的田地却多寡不一，田多的富户固然无所谓，田少的穷人就缴不起，只好偷偷地离开家园，跑到他乡谋生，成为所谓"逃户"。到武则天掌权时，"逃户"越来越多，成为严重的社会问题，这是后话。

② 旧社会的保甲长之流。

再说兵役，自从西魏创设了"府兵"制，隋代继续执行，这只是让一部分农民编进军府兼服兵役。隋炀帝却把军府和服兵役的人无限制增加，弄得"扫地为兵"，打高丽一下子就动用兵力一百十三万。李渊做皇帝后，深知不能这么胡来，只在关中地区重设了少数军府。到李世民时，天下统一，军府（当时叫折冲府）在关中以外当然还得设置一些，总起来也不过六百多个。编进军府充当府兵的农民，一律免掉"租庸调"，平时照常耕种，打仗或到京城轮流担任警卫时，才暂时离开家园。其他没有名列军府的更广大的农民，就可以不再承担兵役。偶尔要组织在边疆的大战役，也改用临时招募的办法，不作硬性强制。这样，农民就可以比较安定地在土地上劳动，用李世民的话来说，这是"不误农时，使百姓自在地种田"。

安定社会秩序的另一个办法，是减轻刑罚，古人说得文雅点，叫"慎刑"。隋朝初年制定的刑律本来比较宽平①，到炀帝想用严刑峻法来镇压老百姓，结果弄得"人不堪命"，起来造反的反而更加多起来。李世民吸取教训，坚决不再来这一套。他的父亲李渊，叫裴寂等制定的唐律，已比隋炀帝时候宽平了，基本上恢复到隋初的格局。李世民则叫人再加修订，在很多地方进一步改重为轻。例如，原来规定要处绞刑的某些罪，改成流放服劳役；原来规定要大辟也就是斩首的某些罪，判处也酌量减轻，总之决不随便乱杀人②。真要杀，在手续上也作了严格的规定，都得由宰相、各部尚书和四品以上的重要官员讨论决定，决定了还得经过五次复奏才能执行，以免出现冤狱，把人错杀。有时候按照刑律的条文虽应杀，但又情有可原，李世民吩咐要把案情上奏，经过仔细研究后再处理。"死者不可再生，用法务在宽简"，这是李世民的原则。据记载，贞观四年（公元630年）这一年里，全国只判处了二十九个死刑犯。这也许有点夸张，但当时老百姓生活在比较缓和的气氛里，不再担心严刑峻法，总应该是事实。

慎刑法，轻赋役，这是为恢复发展生产创造条件，要农业生产发展得更快

---

① 当然这种宽平只是站在封建统治阶级立场上的宽平。

② 这个唐律到高宗永徽年间，又经长孙无忌等修订，并加了解说，就是流传到今天，而且在国际上颇有声誉的《唐律疏议》。

一点，还得兴修水利。根据史书记载，贞观年间兴修的大小水利工程，就有三十多起。其中如观音陂灌溉田亩一百顷，雷塘和勾城塘灌溉八百顷，使粮食增产可以得到保证。

因为经过战乱，户口数字大大下降，在发展生产的同时，还得奖励增殖人口。在贞观元年（公元627年），李世民就下了个叫地方官劝勉民间嫁娶的诏书，规定男的年满二十，女的年满十五，就可以结婚。还鼓励鳏（guān）夫、寡妇再婚，并且把老百姓是否婚姻及时，鳏夫、寡妇再婚的人数是多还是少，户口是增加还是减少，作为考核刺史、县令政绩的一个标准。另外，生了男孩的，有时还给予物质奖励。如贞观三年，下诏赏赐孝义之家和年八十以上老人的同时，还规定当年妇人生了男孩的，一律赐粟一石。因为当时的生产主要是农业，男的多了，就增加农业生产的劳动力。

农业生产最怕天灾，而贞观元年到三年之间，偏偏连年有天灾，连年闹灾荒。贞观元年六月，山东诸州大旱；八月，关东和河南、陇右沿边诸州霜害秋稼，关中也闹饥荒，发生卖儿卖女的事情。贞观二年，天下到处闹蝗灾，河南、河北大霜成灾，闹饥荒。贞观三年，关中诸州闹旱灾，其他广大地区闹水灾。李世民对此极为重视，作出了种种救灾的措施。一是前面说过的减免山东地区贞观元年的租赋。再是在贞观二年四月下诏叫天下州县都设置"义仓"，规定不管是谁的田地，每亩缴纳二升粟、麦或粳稻，存贮到义仓里，闹灾荒时就开仓救济灾民，或者借贷给灾民作为种子，秋收后再偿还。根据史书记载，开义仓救荒的事

雨中耕作图（敦煌唐代壁画）

情在贞观年间就有好多次，说明设置义仓在当时确实对老百姓有点好处。贞观二年蝗虫成灾那一次，李世民亲自到禁苑看庄稼，抓了几枚正在吃庄稼的蝗虫，说："人以谷为命，而汝食之，是害于百姓，百姓有过，在予一人，尔其有灵，但当蚀我心，无害百姓！"说罢，把蝗虫吞下了肚子。当然，我们今天懂得，对待害虫只有发动群众把它消灭，李世民这种认为蝗虫是上天降灾，要用自己的心脏来代替庄稼受灾的做法，是迷信的、不明智的，甚至很可能是故意做个样子给老百姓看。但是封建社会的老百姓知道了，也真可能被感动，多少能起点稳定人心的作用。

　　休养生息，渡过困难，到贞观四年（公元 630 年）居然就迎来了大丰收，过去逃荒的人都重新返回家园。以后又连年丰收。即使再发生点天灾，像贞观七年八月山东、河南三十州发大水，贞观八年七月山东、河南、淮南又发大水，贞观十一年七月洛阳发大水淹死六千多人，九月陕州、河阳黄河泛滥，贞观十二年冬到十三年五月，又干旱少雨，却再也不会重演卖儿女逃荒的惨剧了。从米价来看，贞观初年闹灾荒时，一匹绢①只能换到一斗米。贞观四年以后，一斗米只要四五文钱，有时只要三文钱，一匹绢可以买到粟十几石②。从长安东到海边，南去岭南，路上可以不用带干粮，到什么地方都能吃上饭。户数呢？前面说过，武德年间已只剩二百多万，到贞观末永徽③初，仅仅二十多年，就增加到三百八十万。可见中国老百姓即使在封建社会，也有强大的生命力，同时也让大家在这里看到了李世民治理天下的功绩。

　　这就是历史上所说的"贞观之治"，从某种意义来说比"天可汗"这个称号更光彩的"贞观之治"。

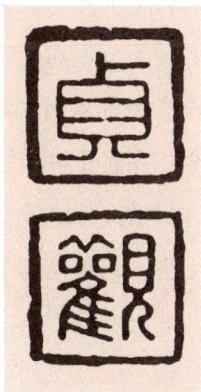

"贞观"联珠印

---

　　① 当时绢不光可以做衣服，还和钱那样用来作为货币进行交换，至于金银在当时只算贵重物品，可以馈赠赏赐，可以做金银器皿和种种装饰品，不作为货币。

　　② 当时粟和米的比价一般是 3 比 5。

　　③ 永徽是李世民的儿子唐高宗李治刚即位时用的年号。

用　人

　　"一朝天子一朝臣"，这句话在封建社会多少是说对了的。不要讲改朝换代了，就在一个朝代，新皇帝即位后也常把老皇帝的人掉换。因为他自己周围也有一批人么，这些人围着他图个什么？高明的皇帝也是这么做的，不过他同时还要考虑，用的人是否有才能。有才能，即使过去不是自己人，而现在可以成为自己人的，照样要用；否则，即使是自己人也不便重用。李世民即位后，就是这么做的。这也是能够出现"贞观之治"的一个原因。

　　用人，最紧要的自然是要用好宰相，这是替皇帝出谋划策，协助处理国家大事的关键性人物。李唐政权建立后，承用隋朝的办法，设立了尚书省、中书省和门下省①。尚书省的长官是尚书令和辅助尚书令的尚书左仆射（yè）、尚书右仆射；中书省的长官是中书令，有二名，不分左右；门下省的长官是侍中，也有二名，不分左右。以上这些都是正式的宰相。他们的分工，按照规定是：中书令秉承皇帝的意旨，草拟诏令；侍中加以审核，认为不合适，可以批驳退还；尚书令、左右仆射则领导尚书省下面的吏、民、礼、兵、刑、工六个部②，承受诏令处理日常政务。武德年间，做过尚书令的，只有秦王李世民，但他实际上经常带兵出征，只算是挂个名。其他宰相中，地位最高的是裴寂，其次是和李世民关系密切的刘文静。刘文静做了不到一年，就和裴寂闹矛盾，被处死。到武德九年玄武

----

　　① 在古代，"省"是政府机构的名称，元代才在地方上设立"行中书省"。到明、清，"省"就成为一级地方行政区划，一直沿用到今天。日本人当年向唐朝学习，到今天仍旧用"省"来称中央各部门，而没有改用其他字眼。

　　② 六部的长官是尚书，如吏部的就叫吏部尚书，礼部的就叫礼部尚书，他们的品级也很高，在唐初和中书令、侍中同级。每个部里都分设四个司，司的长官郎中和员外郎各一名。另外还在尚书令、左右仆射之下，设尚书左丞、右丞各一名，协助分管这六部二十四司。这种设立六部的办法，一直沿袭到清末才废止。

门之变前夕任宰相的，在裴寂以下还有萧瑀、封德彝、陈叔达、宇文士及、杨恭仁一共六个人，李世民曾加授过中书令，李元吉加授过侍中，仍都是挂名。

这个老班子中，裴寂是李渊的亲信，李世民当然不能让他继续执掌大权，只是碍于太上皇的面子，不便马上破脸，直到贞观三年（公元629年），才找个罪名，将他贬出长安。杨恭仁长期在地方上当总管，和秦王府没有什么特殊关系，李世民上台不久让他转任雍州牧，以后又外放洛阳当洛州都督，发挥他当地方官的特长。封德彝则据说既和李建成、李元吉有联系，又对李世民表示忠诚，是个两面讨好的圆滑官僚，地位不会动摇，贞观元年老病死去。陈叔达在李渊面前替李世民说过好话，萧瑀、宇文士及都跟随李世民打过仗，宇文士及还做过秦王府的官，参与过玄武门政变，也都应该留任。

当然，更紧要的是把最亲信的秦王府亲信，经过玄武门政变考验立了大功，而且确有政治才能的人补进班子，掌握实权。先是补房玄龄、高士廉，再是长孙无忌，再是杜如晦。杜如晦做了两年就病重去世，做得长的是房玄龄和长孙无忌。另外在李世民在位的二十三年中，任用的宰相按时间先后，还有杜淹、李靖、王珪、魏徵、温彦博、戴胄、侯君集、杨师道、刘洎（jì）、岑文本、李勣、张亮、马周、褚遂良、许敬宗、高季辅、张行成、崔仁师。其中有的做了几年就罢职，或调任其他官职；还有的调职、罢职以后，过几年又重新任命为宰相。这些在当时是常见的事情，不足为奇。

房、杜、长孙、高士廉等大名人不用介绍了，要考虑的是杜淹以下十八个人的来历，凭什么被李世民摆到相位上。

杜淹、侯君集、张亮，都是秦王府的旧人，侯君集是玄武门行动的九干将之一，张亮则替李世民控制洛阳出过大力，属于李世民的死党。但侯君集在李

玄龄善谋如晦善断
与房同心功勋炳焕

杜如晦像

世民上台后只做右卫大将军，当宰相是贞观四年（公元630年）的事情。张亮更晚，贞观十七年侯君集被杀后才当上，都是后来发觉确有文武才能方被选用。杜淹当宰相比他们早，是因为他文化高，通晓朝廷典故，李世民上台后用得上。戴胄是因为懂得法律，会处理行政事务，在贞观四年被提升成为宰相，也都不是凭借秦王府的老关系。李世民对赏功和用人这两件事，还是能够分别清楚的。秦王府的旧人和支持自己出过大力的人，尤其是武德九年六月四日冒生命危险帮自己成大事的，当然都得重赏。在政变成功后三个月，也就是李世民正式当上皇帝的第二个月，就钦定四十三人为功臣，分别赏赐他们食邑从一千五百户到三百户不等①，其中除少数武德年间已立过大功外，站在李世民一边尤其是玄武门政变中立了大功的秦王府死党有三十一人，占了总数的百分之七十二。这些死党和秦王府旧人中有才能的，像房、杜、长孙、高士廉、杜淹、侯君集、张亮，可以先后重用当宰相，其余不具备宰相才能的一个也不让当。武的像尉迟敬德、秦叔宝、程知节等功劳大，列入四十三功臣名单，尉迟一千三百户，秦、程各七百户，但考虑他们只是勇将，不能任大将，除掉给个崇高的某卫大将军②之外，也一直不让他们独当一面指挥大战役③。这种不滥用功臣的办法，应该说是十分明智的。

　　大名鼎鼎的魏徵，还有一位王珪，本来都是皇太子李建成的死党。李建成通过平定河北，来扩张势力，是王珪、魏徵帮他出的点子。照常情李建成被杀后，他俩即使不被清除，也不会起用。只是因为魏徵家住内黄，早期参加过瓦岗军，在山东地区是大有影响的人物，王珪也有才能，现在愿意为李世民效劳，就都予以重用。魏徵被派到河北地区，现身说法地安抚李建成、李元吉安插在那里的党羽，又和王珪一起，被任命为谏议大夫，使李世民可以多听到点从另一种角度提出的好主意，不致被当年的秦王府亲信所包围甚至蒙蔽。最后他俩都当上了

---

　　① 这时的所谓食邑若干户，只是由政府每年按若干户应出的赋税数字，来赏赐被封邑的人，已不像秦、汉时候那样，真的指定那些县作为封邑。

　　② 唐代十二卫大将军都是正三品，而中书令、侍中一开始也不过正三品。

　　③ 程知节出任大总管打西突厥贺鲁，是在高宗初年，当年的名将已大都去世了，结果果真打得很不成功，回来后被免职。

宰相。

　　李靖、李勣，都是武德年间战功卓著的大将。李勣曾跟随秦王李世民平定山东，却不是秦王府的人物；李靖和秦王府更少交往。但当时中央也需要懂军事的专家，而且还考虑到李勣在山东地区的影响，李世民先后让他俩当上宰相。

　　温彦博是太原人，哥哥温大雅，先跟李渊，是《大唐创业起居注》的作者，后来成为秦王府亲信。温彦博则和秦王府没有关系，是因为他在武德时被东突厥俘虏过，熟悉对方内情，在处理少数民族问题上很有办法，又善于言辞，"声韵高朗，进退雍容"，这才提升为宰相。杨师道是杨仁恭的弟弟，又是李渊的女婿，文笔好，做的诗很受李世民欣赏，是以文化人身份进入宰相班子，并非凭裙带关系。

　　刘洎、岑文本、马周、褚遂良、许敬宗、高季辅、张行成、崔仁师这八位，都是贞观年间才露头角的新人。他们都不是关中或太原、河东人，因为这些地区够得上人材的，都早被李渊、李世民

李靖像

褚遂良像

看上吸收到身边了，就连山东地区资格老一点的文人、战将，也被李世民、李建成弄进秦王府、东宫，像魏徵又从东宫转到李世民手下。这时候再选拔贤能补充宰相班子，就得到籍贯是山东和长江中下游地区的人中去物色。长江中下游，也就是过去东晋南朝统治地区的世家士族，本以文学见长，王、谢等大士族大世家

十八学士图（局部）

腐朽了，中等的还出人材，刘洎、岑文本、褚遂良、许敬宗，就都出身于这里的文学世家。褚遂良的父亲褚亮还是秦王府十八学士之一；褚遂良则以书法见长，后来成为政治斗争的能手。刘洎、许敬宗在政治上也各有表现，他俩先后都成为褚遂良的对立面。另外马周、高季辅、张行成、崔仁师的籍贯都是山东地区。山东地区的世家士族比长江中下游的腐朽得还厉害，但还要摆臭架子，像崔、卢这两大家族就不肯和差一点的人家通婚。李世民对此最讨厌，所以选拔的马周、张行成、崔仁师都出身贫寒，高季辅的父兄也只当过县令，当宰相都凭自己的本领。其中像马周，只是代中郎将常何写了一份建议，就受到李世民赏识，从一个只做过州助教、还丢了官的人，一帆风顺地擢升到宰相。

为了破格用人，李世民在制度上也作了一点改革。因为他自己做过尚书令，别人不便再做了，就把左、右仆射作为尚书省的最高长官①，加上中书令、侍中各二名一起，是六名法定的宰相。但李世民不一定让宰相满员，有时候却又让超员，办法是要任命为宰相的不都让做左右仆射或中书令、侍中，有一些只是加上"参与朝政"、"参知政事"、"参知机务"、"专典机密"、"同中书门下三品"等名义，让他们做宰相的实际工作。有的日后再正式任命为侍中、中书令，不再任命也无所谓，谁也不会否认他们的宰相地位。这就比原先一定要用仆射、中书

----

① 可能李世民还有个用意，认为尚书令只有一名权太大，不如左、右两仆射可互相牵制。

令、侍中的名义，既灵活且又实际。因为仆射是从二品，中书令、侍中是正三品、二品、三品在唐代已是很高的品级，有些要提拔的新人，有了这个办法就可以让他们以低一些的品级做宰相工作，对破格用人大有好处。另外据记载，唐代一开始，三省长官是完全分别办公的，以后在门下省设置了政事堂，让他们在一起商议政务。这很可能也是李世民的新措施，因为增添的非三省长官，只是"参与朝政"、"参知政事"等等的宰相，不设政事堂叫他们上哪去办公。

中央政权最关键的是宰相，地方上治理得好不好还得靠各州的长官——刺史，有的州要兼管军事则叫都督。贞观时期的刺史、都督中，有一些是大有来头的，当过宰相的可以外放充任刺史、都督，有些军事要地的都督、刺史，还让三品的诸卫大将军去充任，当然还有不少是由一般的文官升任。任命刺史、都督的工作，李世民亲自抓，亲自提名，并且把刺史、都督的姓名写在屏风上，办了好事就在姓名下面记一笔。此外，还几次派人以黜陟（zhì）使、巡察使等名义，分头到地方检查刺史的工作。贞观八年（公元634年）派的黜陟使，是李靖、萧瑀、王珪等重要人物。贞观二十年派黜陟使，还规定了户口是否有流散，库藏是否有耗减，是否有黠吏豪族在欺压老百姓等六条，作为衡量刺史好坏的标准。好的就有可能升陟，特别坏的应予罢黜。

当每个朝代开国的时候，用人是不会成问题的，因为总有一大批在打天下或夺取政权中经过锻炼考验的人材，只要加以选择，不用非其才就可以。但人要衰老、要死亡，以后选用些什么人，就不太好办。都

科举考试图。此图为宋代人所绘，反映了唐宋科举考试的场景

由皇帝亲自挑选吧，李世民虽自信有此本领，能够亲自挑选刺史、都督，亲自任用新人来当宰相，但传到子孙后代，就未必有此能耐，交给管人事的吏部全权办理，更不放心。有一度，他想仿照古代分封诸侯在领地世袭的办法，对刺史也实行世袭制。贞观十一年（公元637年）下诏，让他的小兄弟荆王李元景等二十一个亲王，以及长孙无忌等十四个功臣，世袭刺史。结果这种开倒车的办法遭到很多大臣包括被指定世袭者的反对，拖到贞观十三年，只好再下诏停罢。比较合适的办法是推行科举制，不靠上代的权势，不像魏晋南北朝那样用"九品中正"的办法让地方上评议谁是人材，让选拔人材的权力实际上掌握在世家士族手里，弄得"上品无寒门，下品无世族"，而是不管是世族还是寒门老百姓，都凭自己的真本事参加考试，考上的才有可能做官，以至做到宰相、刺史等大官。这种办法在隋代已开始试行了，因为到隋代，过去的世家士族已日渐衰败，对这种不利于自己的新兴科举制度已没有能力抵制。到唐代更进一步把科举制度健全起来，由京师和州县的学校选送生徒，到长安参加尚书省举办的考试。另外不是学校出身的，也可以自己报名，作为"乡贡"，经州、县送到尚书省，参加考试。这种考试有好多种名目，经常举办的有秀才科、明经科、进士科、明法科、书科、算科，可以由生徒和乡贡的人自己选择一种应考，而出路比较好、应考者较多的是进士科和明经科。对这种从社会各阶层中选拔统治人才的办法，李世民是很重视的。据说，有一次进士科发榜，李世民看到考上的进士们从榜下鱼贯而出，高兴地对身旁的人讲："天下英雄入吾彀（gòu）中矣！"后来唐代的重要政治人物，几乎绝大多数是科举出身。人们怀念李世民的功绩，还常常把这位太宗皇帝说成是科举制的创始人。

求谏与纳谏

今天有些人认为封建社会什么时候都由皇帝一个人说了算，所谓封建专制么！其实并非如此。皇帝周围还有宰相、大臣以及其他帮皇帝出主意的人，他们从封建统治阶级的利益和他们这个统治集团的利益出发，对重大政务商量出他们认为比较好的办法，供皇帝采纳。有时候皇帝想了办法，也得让他们讲讲看法，皇帝做了错事他们也得提意见，他们讲得对、提得对，皇帝有时会接受。当然这并不能算集体领导，因为最后决定权还在皇帝。皇帝比较主观的，甚至是昏庸蛮横的，既不听取别人意见，别人也怕给他出点子、提意见，就叫做暴君、昏君。头脑清醒、虚心一点的，能听取意见采纳好办法，自己错了也容许人家提出来，并接受改正，就叫能"纳谏"。有的更主动征求别人的好意见，就叫"求谏"。我国历史上能纳谏以至求谏的皇帝，还是有一些的，李世民则做得比较突出。当然，无论求谏、纳谏，目的都无非是为了巩固封建统治，稳住皇帝的宝座而已！

李世民上台不久就主动求谏，他对身边的大臣说："人要知道自己的脸是什么样子，必须有镜子，君主要知道自己有什么过失，就得有忠臣。如果君主自以为高明，臣下又不进谏匡正，哪能免得了危败！结果是君主失国，臣下也不能够保全其家。隋炀帝暴虐，臣下人人钳口不言，做了错事也没有人给指出，结果失国亡身，臣下虞世基等也同时被诛杀。前事不远，公等看到朕做的事情不对，必须对朕极言规谏。"有一次又说："君主用了邪臣，天下就治理不好，正臣遇到了邪君，也同样治理不好。只有君臣遇合像鱼水一般相得，海内才得太平。朕虽不明，希望诸公经常匡救。"当时谏议大夫王珪在旁边，他说："臣闻'木从绳则正，后从谏则圣'①。所以古代圣君必有诤臣七人②，诤谏不听就以死相争，一个接一个，非让君主接受不可。陛下愿意听取诤谏，臣一定知无不言。"李世民听了很高兴，下诏规定，宰相到大内商议国家大政时，要让谏官跟随进来，有意见同样可以提出，皇帝保证虚心听取。

李世民的长相很威严，臣下见了他，往往很害怕，手足无措，有话说不出来。他注意到这一点，尽量表现得和颜悦色。有一次，他对身边的大臣说："朕看到臣下奏事时，常紧张得语无伦次，平常奏事都如此，更谈不上谏诤了。因此朕对诤谏的，即使说得不合朕心，朕也不见怪，如果责怪，那人家更害怕，还有谁敢开口。"

魏徵像

有些奏事是书面的，条数很多，李世民就贴在墙壁上，经常看着、考虑着。他对大臣说："朕所以如此孜孜不倦，是为了要把下面的看法了解清楚，有时考虑到三更天才就寝。朕也希望公等用心不倦，使朕感到满意。"

这些都是李世民在反复求谏。现在再讲些纳谏的事情，看李世民怎样接受臣下的诤谏，尤其是敢于直言不讳的魏徵对他的诤谏。

有一位郑家的小姐，长得特别美，长孙皇后建议把她聘来当妃嫔，李世民同意了，还下了诏书。魏徵知道这位小姐已经许嫁给陆爽，赶忙进谏阻止。李

① 这两句话出于伪《古文尚书》的《说命》上篇里，当时认为伪《古文尚书》是真的。这里的"后"是王的意思，并非后妃。

② 诤，是直言规劝。这里是引用《孝经》中《诤谏》章里的话，原文作"昔者天子有诤臣七人，虽无道，不失天下"，王珪引用时和原意有点出入。

唐太宗主明臣直（明
《帝鉴图说》）

世民这才醒悟，准备中止礼聘，让这位小姐去和陆爽结婚。有人提出不同意见，认为这位小姐还未嫁出去，而且诏书已下了，也不宜中止。陆爽本人也上表说，和郑家并无婚约，是外边人不清楚在乱讲。李世民犹豫起来，再问魏徵，魏徵指出："这是陆爽怕陛下将来找麻烦，才故意上表陈说啊！"于是，李世民重下了个敕，说："今闻郑氏之女，先已受人礼聘，前出文书之日，事不详审，此乃朕之不是。"断然收回了成命。

贞观四年（公元630年），李世民下诏重建洛阳宫里的乾元殿，以备巡幸。有个官职不算太高的给事中张玄素上书谏止。谏书中还讲到隋炀帝，说隋炀帝初造此殿，大木从豫章（治所在今江西南昌）采伐，光一根柱子就要用二千人拉，拉到洛阳花掉钱数十万。现在经过多年战乱，老百姓还没有恢复元气，人力物力远非隋朝全盛之日可比，却要大兴土木，岂非比隋炀帝还做过了头。李世民看了，故意问张玄素："卿以为我还不如炀帝，何如桀、纣？"张玄素回答得很干脆："此殿如果真的兴建起来，和桀、纣一样结局。"李世民回心转意，对房玄龄说："今玄素上表，洛阳确实也未宜修造，所有作役，宜即停之。"并且赏赐张玄素绢二百匹，魏徵为此很高兴，说："张公遂有回天之力！"

从贞观四年起连年丰收，出现了太平景象，地方官为了讨好李世民，请求李世民到泰山行封禅大礼。这是皇帝夸耀自己功德的一种措施，历史上像秦始皇、汉武帝，都曾操办过。朝廷上的许多文武官员也很赞同，又是魏徵起来谏阻。李世民不高兴了，说，难道朕的功不高，德不厚？魏徵解释说："陛下功德确实很高很厚。但隋末以来天下多年动乱，陛下刚把它治理好，户口还未恢复，仓库还未充实，从长安到山东去封禅泰山，一路上千乘万骑，老百姓负担得了吗？譬如久病之人经过治疗才有点好转，还瘦得仅存皮骨，却叫他去背上一石米，一天走上一百里，能行吗？"李世民认为说得有道理，中止了这次豪举。

有一次，宰相房玄龄、高士廉在路上遇见管理建筑的少府监窦德素，问他宫里近来盖了些什么房子。窦德素认为这是皇帝叫盖的，宰相不该问，报告了李世民。李世民也不高兴，对房玄龄、高士廉说："卿管好南衙①的事情就行了，宫里盖一点房子，干卿何事！"房玄龄、高士廉认错拜谢，魏徵又不答应了，说："臣不懂陛下为什么责备玄龄、士廉，也不懂得玄龄、士廉为什么要拜谢。玄龄等既是宰相，就是陛下的肱股耳目，宫里盖房子为什么不让知道？陛下做的事如果对，宰相应该帮助陛下来完成；不对，即使宫里盖房子的小事，也应奏请陛下停罢。这才是君使臣、臣事君的正道啊！"李世民听了很惭愧，承认自己不对。

隋唐洛阳宫城应天门遗址

乾元殿的重建，经张玄素诤谏中止了，但后来还是派人把洛阳宫整修了一番。有个芝麻官、从八品的陕县县丞叫皇甫德参的，上书说："修洛阳宫，是劳人；收地租，是厚敛；妇女流行梳高髻，是受宫里的影响。"李世民看了很生气，对房玄龄等说："这个县

---

① 尚书省等宰相办公机构都在朝廷的南面，当时通称为"南衙"。

丞要国家一个人也不役使，一斗租也不收，宫人都不留头发，这才称心！"准备治以讪谤之罪①。又是魏徵起来谏阻，说："这个县丞的话，是激切了一点，但汉代贾谊给皇帝上书中，说什么时势可为痛哭者一，可为长叹息者六，不是也很激切吗？不激切，就不能打动人主之心。这怎么能说是讪谤呢？请陛下考虑。"李世民认为有道理，不仅不怪罪皇甫德参，还赏赐帛二十段以资奖励。

　　长孙皇后生的长乐公主，李世民很喜爱，要出嫁了，李世民准备把嫁妆办得特别丰厚，比当年出嫁他的妹妹、李渊的女儿永嘉长公主②时增加一倍。魏徵知道后又进谏，他引用了当年汉明帝封皇子的故事。汉明帝说过，"我的儿子怎能跟先帝的儿子比"，封的县数比光武帝的儿子、明帝自己的弟弟受封时少了一半。然后，他对李世民说："陛下现在这么做，和汉明帝比起来，恐怕大大不如吧！"李世民接受意见，连长孙皇后也很同意，派人送钱四百缗（mín）③、绢四百匹，作为魏徵敢直言诤谏的赏赐。

　　对臣下的诤谏，尤其是魏徵一次又一次直言不讳地诤谏，秉性要强好胜的李世民，有时也感到受不了。有一次退朝后回到宫里，很气愤地说："总有一天把这个田舍翁④杀掉！"长孙皇后问杀谁，李世民说："魏徵经常当文武百

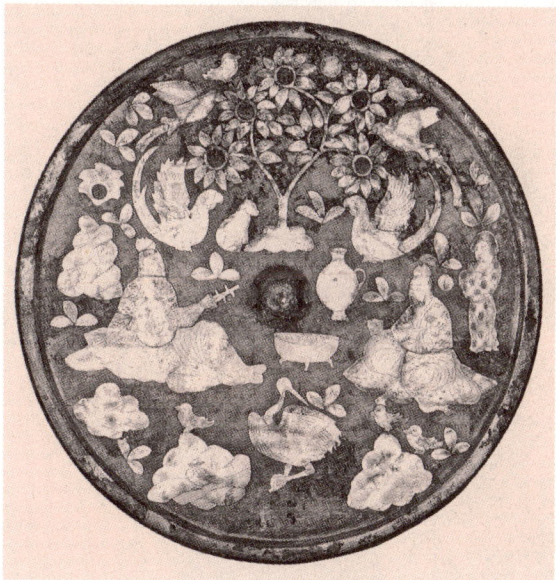

唐　花鸟人物螺钿铜镜

① 讪，讥笑；谤，诽谤，对皇帝说来都是大不敬的事情。

② 封建社会皇帝的女儿叫公主，姐妹叫长公主。

③ 一千文钱为一缗。

④ "田舍翁"，古代人口头上常用的名词，用今天的话来说就是"乡下老汉"。因为魏徵不是出身世家士族，所以李世民骂他田舍翁。

官的面叫我下不了台，非杀不可。"长孙皇后赶忙向李世民祝贺，说："皇上英明，臣下才能直言，魏徵之所以敢直言，正是因为陛下英明啊！"李世民这才转怒为喜。

但这种对直言诤谏的厌倦情绪，日子久了总容易流露出来。尤其是到了贞观中后期，朝臣们怕引起李世民不高兴，敢直言谏诤的越来越少，更谈不到李世民主动求谏了。贞观十六年（公元642年），魏徵病故后，李世民对这位最敢直言的大臣倒很怀念，说："以铜为镜①，可以正衣冠；以古为镜，可以知兴替；以人为镜，可以明得失。现在魏徵不在了，我的一面人镜失掉了。"其实，人镜怎么会没有呢？就看你李世民自己了。天下太平，五谷丰登，自以为功德巍巍，什么都比别人行，当然不想再多听逆耳之言。这也是封建帝王的必然结局吧！

---

① 我国过去都用铜镜，开始用玻璃镜是近代的事情。

兴儒学与抑佛道

政治上稳定了，统治巩固了，经济也得到恢复、发展，还有一件大事，就是抓文化。

中国封建文化的主流，就是春秋末年孔老夫子开创的儒家学说。当时中国社会正从封建领主制向地主制转变，原先被封建领主中掌管宗教的祝史们所垄断的一点知识学问，开始解放出来为新兴的地主阶级所享有。孔子就是在解放知识学问上作出巨大贡献的大教育家、大思想家，他把这些古老的知识学问，改造成为适合新兴地主阶级所需要的学说。到战国百家争鸣的时候，孔门后学把孔子的学说发扬光大，就形成和墨家、道家、法家等相并存、相竞争的儒家这个大学派。墨家兴盛过一个时候，法家学说更成为秦始皇的灵魂，西汉初年推行过一段道家"无为而治"的政治，但终于不是儒家的对手。因为儒家的一套确实比其他各家更有利于中国的封建统治，而且在儒家学说的发展过程中，还不断地吸收了法家、墨家等学说中有用的东西，像百川汇成江河那样，成为中国封建文化的主流。经过汉武帝的"罢黜百家，独尊儒术"，各个朝代包括少数民族进入中原后建立的政权，几乎一致崇儒尊孔。尽管他们的崇儒尊孔有时出于形式，所尊的孔子被神化后，也已经不完全是春秋时孔老夫子的本来面貌，他们统治老百姓也没有完全遵照儒家的教导，有时对儒家学说中的糟粕却津津乐道。

前面说过，李世民从小读的是儒家经典，"秦府十八学士"中的陆德明、孔颖达更是对儒家研究有素的大名人，因此李世民上台后的崇儒尊孔，是理所当然的事情。不过，他比有些帝王高明，崇儒尊孔没有停留在形式上、口头上，而是想真正遵照儒家的学说，对老百姓施点"仁政"，来巩固他的统治。他和大臣们讨论过这个问题，曾公开说："朕所爱好的只有尧、舜、周、孔之道[1]。这像鸟有翼、鱼有水一样，失掉了就得灭亡，是一刻也不能离开的。"慎刑法，轻赋役，救荒赈灾，以至任用贤能，求谏纳谏，等等，实际上都是李世民遵照儒家学说所施的"仁政"。

当然，形式也是需要有一点的。当时政府在京城里办了几所供贵族子孙学习的最高学府，有三品以上官员子孙学习的国子学，五品以上官员子孙学习的太学，七品以上官员子孙学习的四门学。武德年间，太学里行祭祀大礼时，是以周公为先圣主享，孔子只能在旁边配享。贞观二年（公元 628 年），李世民接受房玄龄等人的建议，抬高孔子的地位，在国子学里建立孔子庙堂，让孔子作为先圣主享，孔子的大弟子颜回配享。贞观四年，下诏让全国的州学、县学里，都修建孔子庙。贞观十一年，下诏尊孔子为宣父，在孔子家乡兖州修宣尼庙[2]。通过这些办法，来表明朝廷的崇儒尊孔，扩大影响。

对这几所最高学府，李世民也亲自过问。他多次临幸国子学，听祭酒、博士[3]讲授讨论。他给国子学添盖学舍一千二百间，国子学、太学、四门学里的学生名额，增加到三千二百多人。连驻屯玄武门的禁军，他都请博士给讲授儒家经典，学得好的同样可以参加科举考试。风气一传开，外地的读书人都抱着经典来到长安，还有高丽、百济、新罗、高昌以及吐蕃等少数民族的首领，也派子弟进国子学学习，多的时候听讲人数竟达到八千多。难怪史书上要说当时"儒学之盛，古昔未之有也"！

儒家传下来的经典很多，在南北朝、隋、唐时候，最重要的有《周易》、《尚书》、《毛诗》、《礼记》、《春秋左传》五种，当时通称为"五经"。其中《周易》

---

① 战国时儒家大师孟子认为孔子之道是上承尧、舜、周公。因此后人也把儒学说成"周、孔之道"或"尧、舜、周、孔之道"。

② 孔子名丘，字仲尼，所以把给他修的庙叫宣尼庙。

③ 当时，国子学、太学、四门学等，都由国子监领导，祭酒是国子监的长官，地位很高，是从三品，从品级上讲仅次于正三品的中书令、侍中、六部尚书。国子学、太学、四门学都分别设博士二至三人，正五品，负责教学工作。

也叫《易经》，本是西周、春秋时讲占卦的东西，经战国时儒家加进了哲理化的解释。《尚书》也叫《书》或《书经》，是殷商、西周、春秋时的政府文告，还有一些是战国至秦汉时人的拟作，到魏晋时又有人假造了许多篇夹杂进去，后人称这假造的部分叫《伪古文尚书》①。《毛诗》本叫《诗》或《诗经》，是西周、春秋时的诗歌，在春秋时的贵族宴会上，常被配上音乐来演唱，后来经汉代一位姓毛的老先生作了注解，因此叫《毛诗》。《礼记》的所谓"礼"，本是西周、春秋时，流行在贵族间的礼仪以及风俗习惯，战国、秦、汉的儒家，对它作了种种讲解，写了许多论文，到东汉时才汇总成现在看到的《礼记》。《春秋左传》的《春秋经》，是春秋时鲁国编年史《春秋》的删节本，战国时成为儒家经典后，说删节出于孔子之手，还有人搜集了大量史料，给它作了解说，成为《左传》②，把两者合到一起就叫《春秋左传》。大概孔子当年教学生时只是用过《诗》和《书》的真政府文告部分作为教材，也讲礼，但当时还没有《礼记》、《易》和《春秋》，在记载孔子言行最详细可靠的《论语》里，可一句也没有提及。把这些经典都和孔子拉上关系，是孔子身后战国、秦、汉时儒家们干的事情。但经过历代学者的解说，这些经典确实成为传授儒家学说的主要教材。远的不说，在唐代，国子学、太学、四门学的主要教程，就是学这些经典，州县学里的学生，也得学这些经典。至于科举考试，明经要考经典不用说了，进士科也经李世民规定，把经典作为考试项目③。因此，崇儒尊孔办好国子学、太学的同时，李世民还得抓这些经典的整理工作和解说工作。

先说整理工作。"五经"不是现成的吗？为什么还要整理？这是因为读的人太多，讲解的人也太多，而当时还没有发明雕版印刷，大家辗转抄写解说，在文字上出现了不少差错，很需要作一番校勘整理，让读书人得到比较合用的标准读本。贞观四年（公元630年），李世民把这个工作交给颜师古去完成。颜师古是

---

① 这《伪古文尚书》，到宋代才引起学者的怀疑，清代初年有位学者叫阎若璩的，写了一部《古文尚书疏证》，才断定是出于魏晋时人假造，此后就把这假造的部分，称为《伪古文尚书》。

② 在战国、两汉时，对经典的解释通称为"传"，和史书里给个人写的传，是两回事。

③ 进士科以考试诗赋文章为主是后来的事情。

秦府十八学士中颜相时的哥哥，北齐大学问家颜之推的孙儿，家学渊源，把"五经"中相沿已久的错误改正了不少。李世民很慎重，再请许多学者来审核讨论，有些学者提出不同看法，颜师古可以随口讲出这是根据晋、宋以来的哪个古本，繁征博引，使学者们不能不心服。李世民也十分高兴，在贞观七年将这套新校定的"五经"正式颁行全国，作为标准读本。

但工作还没有做完。因为这些经典除了正文之外还有注释。就"五经"来讲，远的不说了，南北朝、隋、唐流行的注解就有好多种。《周易》在北方流行东汉末郑玄的注，南方流行曹魏时王弼的注。《尚书》北方也流行郑玄的注，是没有加进伪古文的，南方流行加了伪古文的伪托西汉人孔安国的注。《毛诗》、《礼记》倒南北一致，都用郑玄的注。《春秋左传》北方用东汉时贾逵、服虔的注，南方流行西晋时杜预的注。注以外在南北朝流行疏，也叫义疏、讲疏，这是既解释正文又解释注的一种内容更繁富的解经专书，"五经"都有，也是各讲一套，各有优劣。初学的人要统统阅读实在太吃力，很有需要把这些注疏彻底清理一番，重新作出新的解说。于是，李世民又请当年秦府学士、现任国子监祭酒的孔颖达来主持这项工作。孔颖达是冀州衡水人，但在经学上倒没有地域观念，而是兼通南北，而且认为南方经学比北方更进步更优越。他决定用南方流行的《周易》王注、《毛诗》、《礼记》郑注、《尚书》孔注、《春秋左传》杜注，作为经注的标准本，再把南北朝人、隋人给这五种经注所作的义疏、讲疏加以整理改写，在颜师古等经学家的协助下，到贞观十六年（公元642年），"五经"的新疏全部写成，一共一百八十卷，进呈给李世民，被赐名《五经正义》。参与编写的太学博士马嘉运认为还不尽完善，李世民下诏再叫修订以示审慎。但孔颖达已年老请求退休，到高宗

孔颖达像

李治即位后在永徽四年（公元 653 年）才修订完毕正式颁行。宋以后所谓《十三经注疏》中的《五经注疏》，就是把这《五经正义》加上经注汇编起来的。用今天的水平衡量，这《五经正义》当然不能令人满意，这不仅误用了《伪古文尚书》，而且正义和注的某些解释也不尽符合经文的原意。不过它毕竟把唐以前的经学作了一次总结，今天我们研究经学，研究儒家学说，研究古代的文史哲，还不能离开《五经正义》这个资料宝库。李世民以及孔颖达等可尊敬的学者们真为中国学术文化干了大好事。

李世民的尊儒学就说到这里，下面再讲这位大皇帝怎样抑佛道，讲他为什么要抑佛道。

佛教也称为释教，因为它开创于印度的释迦牟尼。它在汉代传进中国，到南北朝、隋、唐时成为影响最大、信徒最多的一大宗教。当时出现了好些教派，有的是纯粹印度货，更多的已经中国化，甚至是中国佛教徒自己所创立。信徒中也分几等几样，够水平的是欣赏佛教的哲理，因为佛教尽管和其他任何宗教一样，都讲唯心主义，但讲得既圆通，又精深，很合封建社会高级知识分子的口味。他们有的在家当佛教徒即所谓居士，有的还出家当了和尚，像到印度学习的玄奘，就成为唯识宗这个佛教宗派的大师，连印度的佛教徒都公认他是佛学最高权威。玄奘回到长安时，当官的和老百姓自动夹道欢迎、瞻仰，几

玄奘取经图

十里间处处香烟缭绕。难道这么多人都懂得高深的佛学？当然不懂，他们无非是想拜了佛，瞻仰了玄奘这样的高僧，可以给自己带来幸福，譬如死了可以不下地狱，不当饿鬼，不变畜生。请看洛阳龙门从北魏到隋唐的官员、老百姓出钱雕造的佛像上，不就常常公开刻着"为某某敬造释迦像一躯，即令解脱三涂恶道①，一切众生，咸蒙祈福"之类的昏话。雕造佛像，盖佛寺，供养不知多少万不事生产的和尚、尼姑，自然要耗费掉大量的资财、人力。而且，和尚又概不承担赋役，无形中也使国家直接受到损失。至于道教，比起佛教来，影响倒还小一些。这是土生土长的本国货宗教，始创于东汉。东晋南朝的许多士大夫，包括大书法家王羲之，都是它的信徒。北方经过革新派领袖寇谦之和北魏太武帝拓跋焘提倡，也盛行起来。以后居然和佛教、儒学分庭抗礼，甚至有儒、释、道三教的说法。其实，这些道教徒无非表面上打着先秦时道家老子的旗号，骨子里是继承了中国的原始宗教思想，加上秦汉时候方士装神弄鬼的一套，又吸收了点佛教的东西，画符箓（lù）、炼仙丹是他们拿手玩意。当然，也有些农民起义领袖，以及某些叛乱者，利用道教来宣传、组织过群众，但佛教也曾被这样利用过，一般佛教徒、道教徒还是不反政府，不会在这一点上引起封建统治者的疑忌。

针对上面的情况，李世民在兴儒学的同时，对佛、道两家采取了抑制政策。抑制不同于禁止，在群众中有一定基础的东西，是很难用行政命令把它禁绝的。过去北魏太武帝拓跋焘信道灭佛，北周武帝宇文邕连佛、道一起灭，结果本人一死，佛、道还不仍旧昌盛起来。李世民不想再这么蛮干，他容许信教自由，包括南北朝时候从波斯传进来的火祆教，贞观时传进来的基督教支派景教，都容许在长安、洛阳建立寺院，何况佛寺和道观，更何况道教假托的创始人老子李耳，也被他们李家拉来当作了始祖，李世民还在传说为老子故乡的亳（bó）州修了个大大的老君庙。因此，无论信佛、信道，他一概不予干涉，官员中像当过宰相的萧瑀，失宠后要求出家当和尚，他都马上批准。民间凡所建佛寺，雕造几尊佛像，他更概不过问，当年父亲李渊也为保佑二郎健康造过佛像呢，只要不借此聚众闹

---

① 佛教把地狱、饿鬼、畜生三者，称为"三涂恶道"。

事就可以。而且为了收买民心，他自己还下诏给邺州、汾州、汜水等七个当年打过大仗的地方，建佛寺立碑铭，来超度敌我双方阵亡将士的亡灵。但是，无论信佛、信道，都不能超过了对儒学的尊崇，因为儒学是维护李家统治的精神支柱，信佛、信道决不能突破儒家那套政治理论体系。李世民在贞观五年（公元 631 年），明确地宣言："佛道设教，本是为行善事，难道可以使僧尼、道士等妄自尊崇、坐受父母之拜？这样做是损害风俗，悖乱礼经，应立即禁断，仍让百姓致拜于父母。"不准他们只顾宗教而违背了尊敬父母的孔门遗训。对从印度回来的玄奘，李世民在欣赏他的学问、才能的同时，曾多次希望他还俗做官，到自己身边参与朝政，虔诚的佛教大师玄奘当然婉言谢绝。李世民请玄奘撰写《大唐西域记》，目的也不是为了了解中亚、印度的佛学，而是让玄奘提供情报。可见在李世民这位崇儒尊孔者的头脑中，政治的重要是大大超过了宗教。

大秦景教流行中国碑

在佛、道之间，李世民又是扬道抑佛。贞观十一年（公元 637 年）曾下诏规定在文字上、在宗教活动上，道士、女冠（女道士）应在僧、尼之前。这无非是为了尊崇自己的始祖老子李耳而已。还有一次，道士秦英指责和尚法琳撰写《辨正论》攻击老子，李世民把法琳逮捕放逐，也只是出于同样的理由，别无其他原因。

修史作乐讲书法

在文化方面，李世民还做了不少事情。这里只能就李世民特别感兴趣，而且确实有影响的讲几件。

先说修史。重视历史记载，本是我国的一个好传统。至少在春秋时候，诸侯国中文化高的，已在按年、按月、按日地记载所发生的大事。保存到今天的，如经过删削的鲁国的《春秋》，是世界上现存的最早的编年史，比古希腊所谓历史之父希罗多德所写的那部历史，还要早几十年。而且已经很少迷信色彩，和希罗多德的满纸神话迥然不同。到大史学家司马迁写了著名的《史记》，班固写了《汉书》①，纪传体的史书又取代编年史，成了"正史"。所谓正史，是说它的体裁比较全面，包括编年史性质的"本纪"，有影响的人物的"列传"和少数民族以及邻国的"列传"；完备一点的，还有各式各样的"表"，和专题记述礼乐、职官、天文、地理、财经、图书之类的"志"。因此它的内容比其他任何体裁的史书要详细②。在唐以前已经写成的正史，除《史记》、《汉书》外还有《后汉书》、《三国志》、《宋书》、《南齐书》和《魏书》。另外，《晋书》也已写了好几种，互有短长，人们不甚满意。至

武功耸翠 文德详详
比连旸武 庶几成康

唐太宗像

---

① 所谓"书"，也就是史，《汉书》就是西汉这个朝代的史，别无其他含义。

② 因为本纪和列传是任何一部正史都有的，不像志、表有的有，有的无，所以这种体裁的史书，就通称为纪传体或纪传史。

于南朝的梁、陈，北朝的北齐、北周，加上刚刚灭亡的隋朝，都还没有大家公认的纪传体史书。李渊在武德四年（公元 621 年），曾下诏要修这几部纪传史。大概因为当时大家忙于统一战争，工作没有抓起来。到贞观三年（公元 629 年），李世民重新下诏并且指派内行来进行这项工作。

正像请颜师古整理"五经"，请孔颖达主编《五经正义》那样，指派来纂修这几部前朝历史书的，确实都是够水平的史学家、大内行，而且无论资料和参考书也都搜集得比较齐备。《周书》由令狐德棻主持，岑文本、崔仁师协助，岑、崔二位以后都做到宰相，岑以文学著称，崔也是科举出身，令狐德棻则早年就"博涉文史"，关心收集图书资料，纂修时有隋牛弘的《周纪》等，作为蓝本。《北齐书》的纂修者是"四海名流莫不宗仰"的李百药，他的父亲李德林写过北齐的纪传史，在此基础上再参考隋王劭的编年体《齐志》，来纂修《北齐书》。《梁书》、《陈书》的纂修者姚思廉也和李百药一样，父亲姚察修过梁、陈两朝的纪传史，临终遗命姚思廉把它续成。姚思廉续修时，还参考了谢炅等写的梁史和顾野王写的陈史。《隋书》则由政治活动家魏徵主持，他参加过瓦岗军，对隋朝的治乱得失自然很熟悉。另外，还让魏徵和房玄龄作为纂修工作的总监。到贞观十年（公元 636 年）这五部纪传史都修成，进呈给李世民。余下志的部分因为没有蓝本，编写不容易，再过二十年到高宗显庆元年（公元 656 年），才写成由长孙无忌进呈，叫做《五代史志》，附在《隋书》里面。《晋书》则是《隋书》等五种纪传史完成后，在贞观十八年才开始纂修，因为只是在原来多种《晋书》的基础上增订、重修，比较容易一些，贞观二十年就完成了。主持纂修《晋书》的是房玄龄和褚遂良，令狐德棻、许敬宗等参加执笔，李世民还亲自给晋宣帝、武帝和陆机、王羲之四篇纪传，写了评论①。后来把整部《晋书》都题作"唐太宗文皇帝御撰"，想来是要抬高此书的声价。

平心而论，这几部纪传体正史确实是写得不坏的。而且李世民抓这项工作

---

① 在本纪、列传后面评论，一般称为"论曰"或"史臣曰"，这四篇因为是皇帝御撰，所以称作为"制曰"。

也是很及时的。如果不抓或再过些时候抓，资料散失，熟悉隋朝史事以至周、齐、梁、陈旧事的人也死完了，困难就不知会增加多少。现在总算能把这几朝的历史事实基本上保存下来，好让今天的史学工作者重新运用历史唯物主义的观点来研究，这就是李世民和纂修者们的一大功劳。至于观点有问题，那根本不值得大惊小怪，哪一部旧时代的史书不是站在封建地主阶级立场上撰写的呢？

　　修前朝史书的同时，李世民还叫人及时纂修本朝的历史。当然，按照惯例，一个朝代的史书，要到这个朝代灭亡后由下一朝代的人来纂修。但是如果这个朝代不作准备，不随时记录，到下一个朝代凭什么作为纂修的依据呢？这种记录、纂修本朝史的工作，唐以前的许多朝代都做过，到唐代则在制度上规定得更完善。先是由起居郎等每天把皇帝的重要言行和国家大事记录下来，编造"起居注"①送到国史馆。在皇帝死后，馆里的史官根据起居注和皇帝的诏令，编纂成这个皇帝的"实录"。实录和起居注一样，也是编年体，另外还由史官纂修纪传体的本朝史——当时通称为国史。我们现在了解唐代的事情，可以看《旧唐书》和《新唐书》，而《旧唐书》、《新唐书》纂修时，都是以唐人所修的国史、实录为依据。《旧唐书》中有很多部分，还是直接抄录唐人的国史②。

　　贞观年间史馆纂修的国史有几十卷③，实录则修成了李渊的《高祖实录》和李世民自己的《今上实录》各二十卷。实录要皇帝死后再修，李世民活着怎么让修起实录来呢？这有个原因，就是李世民在重视修史的同时，还存着私心，生怕国史、实录的记载有不利于自己的地方。当年玩阴谋在玄武门杀哥哥、杀弟弟，逼父亲李渊让位，这些事情当然史馆里不会如实写，因为领导史馆的，正是自己最亲信的宰相，而且参与过阴谋的房玄龄么，但写得不好仍会有损于自己圣明天

　　①　前面讲到的《大唐创业起居注》就是现存的一种起居注，记载李渊从太原起兵到长安夺取政权，这三百五十七天所发生的大事。因为李渊称了帝，这段大事记才能有"起居注"之称。

　　②　读者如果对史学感兴趣，需要进一步了解实录、国史和《旧唐书》、《新唐书》的情况，请看我写的另一本小书《〈旧唐书〉与〈新唐书〉》，也收在《祖国丛书》里，1985年已由人民出版社出版。

　　③　到高宗显庆元年（公元656年），再由宰相长孙无忌和史官令孤德棻把这些国史整理成武德、贞观两朝史八十卷，正式进呈。

子的形象，于是在贞观十四年（公元640年）提出要看国史。国史照惯例是不让皇帝看的，因为皇帝可以看，史官就不敢如实记载，但这时已顾不得了。房玄龄揣摩李世民的心意，把实录赶快编起来，不光有《高祖实录》，连《今上实录》也编到贞观十三年，一并送呈御览。结果，李世民对玄武门之变的写法还感到有毛病，亲自定了调子，叫重新修改。至于国史，大概因为来不及编好，没有送呈，但编定的时候当然和实录是一个调门。

在文化事业上，李世民还抓过音乐和舞蹈。这在古代往往结合起来，成为所谓乐舞，不光李世民，几乎各个朝代的帝王对它都感兴趣。不过，当时的乐舞有一个特点，经过南北朝已从少数民族地区和国外传进了不少新东西，像隋代宫廷的九部乐中，除掉内地原有的燕乐和清商外，其余西凉乐、扶南乐、高丽乐、龟兹乐、安国乐、疏勒乐、康国乐，一看就知道是外边传进来的。贞观年间这九部乐在宫廷演奏，贞观十四年（公元640年）灭掉高昌后，带回当地

唐人绘《宫乐图》

乐工，又增加了高昌乐，一共有十部①。更有意思的是，李世民还利用龟兹乐编排了"七德舞"，利用西凉乐编排了"庆善乐"。据说，当年李世民做秦王时，打败了刘武周，战士们就编了秦王破阵的乐曲演唱，以示庆祝。到贞观元年，李世民大宴群臣，就让龟兹乐部正式上演"秦王破阵乐"。贞观七年又把它改名为"七德舞"，李世民叫魏徵、虞世南、褚亮、李百药等给它改写歌词，自己设计了破阵舞图，由懂音乐的吕才按图训练乐工演奏，大鼓声中奏起龟兹乐，一百二十名被甲执戟的乐工，跳的跳、刺的刺，好不威武！"庆善乐"是贞观六年李世民驾幸他诞生地武功旧宅时叫吕才编排的。当时，李世民也大宴群臣，在宴会上做了一首诗，吕才就把它作为歌词，配上乐舞。因为旧宅已改为庆善宫，所以这套乐舞赐名为"功成庆善乐"，也简称"庆善乐"。"七德舞"是武舞，"庆善乐"是文舞，六十名乐工穿宽大的紫衣紫裙，在闲雅的西凉乐声中徐徐起舞，来表示李世民的文治。可见，李世民这位大皇帝是颇会利用文艺来扩大政治影响的。这种做法有时也真起点作用，玄奘在印度时，当地最有权势的戒日王和鸠摩罗王都曾提到"秦王破阵乐"，玄奘自然在这些国王前把本朝大皇帝李世民歌颂了一番。

李世民自己的音乐舞蹈水平不知道怎样，尽管他在庆祝平定东突厥的宫廷宴会上，曾经兴奋得起舞。

对另一项艺术——书法，李世民确实可以称得上是个大内行，这和他的家庭教育和社会影响都很有关系。因为从魏、晋以来，写好字这件事，几乎成为士大夫以至贵族大官僚必须具备的本领，连东晋、南朝的好些皇帝，都以书法擅名。李世民的上代固然是纯粹的军人，但政治上有了地位，就得练点书法，以免字写得不成样子闹笑话。所以李渊的字已经颇有点名气，李世民在父亲的熏陶下，后来又和十八学士中以书法擅名的虞世南研究探讨，很快地成为真正够格的书法家。他让虞世南和另一位书法家欧阳询，在弘文馆教授怎样写正楷

---

① 西凉指现在的甘肃西部地区，高昌在今新疆吐鲁番，龟兹（qiū cí）在今新疆库车县一带，疏勒治所在今新疆喀什市，康国在今乌兹别克斯坦撒马尔罕，安国在今乌兹别克斯坦布哈拉，扶南在今柬埔寨，高丽在现在的朝鲜半岛北部和我国吉林省南部、辽宁省东部。

书。贞观二年（公元 628 年），还在国子监设置了书学。他自己则爱写行书、草书，崇拜东晋时以行草著称的王羲之，在给新修《晋书·王羲之传》所写的评论里，把王羲之的行草捧成"尽善尽美"，明确表示在古今书法家中是自己摹仿追求的唯一对象。他凭御府的财力、势力到处搜求王羲之和其他古今书法家的墨迹，到贞观六年清理装裱时，已有一千五百一十卷之多，可还不满足，虞世南老病去世之后又叫褚遂良替他继续收集王羲之的墨迹，并承担鉴别真伪的工作。据说，王羲之的得意杰作《兰亭序》墨迹，就是在贞观时被李世民派人从一位老和尚手里骗来，弄进御府的。现在流传有唐人的临摹本，供大家欣赏。不过，有人怀疑原作本来就是伪造的，李世民上了当，也有人认为真的不假。不管是真是假，从艺术上来讲写得确实好，说明李世民的鉴赏能力还是很高的。李世民自己写的字，今天已看不到真的墨迹了。《淳化阁帖》里刻过他的几封书

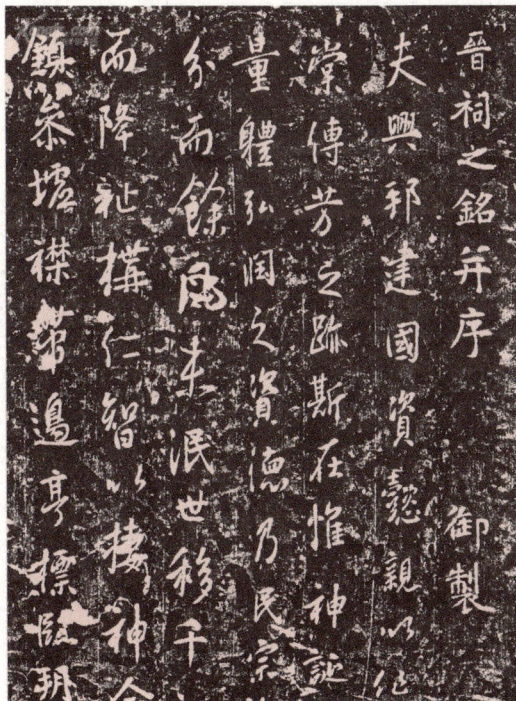
《晋祠铭》

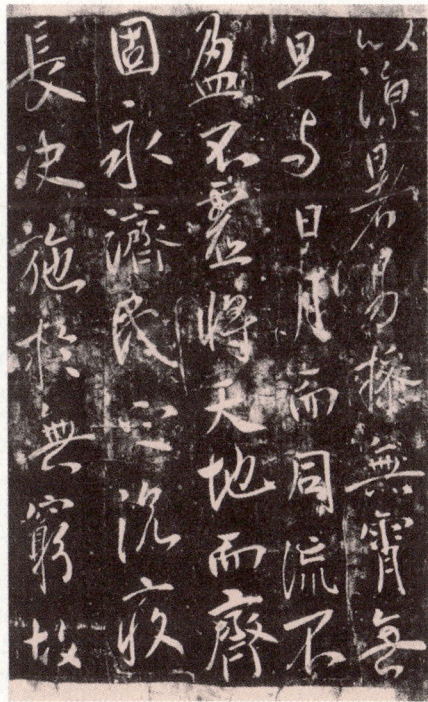
《温泉铭》

信，字又都走了样①，太原晋祠有《晋祠铭》，当年李世民用行书写了刻在石碑上，经过多年风霜椎拓，也已缺损模糊。幸好，光绪末年在敦煌发现了一个《温泉铭》的残卷，是李世民临幸临潼温泉宫时写了刻在石碑上，唐人墨拓下来裱成卷子的，行书写得真漂亮，很有点龙飞凤舞的气概②。附带说一点，在石碑上写刻行书，过去是没有的。因为总认为行书不严肃，必须要写规规矩矩的正楷书。李世民以皇帝之尊，才第一个破了例，这也可以算是他在应用书法艺术上的一点创新。

---

① 《淳化阁帖》是北宋淳化年间收集名人字迹等刻墨拓的我国第一部所谓"法帖"，不过刻得并不好，还收了不少假货，现在见到的《淳化阁帖》又都是从翻刻本拓出来的。

② 可惜这个《温泉铭》残卷被伯希和弄到法国巴黎去了，我们现在看到的只是影印的本子。

边疆的战争

自从东突厥降服后，边疆平静了一个时候。但很快地吐谷（yù）浑、吐蕃、薛延陀等少数民族又强大起来，有的已经出兵侵扰唐朝的州县，还有个高昌，依仗西突厥想和唐朝对抗。这一切作为天可汗、唐朝皇帝的李世民自然不能容忍。好在内地经济已经恢复，用点府兵、部族兵再临时招募一些，已有足够的力量来对付，不致损伤中原的元气。至于给这些地方的老百姓带来多少灾难，在李世民看来当然是次要的事情。

首先，是对付吐谷浑。吐谷浑是生活在青藏高原上的少数民族，在武德年间还曾帮助唐朝打过割据凉州的李轨，这时要向外发展，就不断侵扰邻近的州县。李世民十几次派使者去宣慰劝阻，没有用。贞观八年（公元634年）十二月，就任命已经六十五岁的老将李靖为行军大总管，统率侯君集、李道宗等六个总管的兵马，包括东突厥等降服过来的部族兵，大举进攻吐谷浑。第二年闰四月，李道宗军初战告捷，吐谷浑可汗慕容伏允逃入沙碛。李靖兵分两路，自己率领薛万均、李大亮等军走北路，打过积石山和黄河发源地附近的星宿川（都在今青海省内），到达吐谷浑的最西境。南路侯君集、李道宗急行军二千里，越过荒无人烟、盛夏降霜的高原地区，人吃冰，马啃雪，到五月在乌海（今青海东境）追上伏允，击溃吐谷浑主力。伏允准备西逃于阗（今新疆和田一带），李靖指挥少数民族的大将契苾何力和薛万均轻骑追袭，杀死吐谷浑军好几千，掳获牲畜二十多万，连伏允的妻儿也被俘，伏允被自己的随从所杀。吐谷浑拥立伏允的嫡子慕容顺做可汗，李世民照例采取宽大措施，下诏封慕容顺为西平郡王，仍让他做可汗管理吐谷浑部落。但是，不久吐谷浑内部又发生变乱，慕容顺被杀，儿子诺曷钵

《步辇图》。描绘唐太宗接见吐蕃使者的情形

年纪小，即位后大臣互相争权，李世民再派侯君集出兵支援，封诺曷钵为河源郡王和乌地也拔勒豆可汗。后来诺曷钵还入朝长安，请求通婚，李世民也同意。他舍不得亲生女儿，挑了个宗室的小姐，封做弘化公主，在贞观十四年二月送到吐谷浑，和河源郡王成亲。

现在再讲吐谷浑的西南邻居，生活在西藏、青海高原上的吐蕃。这个少数民族兴起得比较晚，和内地一直少往来。贞观初年出了个年轻有为的赞普①名叫松赞干布，实力强大起来，在贞观八年（公元634年）派使者带了许多金宝、财物，到长安请求娶唐朝公主为妻。也许李世民还看不上这个后起的少数民族，没有同意。松赞干布很不高兴，在贞观十二年八月，出兵攻击已经降服唐朝、得到李世民支持的吐谷浑，同时给李世民写了信，强横地说："若不许嫁公主，当亲提五万兵，夺尔唐国，杀尔，夺取公主。"接着果真发动大军二十万，进迫松州（治所在今四川松潘）。李世民岂是容易吓倒的，也立即派侯君集为行军大总管，带领牛进达等三个行军总管、步骑五万，直奔松州城下展开反击战。唐军人数虽少，都是百战精锐，而吐蕃兵究竟未遇过大敌，牛进达军一次夜袭，吐蕃战士就损伤了一千多。松赞干布不敢再打下去，退兵派使者到长安谢罪，并且献黄金器

---

① 吐蕃把自己的领袖叫赞普，等于吐谷浑、突厥称领袖为可汗。

松赞干布和文成公主像

千斤，再一次恳求赐婚公主。

　　李世民此时知道这位青年赞普也不容易对付，同时这年二月里已经赐婚吐谷浑诺曷钵，索性也同样找位宗室的女儿，加封为文成公主，来满足松赞干布的恳求。这下子松赞干布高兴了，在贞观十五年正月，派宰相禄东赞到长安来迎接这位公主。李世民也派现任礼部尚书的宗室李道宗送公主入蕃，并且代表李世民主婚。松赞干布知道了，赶快亲自来到河源，以女婿之礼恭迎代表大皇帝的李道宗。文成公主带来的嫁妆也很丰厚，大车上是庄严的佛像，大队骡马背上是耀眼的珍宝，气派的衣服，绣着狮子、凤凰的锦缎垫帔（pèi），色彩鲜明的绸帛，还有金玉书橱，里面装满了各式各样的书籍，有经典，还有医药和工艺的著作。还怕高原生活艰苦，带来了各种吐蕃人从未见过的新奇食物、饮料，还有高原没有的芜菁种子。松赞干布大开眼界，决心要用先进的中原文化来改变吐蕃的落后面貌。回去后，专门仿照唐朝的式样，给文成公主建筑了城郭宫室，自己脱掉粗陋的裘皮，改穿送过来的绸缎唐装，还派贵族子弟到长安国子学去学习《尚书》、《毛诗》等汉文经典。从此，吐蕃境内从生活方式到生产技术都发生了变化，和吐蕃相邻的唐朝州县，也获得一段时间安宁。这次政治婚姻真给唐、蕃双方都带来了很大的好处。直到今天，吐蕃的后裔藏族人民还对这位文成公主怀着敬意，她的塑像仍旧供奉在布达拉宫里。

这次和亲以后，松赞干布对唐朝一直很尊敬。贞观二十二年（公元648年）唐朝派使者王玄策去天竺即现在的印度，归途遭到中天竺王劫掠，松赞干布发兵协助王玄策把中天竺打败。李世民逝世后，松赞干布极为悲痛，表示全力支持新皇帝高宗李治，李治也同意他和文成公主的请求，赠与蚕种和酿酒、碾米、制造纸墨的工匠。吐蕃重新入侵给唐朝造成许多困难是松赞干布和文成公主逝世以后的事情。

在松州战败吐蕃，松赞干布遣使谢罪、求婚以后，李世民又把兵锋指向高昌。高昌在今天新疆吐鲁番，统治者麴（qū）氏本是汉人，北魏时已在这里建国，贞观初年国王麴文泰到长安朝贡过，以后转而投靠了当时称雄西域的西突厥，阻塞了西域到长安的通道。李世民派使者责问，麴文泰却傲慢地说："鹰飞于天，雉窜于蒿，猫游于堂，鼠安于穴，各得其所，岂不活邪！"李世民再遣使叫他入朝，他仍托病不予理睬。于是，李世民决心让猫来捕鼠，鹰来抓雉，在贞观十三年（公元639年）十二月，也就是吐蕃已经谢罪请婚之后，再任命侯君集

交河故城遗址。贞观十四年（640），置安西都护府于此

为行军大总管，率领副总管薛万均和东突厥部落等步骑数万，向高昌进军。前面讲过，在西域绿洲建立的小政权本来兵力有限，等到唐军已经穿越沙碛，大队人马出现在碛口时，麴文泰既惊又怕，发病死去。贞观十四年八月，唐军进围高昌都城，麴文泰的儿子新即位的麴智盛开城投降，被送至长安做个左武卫将军、金城郡公。高昌旧地则被李世民改为西州，按中原建置正式设置了州、县，因为这里汉人本来就不少，和吐谷浑、突厥等的情况不同。另外还在这里设立了军事机构安西都护府，进一步进取西域对付西突厥。

西突厥当时占有汉代乌孙的故地，在今天天山山脉以北、伊犁河以南一带从事游牧，我国现在的新疆维吾尔自治区，以及印度、巴基斯坦、阿富汗以北，咸海以东，巴尔喀什湖以南的广大地区，都成为它的势力范围。贞观十八年（公元 644 年），李世民任命安西都护郭孝恪为行军总管，统率三千步骑西进，拿下臣服西突厥的焉耆。贞观二十一年，又任命少数民族将军阿史那社尔为行军大总管，契苾何力为副总管，和郭孝恪等统带十多万人马西征。第二年再次拿下重新叛附西突厥的焉耆，继续向西又拿下龟兹。龟兹西边、天山南路，还有两个重要的小国于阗和疏勒，疏勒早已归附唐朝，于阗王也在阿史那社尔的军威下，入朝长安。贞观二十三年正月，李世民把安西都护府迁到龟兹，在都护府统一管辖下，又在龟兹、焉耆、于阗、疏勒分设了四个军镇，使唐朝的势力一直推进到现在的帕米尔高原。西突厥可汗自知不敌，二月里就派使者入朝长安，不敢再跟唐朝对抗捣乱①。

西边的战争讲完了，再看李世民怎样对付北边的薛延陀。薛延陀本来和回纥、拔野古、同罗等，都是附属于另一个少数民族铁勒的部族，在金山一带活动。铁勒衰亡后，曾先后依附西突厥、东突厥，东突厥投降唐朝南迁后，现在蒙古人民共和国②以及更北的广大地区，就很快地被薛延陀所占有，回纥、拔野古、同罗等部都归它统治。贞观十五年（公元 641 年），薛延陀真珠可汗发动二十万

---

① 到高宗李治时，西突厥又起兵侵唐，唐军反击，经过多次战斗，终于把西突厥灭掉，天山南北路全部归附唐朝，由安西都护府统治。

② 编者注：1992 年改称蒙古国。

人马南下，想吞并降附唐朝的东突厥部落。李世民派李勣等四个行军总管分兵迎击，薛延陀军撤退，李勣追击。经过一场激战，薛延陀军三千多被杀，被俘五万，一万五千匹战马也全部被唐军掳获。真珠可汗只好派使者谢罪，并援例求婚。李世民本来倒答应了，后来又借口拒绝，生怕真珠可汗利用唐朝女婿这个身份，提高他在回纥等部中的威信。贞观十九年，真珠可汗死去，两个儿子火并，拔灼杀死哥哥突利失可汗，自立为多弥可汗，又乘李世民进攻高丽之机南侵。哪知李世民早有准备，派兵协同东突厥兵迎敌，第二年年初把多弥打败。多弥本来不得人心，这时回纥等部都纷纷离散。李世民进攻高丽失败后，也已回到长安。到六月份，就派李道宗、阿史那社尔、契苾何力、执失思力、薛万彻等，分道北征。多弥可汗和亲属统统被回纥杀死。薛延陀余众逃回到金山老家，立真珠可汗的侄儿咄摩支为首领，去掉可汗的称号，表示要归顺。李世民派李勣带兵前往抚慰，又把咄摩支带回长安，做右武卫大将军。回纥、拔野古、同罗等十一部，也都派使者到长安朝贡。贞观二十一年，李世民在这十一部的活动区，用羁縻州的老办法，设置了六个府、七个州，让他们的首领充当府都督、州刺史，上面再设立军事机构燕然都护府作为总管。

最后讲一讲李世民怎样打高丽。高丽地处朝鲜半岛北半部，北境直抵今天我国的辽宁省东部和吉林省南部，半岛南边还有新罗和百济。隋文帝时曾出兵打过高丽，失败了，隋炀帝又先后三次征发大军攻打。第一次几乎全军覆没，后两次由于杨玄感起兵反隋和各地农民起义，也草草收兵。照道理，李世民应该吸取前朝的教训，尤其是隋炀帝因为打高丽引起农民起义，终于亡国的教训。何况高丽在李唐建国后，多次派使者到长安，从未侵扰过唐朝的州县，不像前面所说的突厥、吐谷浑、吐蕃、薛延陀等，或多或少给中原造成过威胁，还有必要出兵反击，尽管硬要人家降服直至灭掉人家做得太过分。但李世民不听亲信褚遂良、张亮、尉迟敬德等一再忠告，硬是要出兵打高丽，抓了两条理由：一条是高丽的大臣泉盖苏文杀掉老王另立了新王，从封建道德来说叫"弑君"，是大逆不道，天朝大国应该去讨伐；再一条是泉盖苏文发兵打新罗，新罗来求救。其实都是借口，真实原因很可能是想乘人家内部有问题，像灭掉东突厥、吐谷浑、薛延陀那样轻而易举取得成功，以显示"天可汗"的威风。于是在贞观十八年（公元644年）冬天，派李勣从陆路、张亮从海道两路进军，第二年年初李世民亲自统率大军和李勣、张亮会师。哪知在泉盖苏文领导下高丽内部很团结，唐军每打下一个城市，都得消耗很多兵力。最后围攻安市城（今辽宁盖县东北），从六月围到九月，虽然打败了高丽的十五万救兵，安市城仍无法攻克。这时天气已转冷，运粮又困难，李世民只好下令退兵。回来的路上风雪交起，泥潦没脚，死掉战士好几千，战马几乎全部丧失，到十一月才狼狈地进入幽州（今北京一带）。可以回顾

薛仁贵荣归故里。薛仁贵曾参与唐太宗亲征高丽

一下，这位大皇帝除当年讨伐薛举浅水原一战失利外，二十多年来哪一仗不是稳操胜算，连受他驱使的李勣、侯君集之流，都立了赫赫战功；现在御驾亲征，居然重蹈隋炀帝的覆辙，实在心有不甘。贞观二十一年、二十二年又先后派李勣、薛万彻出兵，失败了一次再来一次，执拗到连房玄龄临死时的劝阻，都置之脑后。什么纳谏求谏一概顾不得了，一直到病危之前，还叫江南打造大船，作再次亲征的准备。读者替他惋惜吗？要记住，他毕竟只是个封建时代的人物，而且还是个封建帝王啊！

儿子们

李世民一生，除掉高丽没有打下始终不甘心外，还有一件不乐意的事情，就是长孙皇后没有给他生好儿子。

儿子是有的，除妃嫔给他生了十一个儿子，只比父亲李渊的妃嫔少生七个外，长孙皇后亲生的就有三个；武德二年（公元619年）李世民二十二岁时，就给他生了个大儿子，因为生在大内里赐给秦王居住的承乾殿，就起名叫承乾；第二年又连生了个李泰[①]，当时秦王已有不少妃嫔，在李承乾出生不久分别给他生了二个儿子，所以排起来李泰成了李世民的第四子；第三个李治来得最迟，贞观二年才出世[②]，在这以前妃嫔们又生过四个儿子，到李治已是第九子。

按照惯例，李世民武德九年（公元626年）刚做上皇帝后，就立李承乾做皇太子。李承乾当时才八岁，聪明活泼，李世民很喜爱。贞观九年（公

唐太宗像

---

① 《旧唐书》的《李泰传》说李泰死于高宗永徽三年，即公元652年。倒推上去他就得生于公元618年即武德元年，比大哥李承乾出生还早一年，怎么可能？因此我推测《李泰传》的永徽"三年"应是"五年"之误，这样他的生年就成为武德三年，做李承乾的弟弟正合适。

② 《旧唐书》里把李承乾说得如何"好声色"，如何"慢游无度"，甚至把他学习父亲的纳谏也说成是装样子给人看，这都是李治即位后史官故意给他泼的污水，好以此来抬高李治，使李治当上皇帝成为理所当然，众望所归。

元 635 年）太上皇李渊死了，李世民照儒家的礼法守孝，日常政务交给十七岁的皇太子李承乾处理，居然很能识大体。以后，每逢李世民有事外出，都让李承乾在长安留守监国。不幸的是腿不知怎样出了毛病，慢慢地走路都有些困难。这就给弟弟李泰提供了机会。

生长在秦王府里的李泰，当然和哥哥李承乾一样，从小就受到完备的封建教育，权力、地位、名誉这一套深深印入了脑海。尤其是父亲李世民当上皇太子、皇帝的事情，使他不能无动于衷。自己也是皇后亲生的第二个皇子么，为什么不能像父亲那样君临天下呢？如果哥哥什么都比自己强，那也只好忍住这口气，现在成了个瘸子，历史上有过瘸皇帝吗？但是，现在已经海内承平了，没有王世充、窦建德之流好让他去征讨、立战功，打吐蕃、打高昌也轮不到他这个未成年的皇子出马，只好先在文的方面给自己树点声誉，扩大点政治影响，而且自己从小爱好文学，对此道也正是内行。这时，他已被封为魏王了，按惯例魏王府里也和当年秦王府、齐王府那样，可以有文学馆，可以自己招用学士。李泰就叫学士萧德言、顾胤等人替他编写成一部综述古今的大型地理书《括地志》①，在贞观十五年（公元 641 年）进呈给父亲李世民，大受赞赏。另外，再学习父亲的老办法，拉拢一伙人作为魏王府的死党。像韦挺本是当年李建成的亲信，对太子和诸王之间的斗争最有经验，像杜楚客是当年秦王府大谋士杜如晦的亲弟弟，还有房遗爱是另一个大谋士房玄龄的儿子，柴令武是李世民妹夫柴绍的儿子，这两个青年人还都是李世民的女婿，来头既大而且都不是安分之徒。通过他们再结纳朝廷的许多文武官员，形成了一个政治小集团。

太子李承乾腿虽不行，人并没变傻，何况还有当年玄武门之变中伯伯、叔叔人头落地的教训。他赶忙也结集一伙力量，拉了几个死党，来和魏王府对抗。其中大人物有玄武门九干将之一、当时打吐谷浑灭高昌立了大功的侯君集，有杜如晦的儿子、李世民的另一个女婿杜荷，有李承乾的叔父、李渊的第七子汉王李

---

① 原书有五百五十卷，后来失传了，现在看到的是把其他古书里引用的《括地志》原文搜辑出来重加编排的本子，连原书的十分之一还不到。

元昌。另外，东宫里还养着好多亡命之徒和刺客。

一开始，李承乾学父亲的老办法，只想对和自己争当继承人的魏王李泰下手，布置刺客纥干承基等去暗杀，没有成功，就把矛头转过来对准父亲李世民。贞观十七年（公元643年）三月，李世民第五子、外任齐州（治所在今山东济南）都督的齐王李祐起兵叛乱，李承乾对纥干承基说："东宫西墙翻过去就是大内，我们要动手方便得很，哪用像齐王那么胡干。"谁知纥干承基和李祐有过往来，李祐失败后受牵连，被抓进监狱，他想立功免死，把李承乾说的话和准备进大内收拾李世民的密谋，统统揭发出来。李世民大吃一惊，立即把李承乾扣押，交给宰相长孙无忌、房玄龄等严加审问。李承乾一一招认，还在李世民面前流着泪说："臣贵为太子，更何所求？只是魏王要谋算臣，臣为了自安，才听信了坏人的话，昧了良心想图谋不轨。"李世民心想也对，又转过来审查魏王府，发现李泰玩的花样也够可怕。这一下，真把这位大皇帝气昏了，原来儿子们好样不学，偏把自己和李建成、李元吉的那一套学到了家。如果让他们得逞，自己岂不和父亲李渊同一个结局。好在大权还在自己手里，谁要背着自己另搞小集团，都让他得不到好下场！这真是只许自己当年夺权，不许儿子今天仿效，说穿了还不是一切都为了自己的权势，谁要妨碍，就得叫谁让路。

太子李承乾和魏王李泰都完了，长孙皇后亲生的只剩了封为晋王的李治，这年李治才十六岁，比二十五岁的李承乾、二十四岁的李泰小得多。小也有好处，想高升的文武官员都投靠魏王府和东宫，谁也不想到晋王府里去找未成年的小孩子。这正合李世民的胃口，他决心立这个没有小集团的晋王当皇太子。但没有小集团也有个坏处，将来上了台，会缺少心腹，得不到有力支持。这也好办，由李世民用自己的亲信大臣去辅佐这位新太子，代表自己的意志，对新太子、未来的小皇帝既支持又监护。

于是，封建政治家李世民作了一场精彩的表演。他在上朝时，把李治带在身边，等文武百官退出时，光把宰相长孙无忌、房玄龄留下来，再外加褚遂良和李勣。褚遂良是李世民新提拔的亲信，李勣则是在李靖老病退休以后，地位最高的将领，虽不怎么亲信，得到他的支持也有好处。这时，李世民叹口气说："想不到我三个儿子、一个弟弟干出这样无耻的事情①，我活着也没有什么乐趣！"顺手拔出佩刀往身上刺，长孙无忌等赶快上前，把刀夺下来，问李世民究竟有什么吩咐，一定遵旨照办。李世民说："我要立晋王！"长孙无忌马上接口说："谨奉诏，有异议者，臣请斩之。"李世民对李治说："你舅父答应了，还不赶快拜谢！"

于是，这年四月一日，李世民正式下诏宣称皇太子李承乾有罪，废为庶人（平民）。汉王李元昌、侯君集、杜荷等党羽，统统处死。七日，下诏立晋王李治为皇太子。十日，加授司徒长孙无忌为太子太师，司空房玄龄为太子太傅，兵部尚书李勣为太子詹事并提升为宰相②。十四日，魏王李泰降为东莱郡王。死党杜楚客废为庶人，房遗爱碍于房玄龄，不便处理。柴令武、韦挺也都没事，其余统统贬逐到岭南。以后，李泰也贬到郧乡县，李承乾贬逐到黔州。究竟是自己的儿子，和侄儿不一样，不忍心像当年对李建成、李元吉诸子那样斩尽杀绝。

后来，李世民又想立第三子吴王李恪，是隋炀帝的女儿杨妃给他生的儿子，据说才兼文武，李世民常说他跟自己很相似。但为什么废李承乾时不立他，后来才想立呢？应该是李世民对李治又产生了怀疑。事情出在贞观十九年（公元645年），李世民打高丽失败后回来，心情不好，行军又辛苦，中途发病长了个痈疽（yōng jū），看上去颇有点危险。留在定州（治所在今河北定县）辅佐太子李治监国的宰相刘洎是个有野心的人物，准备李世民一有三长两短，马上拥立十八岁的李治做皇帝，自己独揽朝政，把平时合不到一起的大臣统统剪除。褚遂良知道了，向李世民检举揭发，李世民自然不能容忍，结果刘洎赐死，李治也脱不掉和刘洎等背着李世民搞小集团的嫌疑。幸好长孙无忌只剩了李治一个亲外甥，为保持将来的权力，不愿换个和自己素无关系的李恪，于是秘密进言劝阻，李治的皇太子这才保住。但因此李治又和哥哥李恪结上冤仇，即位后借房遗爱、柴令武等的谋反案子，把他牵进去统统处死。

---

　　①　三个儿子除了李承乾、李泰之外还有一个在齐州反叛的李祐，一个弟弟是跟李承乾一起要收拾自己的汉王李元昌。

　　②　唐代的太尉、司徒、司空为"三公"，在唐初由宰相升"三公"还都是宰相，以后才变成崇高的荣誉性空头衔。

昭 陵

"人生七十古来稀"，唐代大诗人杜甫的这句诗今天已经不适用了，活到七十岁已是极平常的事情。但古代封建社会里的卫生医疗条件远不能和今天相比，杜甫自己在当时不算短命，也只活了五十九岁。何况他的先帝李世民，从打天下、抢皇帝，到治理国家、对付少数民族，三十年来确实消耗掉不少精力，平时过的又是宫廷里那种不健康的生活，尽管锦衣玉食，身体应该还不如杜大诗人。

唐太宗像

贞观十七年（公元643年）废立皇太子，贞观十九年打高丽失利，接着又发生刘洎准备拥立李治的事情，一连串不如意，使李世民感到迅速地在衰老。好容易治愈了几乎致命的痈疽，贞观二十一年四月里又得了风疾，虽然还不算严重，但心烦怕热，大内住得厌烦，叫人把终南山的废宫修葺成翠微宫，住进去养病。住到七月底，又嫌翠微宫占地太小不便活动而搬回大内。折腾了大半年，到十一月底才有所好转。不过已不能像过去一样天天上朝，只好改成三天一次听政。

当年又没有专治脑血管病和维

护健康的有效药物，贵族上层分子最爱用的补药，都是所谓金石之药，像硫黄、钟乳之类的矿物。最早魏晋人吃的"寒食散"，也叫"五石散"，就是硫黄、钟乳、紫石英等五种矿物研碎调制起来的金石之药。以后道教徒们炼丹药，自吹炼成了可以点铁成金，吃下去可以不死甚至白日成仙飞升，也还是这类货色。今天这种鬼话当然没人相信了，在古代尤其宋以前，是颇有市场的，因为吃得好确实会使四体不勤的贵人感到壮盛有精神，尽管矿物毒性发作起来，有可能把人弄成残废，调剂得不合适还会马上叫人送命。生活在封建社会的李世民，再英明、再有才能，同样免不了染上这种恶习，尤其是年老体衰后，更想依赖金石来延年益寿。贞观十七年曾经赏赐钟乳来奖励直言进谏的大臣，可见他自己也吃，而且认为很有效。贞观十九年长痈疽，也很可能是药物的毒性在发作。可是，李世民仍旧执迷不悟，还嫌国产的金石药不理想，贞观二十二年五月，召见了一名印度中天竺国名叫那罗迩娑婆寐的方士，相信了他"寿二百岁，有长生之术"等鬼话，派使者到各地采集奇药异石，让他来替自己炼延年药。第二年初炼成了，吃下去身体反而更坏。到三月里，李世民支持着病躯，到显道门外接受最后一次朝见。过不了几天，就宣布由太子李治上朝听政，自己在四月里再到翠微宫养病。拖到五月里，药毒大发，腹泻不止，御医们束手无策。李世民自己也已知道走到了生命的尽头。

　　但是为了唐朝政权，为了下一代，为了他毕生辛苦经营的事业不致由此在中国大地上消失，他在病危中还要作一系列的安排。宰相中房玄龄已经不在了；妻舅长孙无忌久经考验，自然没有问题；褚遂良资历浅一点，却多次揭发过像刘洎等人的阴谋，对自己够得上忠心耿耿；只有李勣究竟不算自己的亲信，放在宰相位置上有点不放心，于是一道诏书让他到边远的叠州去当都督，借重这位军事专家去监视强大起来的吐蕃①。临终的时候，只留长孙无忌、褚遂良和太子李治在身边。李世民躺着，语言艰涩地对长孙无忌、褚遂良说："卿等忠烈，朕所深知，当

────────

① 史书上说是李世民怕李治于李勣无恩，故意先由自己把他贬出去，再让李治把他召回当宰相，好使他成为李治的亲信。这应是李治即位召用李勣后，史官故意编造的，用来说明皇帝和先皇帝之间在用人上并无分歧。

年汉武帝托孤霍光，刘备托孤诸葛亮，朕的后事都交付卿等。太子仁孝，卿等必须尽诚辅佐，永保宗社。"又看了看李治，说："有无忌、遂良在，国家之事，汝可毋庸担忧。"还考虑到褚遂良能力超过长孙无忌，对褚遂良说："无忌尽忠于朕，朕有天下，多是此人之力，卿辅政以后，勿令谗毁之徒损害无忌。"又叫褚遂良代他草写遗诏。不一会就气息渐微，与世长辞。历书上记着这天是贞观二十三年五月己巳，也就是五月二十六日，换算成今天的公历是公元 649 年 7 月 10 日，传统算法享年五十二岁，用公历、按今天的算法，只有五十岁零五个半月。

　　然后，翠微宫里、大内里、朝廷上照例要忙乱一阵子。先是二十二岁的太子李治即位，再是给先帝李世民上谥号"文皇帝"，上庙号"太宗"。然后排起了隆重的仪仗，把遗体安葬进昭陵。

　　昭陵在长安西边醴泉县（今陕西礼泉）九嵕（zōng）山的最高峰上，是李世民生前亲自选定的地点。贞观十年长孙皇后死后，就先葬进陵里。这时把李世民的灵柩送进地下的玄宫①，和她合葬到一起。玄宫里照例陈设了生前用过的衣饰、器具和大量金宝、珠玉，东西厢还排列着放置石函的石床。石函的铁匣里，

昭陵外景

---

①　皇帝陵墓里安放灵柩的地方，做成宫殿的形式叫"玄宫"，现在也称为"地宫"。

珍藏着李世民最心爱的法书名画，著名的《兰亭序》据说也在里面①。地面上的气势当然更雄伟，陵园的周围长达六十公里，有垣墙围绕，中间有祭祀用的献殿，有供李世民灵魂活动的寝宫。垣墙北面也和大内一样叫玄武门，门外陈列着降服或亲附"天可汗"李世民的十四位少数民族首领石像。前面讲到过的突厥颉利可汗、吐谷浑乌地也拔勒豆可汗、吐蕃赞普松赞干布、高昌王麹智盛，以及焉耆王、于阗王，都在其中。门内东西两边陈列李世民打天下时牺牲了的战马的石刻浮雕，有平薛仁杲时的白蹄乌，平宋金刚时的特勒骠，平王世充、窦建德时的什伐赤，平窦建德时的青骓（zhuī），平东都时的飒露紫，平刘

昭陵六骏之"什伐赤"

昭陵六骏之"青骓"

黑闼时的拳毛䯄（guā），也就是后人通称的"昭陵六骏"，用来宣扬李世民的战功。陵园外围，还先后陪葬有妃嫔、皇子、公主、将相大臣文武百官以及少数民族将军等，一共一百五十六座坟墓。如果李世民地下有灵，也有这些人像生前那样给他摆出内廷外朝的排场②。

---

① 据说，唐亡时昭陵被盗发，其他书画都取走，只漏下了《兰亭序》，日子一久，纸张起化学作用就化为乌有。

② 现在昭陵的地面建筑早都不存在了，石像剩了三个座子，六骏中的飒露紫、拳毛䯄在民国初年被不肖之徒盗卖给了美国人，陪葬坟墓多数也早已被平掉，一部分残存的墓碑和建国后发掘出来的墓志陈列在昭陵博物馆里。

当然，还是前面说过的"一朝天子一朝臣"。李治即位后，不愿接受舅父长孙无忌和褚遂良的监护，过不了几年，就和父亲的遗妾、当时已成为他妃嫔的武氏合谋，把这两位托孤重臣贬逐谋害。武氏做了皇后以后，又从李治手里夺取大权，终于改唐为周，自己当上了则天皇帝。李世民生前的人事安排，几乎全部落空。但是，经济还是不断发展的，国势还是兴隆的。到李世民的重孙李隆基（唐玄宗）在位的时候，还出现了超越"贞观之治"的"开元盛世"①。经过一次农民大起义之后，中国社会会有上百年的发展繁荣，这已成了客观规律，谁来当政做皇帝也是无法改变得了的。

对李世民本人呢？随着时间的推移，他的缺点、毛病，包括玄武门之变和一切散发着血腥气味的东西，逐渐被人们淡忘，人们记住的是他的功绩。开元时史官吴兢根据《太宗实录》，把李世民的嘉言懿行汇编成一部《贞观政要》，作为学习做好皇帝的教科书。唐代后期出了个比较勤政的皇帝唐宣宗李忱，人们就称赞他是"小太宗"。甚至在李隆基晚年爆发了"安史之乱"，安禄山叛军在灵宝战败官兵时，还出现了几百队打着黄旗的昭陵鬼兵和叛军战斗的神话，还说后来发现昭陵的石人、石马都流着汗，人们希望李世民在天之灵来呵护大好河山！

最后，让我给读者抄录大诗人杜甫在叛军败退、长安收复后经过昭陵所写的诗篇《行次昭陵》，作为这本传记的结束：

旧俗疲庸主，群雄问独夫②。

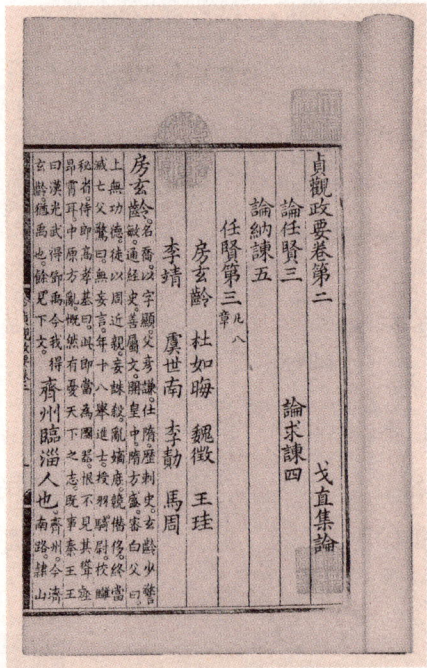

《贞观政要》书影

---

① "开元"是李隆基的年号。

② 疲庸主、独夫，都指隋炀帝。群雄，指隋末各路农民军和封建割据者。

谶（chèn）归龙凤质①，威定虎狼都②。

天属尊《尧典》③，神功协《禹谟》④。

风云随绝足⑤，日月继高衢⑥。

文物多师古⑦，朝廷半老儒。

直词宁戮辱⑧，贤路不崎岖⑨。

往者灾犹降，苍生喘未苏⑩。

指麾安率土，荡涤抚洪炉⑪。

壮士悲陵邑⑫，幽人拜鼎湖⑬。

玉衣晨自举⑭，石马汗常趋⑮。

松柏瞻虚殿，尘沙立暝途⑯。

寂寥开国日，流恨满山隅⑰。

---

① 传说李世民四岁时有书生说他是"龙凤之姿，天日之表"，这当然是李世民做皇帝后所伪造。

② 虎狼都，指关中长安，因为我国过去天文学上认为秦的分野是参星（白虎星）和狼星，所以杜甫用虎狼之都有称长安。

③ 《尧典》是《尚书》的第一篇，传说尧让位给舜，用来比喻李渊让位给李世民。

④ 《大禹谟》是《伪古文尚书》中的一篇，当时认为是真的，里面讲了一通禹的文治武功，借来歌颂李世民的神功。

⑤ 指文武贤豪追随李世民协助他建立勋业。

⑥ 日月，指李世民。高衢，高的通道，指儒家所说施政的"王道"。

⑦ 文物，指衣冠文物，也就是今天人们说的各种制度。

⑧ 指纳谏。宁，难道会。

⑨ 指用人。贤路，贤能进用之路。

⑩ 这两句指安禄山叛乱。

⑪ 这两句指平乱，率土就是天下，洪炉也就是天地。

⑫ 汉代营建皇帝陵墓后要迁一批人在邻近居住，所以这里称陵邑，指的是昭陵。

⑬ 鼎湖，神话中黄帝升天的地方，这里也指昭陵。

⑭ 玉衣，帝王大贵族的金缕玉衣，这里指李世民的灵魂穿上玉衣仍在活动。

⑮ 这就是讲昭陵石人石马和安禄山叛军作战的神话。

⑯ 这两句讲杜甫本人经过昭陵，讲他所见到的景象。

⑰ 这两句感慨后人不能继承李世民的功业。

附录　生平大事年表

隋文帝开皇十八年（公元 599 年）　一岁

　　生于武功。

隋炀帝大业九年（公元 613 年）　十六岁

　　娶长孙氏为妻。

大业十一年（公元 615 年）　十八岁

　　父李渊任山西河东抚慰大使，随任。炀帝被围雁门，随军救援。

大业十二年（公元 616 年）　十九岁

　　李渊任太原留守，随任。随李渊镇压甄翟儿。

大业十三年（公元 617 年）　二十岁

　　随李渊在太原起兵反隋。与兄建成取西河郡。与兄随李渊攻取长安。

唐高祖武德元年（公元 618 年）　二十一岁

　　与建成进窥洛阳，旋回长安。李渊废隋建唐。受封为秦王。西征薛举大败。
再度西征平薛仁杲。

武德二年（公元 619 年）　二十二岁

　　北征刘武周、宋金刚。长子承乾生。

武德三年（公元 620 年）　二十三岁

　　平刘武周、宋金刚。与元吉东征王世充。第四子泰生。

武德四年（公元 621 年）　二十四岁

　　擒窦建德，平王世充。与元吉征刘黑闼。

武德五年（公元 622 年）　二十五岁

　　击败刘黑闼。

武德七年（公元 624 年）　二十七岁

与东突厥颉利可汗、突利可汗结盟，退其兵。

武德九年（公元626年）　二十九岁

　　六月四日，在玄武门发动军事政变，袭杀建成、元吉而为皇太子。八月九日，即位为皇帝，李渊退为太上皇。在便桥与颉利可汗结盟，退东突厥兵。

唐太宗贞观元年（公元627年）　三十岁

　　规定宰相入大内议事，谏官应随同。

贞观二年（公元628年）　三十一岁

　　诏天下州县设义仓。第九子治生。立孔子庙堂于国学。

贞观三年（公元629年）　三十二岁

　　命李靖、李勣等击东突厥，突利可汗降唐。

贞观四年（公元630年）　三十三岁

　　擒颉利可汗，平东突厥。被西北各族首领尊为"天可汗"。

贞观六年（公元632年）　三十五岁

　　编排"功成庆善乐"。

贞观七年（公元633年）　三十六岁

　　编排"七德舞"。颁行新校定《五经》。

贞观八年（公元634年）　三十七岁

　　命李靖等为黜陟大使巡察州县。

贞观九年（公元635年）　三十八岁

　　太上皇李渊逝世。李靖平吐谷浑。

贞观十年（公元636年）　三十九岁

　　《梁书》、《陈书》、《北齐书》、《周书》、《隋书》修成。皇后长孙氏逝世。

贞观十一年（公元637年）　四十岁

　　颁行修订的唐律。

贞观十四年（公元640年）　四十三岁

　　命侯君集灭高昌，设州县。

贞观十五年（公元641年）　四十四岁

以宗室女为文成公主，嫁吐蕃赞普松赞干布。

贞观十六年（公元 642 年）　四十五岁

孔颖达等修成《五经正义》。

贞观十七年（公元 643 年）　四十六岁

废皇太子承乾，贬魏王泰，立晋王治为皇太子。房玄龄等修成《高祖实录》、《今上实录》。

贞观十八年（公元 644 年）　四十七岁

命郭孝恪平焉耆。

观十九年（公元 645 年）　四十八岁

命玄奘撰《大唐西域记》。进攻高丽，不克退还。中途患痈疽。

贞观二十年（公元 646 年）　四十九岁

命孙伏伽等巡察州县，黜陟官吏。命李道宗等平薛延陀。《晋书》修成。

贞观二十二年（公元 648 年）　五十一岁

命阿史那社尔平龟兹。

贞观二十三年（公元 649 年）　五十二岁

服那罗迩娑婆寐所炼延年药。五月二十六日（公历 7 月 10 日），病逝于翠微宫，谥号文皇帝，庙号太宗，葬于昭陵。

后　记

研究唐太宗李世民这个历史人物，这几年似乎成了热门。且不说报刊上的文章，给他写传记、印成厚本子出版的就已有三四部，现在，《祖国丛书》里又开列了《唐太宗李世民》这个题目，要我再来写一本简要的小册子。

《祖国丛书》是以中等文化程度的广大读者特别是以青年为对象，这种给中等文化程度的读者写的小册子，一般都归入通俗读物。但通俗读物不等于庸俗读物，不能对付着乱写一气来哄读者，它和学术专著、教科书一样，也要向读者负责。为此，我对自己提出如下的要求。

庸俗读物除有些属于荒诞离奇低级趣味以外，有个共同的坏处，就是不讲科学。通俗读物则必须讲科学，必须讲点马克思主义。譬如说，有些人写唐太宗或其他历史上的所谓"正面人物"，往往不写缺点错误，明明看到有，也来个"隐恶扬善"，藏起来不让读者知道，这就不科学。"金无足赤，人无完人"，今天评论同志都要一分为二，对封建社会里的人物，尤其是封建统治阶级，怎么能评上个全优呢？列宁说得好，"在分析任何一个社会问题时，马克思主义理论的绝对要求，就是要把问题提到一定的历史范围之内"（《论民族自决权》）。就李世民来说，就应该老老实实地把他写成一个封建帝王，封建帝王的阶级本性，由阶级本性决定的种种阴暗面，只要李世民身上有的，都应该毫不隐讳地写出来，这是一个方面。另一方面，李世民毕竟又是一个有才能有作为的皇帝，在封建社会的条件下，在阶级本性许可的条件下，他对祖国的统一、富强做了不少有益的工作，给中华民族的历史增添上光辉的一页，这些当然更要写。既有光明面，又有阴暗面，这样写出来的才是有血有肉的真李世民。让读者通过真李世民，看到即使在封建社会，我们祖国尚且能产生出有才能、有作为的帝王，在统一国家、建设国家上做得有声有色。今天我们来建设社会主义的祖国，自然会更加有信心、有干劲。我认为，这才叫宣扬爱国主义。否则，把封建帝王写得一无毛病，使读者忘掉了封建统治阶级的阶级本性，忘掉了封建社会和社会主义社会的本质区别，甚至在个别读者中产生封建社会也不坏，只要出个好皇帝就可以的想法。这岂不是在开倒车，岂不是对清除封建主义残余大不利，大有悖于社会主义的爱国主义。

写历史人物的传记不比写历史小说，写历史小说可以虚构，只要虚构得合理就可以，传记则必须是真人，还必须是真事。而写真事难度比较大，因为目前主要只能依靠旧式的史书。这些史书分量倒不小，像"二十四史"里的《旧唐书》就有二百卷，《新唐书》更多到二百五十卷，编年体《资治通鉴》里记载唐代的也有八十一卷，其中有关李世民的资料可谓多矣！但这些资料绝大多数都来源于唐朝人编写的《太宗实录》，还有一本专门讲李世民的《贞观政要》，也全部根据《太宗实录》。这种实录是按日记载大事的，哪年哪月哪天发生什么大事虽不大会记错，但事情的真相、特别是不太光彩的内幕新闻，就很不乐意透露。唐朝人总要给这位太宗皇帝说好话么！而要说好话，又很难避免牵连到他的哥哥李建成、弟弟李元吉，以至他的父亲唐朝的开国皇帝唐高祖李渊。李建成、李元吉都是被李世民杀死的，李世民的皇帝宝座也是从李渊手里夺取的，要说成夺得有理，杀得有理，就只好用篡改历史的办法给李建成、李元吉泼脏水，把他们说成是大坏蛋，连李渊也说成是什么本领都没有的糊涂蛋。今天来写唐太宗，自然不好再被实录之类牵着鼻子走，应该把事情核实清楚。从李渊在太原起兵到打进长安做上皇帝这一段，幸好有一本没有被篡改过的《大唐创业起居注》作为依据。以后没有这样现成的好资料，那就只能从《旧唐书》、《资治通鉴》等史书里细心挑选不曾被篡改过的地方，加以分析研究，来弄清楚事情的真相。在《唐太宗李世民》这本小书里，有很多地方就是根据我个人分析研究的结果来写的。有人会说，你的分析研究一定正确吗？当然不敢说一定正确。如果错了，而且被高明的读者发现了，在再版时认真改正就是。

除了弄清真相、讲究科学外，通俗读物还应该写得有趣味。现在的历史教科书有个毛病，太缺乏趣味性，大学里用的不用说了，连中学课本都习惯板着脸说话，好像讲科学就非板脸不可，而不懂得寓科学于趣味，有时会收到更大的效果。教科书是学生必读的，即使没趣味，也得硬了头皮读，不读无法应付考试。《唐太宗李世民》这类通俗读物就不同了，它不是什么必读书，如果写得"语言无味，面目可憎"，谁愿意花人民币买来活受罪呢！当然，我不是文学家，更不是小说家，要把这本《唐太宗李世民》写得有趣味只怕文字修养还不够，很可能仍旧写得不够流畅，不够生动，不过主观上总想作点努力，不让读者看了太乏味。有趣味不一定讲打仗，说故事。有时候在说故事的同时，还得讲点道理。我想，如果真把道理讲清楚，不是强词夺理或故作高深，不背干巴巴的教条，读者可能还是会感到有趣味的。记得四十多年前我在高中上学的时候，读过老师吕思勉先生写的《三国史话》，故事少，道理多，可仍很感兴趣，很解渴，我写这本书在有些地方就想向老师学习。

以上这三个要求我究竟做到了没有，读者在看完这本小册子后一定会作出公正不留情面的评判。

唐代的长安

TANGDAIDECHANG'AN

西北第一个大都市

打开新中国的地图，我们可以看到一条雄伟的长河，从西北的青海发源，流进甘肃，向北经过宁夏、绥远[①]，又向南流入了陕西、山西两省的交界，流到潼关附近，向东一折，经过河南、山东，流进了大海：那就是人所共知的黄河。

黄河是条大河流，在它流过的地方，还有许多较小的河流——我们叫它黄河的"支流"，纷纷流进了黄河。

在这些支流中间，有一条名叫渭水，它也发源于青海，向东流过甘肃，进入了陕西中部，在潼关西北面的地方，和黄河会师。

渭水的南面，横着一条大山脉，叫做秦岭山脉。渭水的北面，也横着一条大山脉，叫做北岭山脉。两条山脉的中间空出一大块狭长的平原，自西向东的渭水，就在这块平原上流过，河水灌溉了两岸的土地，使这里变成了肥沃的土壤，成为了我们祖国西北有名的沃土——渭水平原。

我们祖先很早就生活在这渭水平原上，并建筑了许多城市，在这许多城市中，最伟大最著名的一个，便是位置在渭水平原中心的西安。

西安建筑在渭水的南岸，是我们祖国历史上有名的古都。在今天，它仍是一座拥有二十五万居民的大都市，陇海铁路经过山东、河南到达这里，解放后已通车到兰州，此外还有公路和内河航运，交通很是便利，是西北第一个大都市。

新中国成立以来，西安不但是陕西的省会，而且西北行政委员会[②]也设在这里，在毛主席和中央人民政府的领导下，和广大劳动人民一起来建设可爱的西北。

----

① 编者注：绥远在今内蒙古自治区中部，1954 年废省，并入内蒙古自治区。

② 编者注：西北行政委员会系 1952—1954 年间中央人民政府在西北地区的代表机关，开始时称"西北军政委员会"，主要统辖陕西、甘肃、宁夏、新疆、青海等地。

渭水两岸的几个古都

根据历史的记载，在公元前一千多年，离开现在三千年光景，我们祖先已在渭水平原建筑城市了。

这时正是中国古代历史上周朝初兴的时候，周朝的祖先古公迁居到黄河北面北岭山脉的岐山脚下，在现在陕西省岐山县东北约五十里的地方，建筑了渭水平原上的最早的城市。古公的孙子文王迁都到丰邑，文王的儿子武王迁都到镐京。丰邑和镐京，都在黄河南岸现在西安西南二三十里以外地方。

西周王朝在镐京建都了三百多年。因为年代太久了，到了现在只剩下一望无际的农田，找不出半点古代城市的遗迹了。

在渭水北岸，西安西面的地方，是现在的咸阳县。提起这个县城，我们应该不陌生，中国历史上有名的秦始皇，就建都在这里。

不过今天的咸阳县城，并不就是秦朝的咸阳城，秦朝的咸阳城，还在今天咸阳县东面二十里的地方。

在秦始皇以前，秦的都城就设在咸阳了。到了公元前二二一年，秦始皇灭掉六国，统一了中国，就大兴土木。据说他曾派人把六国的宫殿画了图样，在咸阳照样建筑起来，一共建筑了宫殿一百四十五处，把全国各地的富豪总共十二万户迁移到咸阳，来充实人口。但是他还感不到满足，在公元前二一二年，他又计划在渭水南岸盖一所最壮丽的宫殿，驱使着七十万他认为有罪的劳动人民来替他建筑。这所宫殿的规模实在太极了，在秦始皇的手里，只完成了一个前殿。据历史的记载，这所前殿东西有五百步，南北有五十丈，上面可以坐一万人，下面可以树立五丈高的大旗。在渭水上架了桥梁，作为南北往来的通道。

这所前殿便是中国古代有名的大建筑——阿房宫。全部建筑还没有来得及完工，秦朝残暴的统治便被农民起义的浪潮冲垮了，农民起义军的领袖之一项羽

阿房宫遗迹

打进了咸阳，为了泄愤，一把火烧了三个月，阿房宫变成了一片焦土。

这个渭水平原最古的大建筑，在今天只剩下了一个四丈高六十多丈周围的大土墩，当地人民还叫它做阿房宫，在上面残留着几块平头的花岗石，或许就是阿房宫柱础的残片。

阿房宫烧掉了，刘邦打败了项羽，建立了西汉王朝，又在渭水的南岸建筑一个新的都城，——便是中国历史上有名的古都长安。

西汉的长安城，在咸阳的东面，现在西安西北二十里的地方。这座古代的都城周围有二十六公里长，有十三个城门。靠近城的西南是皇宫——叫做未央宫，周围也有十三公里长，其中有三十二座台，十二个池，四座山，八十一个宫门。劳动人民的智慧与血汗，把这个城市建筑得多么壮丽。

西汉有名的皇帝汉武帝时候，又在长安城外建筑了一所建章宫，又用人工在建章宫北面开凿了一个太液池。太液池旁的芙蓉花和未央宫里的杨柳树，都是当时的名胜。到了唐代，在诗人的歌咏中，还可看到"太液芙蓉未央柳"的句子。

西汉以后，东汉把国都迁到洛阳，经过三国、西晋，到了东晋，北方分裂，长安又做过前赵、前秦、后秦、西魏、北周的国都，但是由于北方连年的战乱，经济的发展遭受阻碍，长安城的繁华始终未能恢复，汉代的长安旧城，经过了五百多年风霜，也一天天地残破。

唐大明宫麟德殿遗址

　　因此在六世纪末叶，隋朝统一了中国，就选择现在西安的地方，建筑了一座大兴城，作为隋朝的新都城。

　　这座大兴城是在公元五八二年六月里开始建造的，到了第二年三月里，就全部完工了，当然，仅仅九个月功夫，是建筑不出十分完美的都市的，唐朝代替隋朝统治中国后，就再度大加扩充，把大兴城改建成为中古封建时代世界上有名的大都市——长安城。

　　汉代的长安旧城，到现在也和秦代的咸阳一样，变成一片肥沃的农田。未央宫也和阿房宫一样，剩下了一个大土墩，几块花岗岩。在这个土墩的南面，有着一条堤塘，就是长安旧城残余的城墙。

　　汉代长安的盛况，我们今天已无法看到了。但是唐代长安的遗迹，在今天的西安还保存着许多，使我们可以想像当时的长安是多么繁华，中国劳动人民创造的文化是多么光辉灿烂。

周围三十六公里的大城

为什么说唐代的长安城是中古封建时代世界上有名的大都市呢？

我们先看一看唐代长安城的建筑规模。

唐代的长安城有三重，最外面是外郭城，里面一层是皇城，最里面一层是宫城。

先从最里面的讲起。

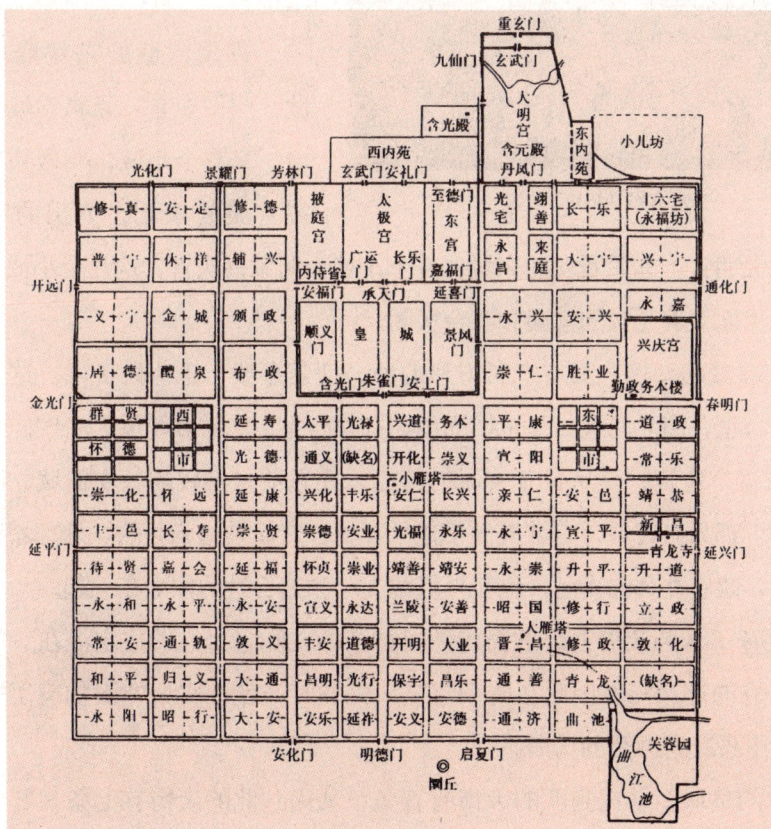

唐长安城平面图

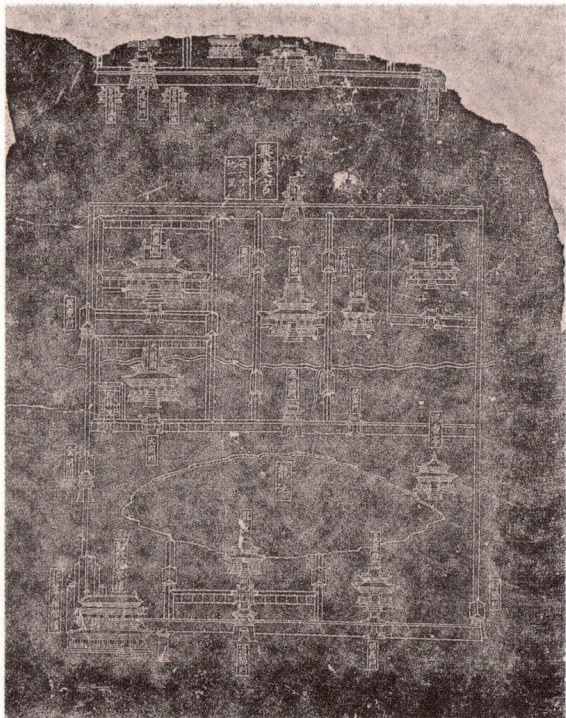

兴庆宫图（拓片）

宫城在长安城的正北面，成为长方形，东西约长二公里，南北约长一公里，周围约长七公里。城墙的高度约有十一米。

宫城是给皇帝住的，里面盖了数不清的宫殿，皇帝上朝住宿都在这里。

皇帝是最讲究享乐的，除掉宫城外，他还要霸占许多地方来盖宫殿，供他自己和他的家属来享乐。

靠紧宫城的东城墙有个小城，叫做东宫；靠紧宫城的西城墙，又有个小城，叫做掖庭宫；在宫城的东北，突出的一个小城，叫做大明宫；靠紧长安的东城，有个小城，叫做兴庆宫；这几个小城也和宫城一样，里面盖着无数的宫殿和亭台楼阁。

紧接宫城的南面，又有个长方形的城，便是皇城，也叫做子城。这皇城东西将近三公里，南北将近二公里，周围约有九公里，比宫城稍微大一些。

皇城这个建筑，是唐代长安城的特色，在以前，汉代的长安旧城，以及其他的古都，都只有宫城，宫城外面便是外郭城。宫城是皇帝住的，外郭城内是老百姓住的，政府办公的衙门，也在外郭城内，和老百姓的住宅在一起。

封建帝王认为政府办公的衙门是很神圣的，和老百姓的住宅混在一起，不将失去了它的尊严吗？因此在隋朝建筑大兴城时，就在宫城外面加筑了一座皇城，作为中央政府办公的场所。

唐代的皇城，从东到西的大街有五条，从南到北的大街有七条，其中设了五十五个大小不等的办公衙门。

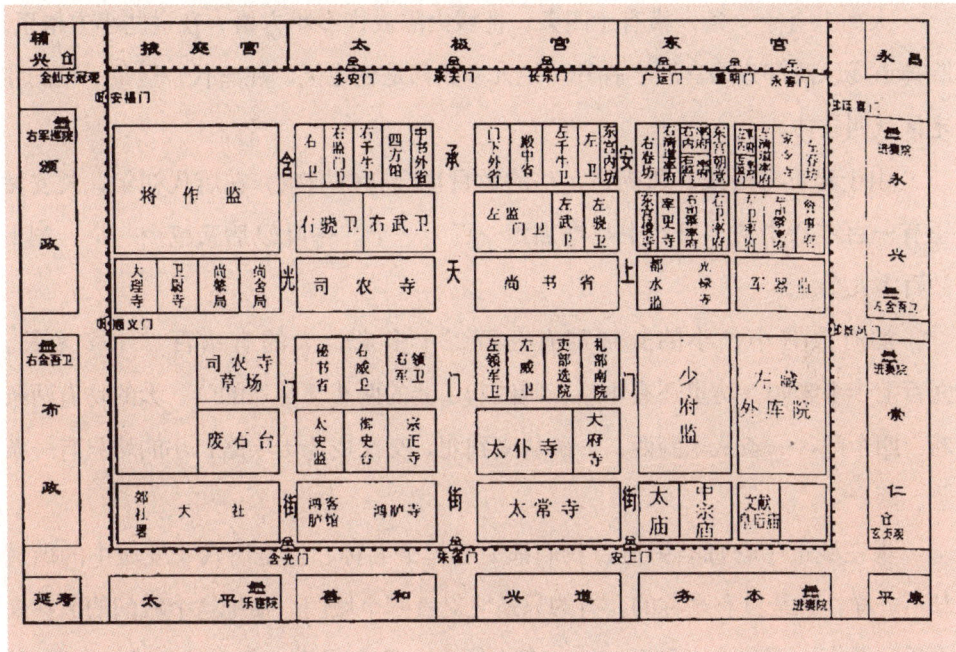

唐长安城皇城图

　　真正的住宅区和商业区，是在宫城和皇城的外面，外郭城的里面。

　　外郭城也是长方形，东西约有十公里，南北约有八公里，周围长达三十六公里，城墙约有六米高，东西和南方各有三个门，北方一个门，一共有十个大城门。我们想一想，在中古封建时代，这是一座多么雄伟的大城啊！

　　单看城墙的雄伟，还不够说明长安城整个的建筑规模，我们还得看一看城里街道的情况。

　　唐代长安城里的街道，分布得非常整齐，建筑得非常宽阔。

　　从东到西，有十一条平行的大街，从南到北，有十四条平行的大街，除掉宫城皇城等皇帝占用的地方以外，把整个长安城割成一个个整齐的方格子。

　　这些大街中，最阔的是从东到西的十一条大街，每条约有一百五十米阔，从南到北的十四条大街中，最阔的一条有一百五十米，最狭的一条也有七十米。即使七十米也不是一个小数目，折合起来有二十一丈，二十一丈宽的大街，是多么地惊人！

大街纵有十一条，横有十四条，把城内隔成许多小方格，在这些小方格里，除掉市场以及部分的宫殿名胜外，绝大多数都是住宅区，在唐代，这每一格的住宅区就叫做坊。

由于建筑宫殿或开通街道，坊的数目也会有些增减。在唐代初年，长安城里有一百零八个坊，唐代中叶增加到一百十一个，中叶以后又减少一个，剩下一百零九个。

坊有大有小，小的长阔都有三百二十多米，大的有八百二十多米长，九百七十多米阔。坊里还有小路，叫做巷，巷的两头便是坊的门。大的坊有两条巷、四个门，一条从东到西，一条从南到北，交叉成为十字路；小的坊只有一条巷、两个门。

现在城市中的每条街道，我们都为它起个名称，但是唐代长安城中的街道却不一样，它是没有名称的，有的只是它对直哪个城门，便把这个城门的名称来称呼这条街，例如自东到西的十一条大街中，最中间的一条正对皇城的朱雀门，就叫它朱雀门街。至于坊，却和现在的里弄一样，每个有它固定的名称，例如兴道坊、开化坊等等。所以唐朝时候的人出去，不叫到什么路，而叫到什么坊。

唐代长安城的建筑规模，大致就是这样。这样大的城，这样宽阔的街道，这样整齐的坊巷，出现在中古封建时代，我们能不惊叹中国劳动人民的智慧吗？

热闹的东市和西市

唐代是中古封建经济发展的时代，由于手工业和商业的向上发展，在国内出现了好几个繁华的大都市。

作为国都的长安城，当然是这些大都市中最繁华的一个。

可惜当时还没有发明摄影的技术，不可能把当时长安城的繁华景象照下来留到现在；唐朝人画的画也流传得很少，而且画的也不是长安街道的盛况；因此我们只能根据历史上的一些记载，来想像这么繁华的京城。

当时长安城里的商业区，集中在两个地方，一个叫东市，一个叫西市。

看到东市西市的名称，我们便可想到一个是在城东，一个是在城西。每个市占有两个坊的地位，成为一个正方形，每边长有九百米，市的里面有四条小街，两条从东到西，两条从南到北，把市隔成个"井"字形，街的两头各开一个门，一个市就有八个门。

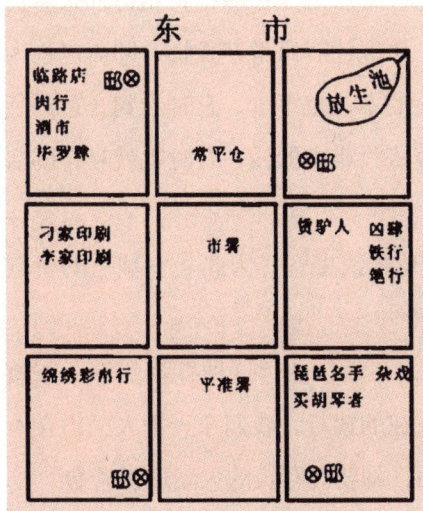

唐长安城东市图

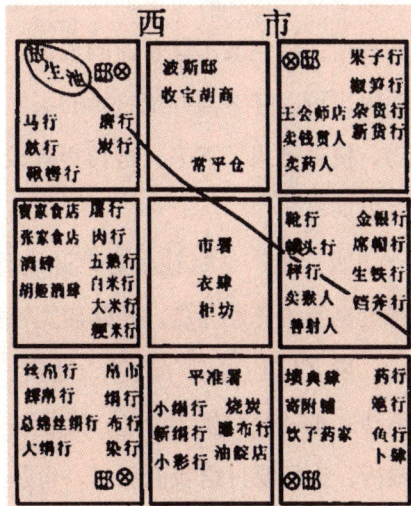

唐长安城西市图

我们可以想像，市的样子，大概和现在大都市中的"某某市场"或"某某商场"相仿佛。

市的里面，开设着大大小小各式各样的店铺。

我们知道，当时还没有工厂，只有作坊，许多商品，都是在作坊里制造的，制造出来的商品，批给店铺出卖；但是有些作坊，本身就是一个店铺，自己制造，自己出卖。在长安的市里，这些店铺作坊却很多。

长安的市里有衣行，有鞋店，有绫罗行，有染坊，有铁行，有铜坊，有秤行，有车行，有鞦辔行，有蜡烛铺，有药行，有纸坊，有书店，有写佛经的店，有煎饼糕团铺，有小吃店，有大酒楼，还有寄售衣饰杂物的寄附铺……一时说也说不尽，总之一句话，你需要什么，带了钱，跑到东市或西市去一趟，保管你能得到满足。

除掉在市里开设店铺作坊的商人外，还有许多是贩货的客商，他们在外埠大批收买当地的土产，运来转卖给长安的店铺，然后在长安运些京城里的物产到外埠去贩卖。土产在本地很便宜，运进京城便可卖大价钱，这是一桩容易赚钱的生意，因此当时好利的商人做这一行的特别多。

这许多贩货的客商到了长安，要住旅馆，而且希望手里的大批货物迅速地卖出赚钱，于是有许多人就在市里开设了邸店。邸店是一种旅馆，招待外来客商的食宿，但它又不是普通的旅馆，它有栈房，可以让客商堆存货物。邸店老板人头熟，可以替客商介绍货物的买主，而且老板的本钱也不少，有时看到合适的货物，便自己买了下来，再转卖赚钱。客商卖掉货物赚来的钱，有时也就存在邸店老板那里。

贩运土产是赚钱生意，开设邸店也同样是赚钱生意，因此长安城里的贵族官吏也纷纷开设邸店，和邸店老板抢生意。

除了邸店可以存款外，还有一种专做代人存款行业，这种存款的铺子叫做柜坊。不过我们要弄清楚，这柜坊并不就是现在的银行，我们今天把人民币存入银行，银行要付给我们利息，可是长安的柜坊，却要向存钱的人索取保管费。

除掉柜坊和邸店外，普通的店铺也可代人存钱，甚至可以把钱寄存在寺院里。

近于现在的汇票这种东西，在当时却已出现了，这便是飞钱，也叫做便换。客商在长安卖掉了货物，赚了钱要带回去，但是我们知道，当时没有钞票，用的是铜钱，

唐"开元通宝"铜钱

钱多了，就不好带；有了飞钱的办法，就可把现钱缴在长安经营飞钱的地方，换了一张券，券上注明了钱的数目，回到外埠就可到指定的地方去兑换现钱使用。

飞钱有公家经营，也有私人经营，公家经营的有中央政府和大官僚大军阀，私人经营的有邸店老板，有放高利贷的。

商业发达，高利贷也跟着发达。当时长安城里放高利贷的人很多，有钱人放，官僚贵族也放，放高利贷的方式也不少，有的和现在当铺差不多，要用物品做抵押，才借钱给你，有的不需要抵押品，就可把钱借给你，是信用贷款，借了钱，要在一定的时期内归还，还要付很高的利息给放高利贷的人。

长安的东市和西市，就是商人、顾客、作坊老板、邸店老板、柜坊主人，以及高利贷者的世界。

政府设了市署和平准局来管理市场。到了每天正午的时候，冬冬冬冬地把鼓打了三百下，就正式开市做买卖，买卖做一个下午，到了太阳下山以前，又铛铛铛铛地把钲敲了三百下，店铺打烊，宣告闭市。

西市比东市还热闹，因为贵族官僚大多数住在东城，东市出卖的都是些上等的货物，老百姓们用不起，西城是平民区，人口多，西市的生意特别好，是长安城里最热闹的地方。

一个中古封建社会中的都市，能够有这样的繁华，谁能否认它在中国历史发展上的重要地位呢？

长安城里的西域人

我们伟大的祖国，在很早的时候就和其他国家有商业上的往来，到了唐代，外国人到中国来经商的特别多。

当时到中国来经商的外国人，大多数是西域人，当时叫他们为西域商胡。所谓西域人，就是指现在甘肃玉门以西直到伊朗高原一带的各个民族，他们分属于各个大小不等的国家，其中的商人纷纷坐了船，走海道来到中国。

三彩胡人俑

载着这些商胡的船舶，到达了广州，商胡上了岸，从广州北上到达江西的洪州①，再从洪州到达江苏的扬州，从扬州沿运河到达洛阳，从洛阳再到达长安。

广州、洪州、扬州、洛阳、长安，都是当时的大都市，是商胡集中的地方。

商胡到长安来的目的是经商，因此大多数住在城西靠近西市的地方。

在西市里，有许多商胡开设的店铺，其中珠宝店特别多，当时流传着许多商胡识宝的故事。

据说有一次，有个和尚到一个大官僚家里去做佛事，做完了，主人送他一只像朽钉似

① 编者注：洪州，即今江西南昌。

的东西，有几寸长。和尚不识货，拿到西市去请商胡看。商胡看到，大吃一惊，说："你哪里得来这样的宝物？请你一定卖给我，我决不还价。"和尚姑且讨价一百千文钱，商胡笑道："这样的宝物，哪里只值这些。"和尚又加到五百千。商胡说："这值一千万。"就用一千万向和尚买了下来。和尚问道："这究竟是什么宝物呢？"商胡说道："这是宝骨啊！"

商胡还精于辨别珠子的好坏，据说，珠子有蚌生的和蛇吐的两种，蚌珠价钱贵，蛇珠价钱便宜，一颗珠子是蚌珠还是蛇珠，只有商胡能辨别。

当然，这些都是故事，世界上不会有什么宝骨和蛇珠。不过从这些流传的故事中，我们可以看到商胡都是做买卖的老手。

西域各地出产的葡萄很多，西域人用它来酿成葡萄酒。他们到了中国来，其中有许多人也就开了酒店，出售葡萄酒。在长安的西市，以及其他一些游人丛集的风景区，这种商胡开设的酒店特别多，店里还用着西域的女子来招待顾客，生意很不差。

在唐朝人的诗歌中，时时提到这种酒店，特别是最好喝酒的大诗人李白，在他的诗中讲起"胡姬酒肆"（指西域女子的酒店）的地方特别来得多。

商胡会做生意，很有钱，因此有的就兼放高利贷，贵族官吏以及商人老百姓向他们借钱的也很多。

胡商遇盗图（敦煌壁画）

商胡在长安做生意，赚了钱，发了财，就往往愿意长住在中国，不想回故乡。

他们在长安买了田产，有的还娶了中国的女子做妻子。唐朝政府对商胡和中国人通婚并不禁止，只规定不准商胡把娶的中国妻子带回本国去。

除掉这些商胡以外，在长安城里还住着许多西域人：有的是唐代以前就早已来到中国，他们的子孙住在长安的；有的是西域的和尚，为传教来到长安的；有的是西域各国为表示对唐朝友好，派国王或贵族的子弟来访问中国，留居在长安的。这些西域人也和商胡一样，在长安一住好多年，有的不再回去，其中有好多人还做了唐朝的大将大官，有的成为著名的音乐家，有的成为著名的佛教大师。

我们大家知道，在唐朝初年，有个勇将名叫尉迟敬德，他的祖先便是西域的于阗人，在唐代以前就到中国来，他本人在唐朝立了战功，住在长安。他有个侄儿在长安出家做了和尚，叫做窥基大师，是唐代有名的佛教大师玄奘的得意门生，在中国的佛教史上很有地位。

唐朝中叶有个大官叫做裴玢（bīn），他的祖先本是西域的疏勒国王，在唐朝初年来到中国，住在长安，裴玢就是他的子孙。

唐代的佛教史上还有个有名的和尚名叫慧琳，曾经编了一部名叫《大藏音义》的佛学大词典，有一百卷之多。慧琳本姓裴，也是疏勒人，和裴玢大概是本家。

唐朝初年，长安有个大音乐家名叫白明达，他在隋朝时候就很出名，因为音乐技术好，在唐朝还封了官。他是西域的龟兹人，西域的音乐技术本来就很有名啊！

唐代长安城里还有许多姓康、姓安、姓曹、姓石、姓米的音乐家和歌舞家，例如琵琶名手康昆仑、曹保和曹保的儿子曹善才、孙子曹纲，觱篥（bì lì）名手安万善，歌舞家石宝山、米禾稼、米万槌、米嘉荣和他的儿子米和，他们都是西域人。西域有称做昭武九姓的九个小国，其中有康国、安国、曹国、石国、米国等等，这些音乐家原来便是这些国里的人。

上面所举的，只是几个比较出名的人物，不出名的，长住在中国的西域人，还不知道有多少。

这些住在长安的西域人，有好多和中国人通婚，穿中国的衣服，学中国的语言文字，遵守中国的风俗习惯。

例如中国在古代，人死后要立墓碑，阔气一些的人还要刻墓志（在石板上面刻着死者一生重要的事迹）。西域人本来没有这种风俗的，来到中国后，也就学会了这些事情。近年来在陕西一带的地下掘出来许多唐朝的墓志，其中西域人的就有好多块。

《康磨伽墓志》。康姓为古代"昭武九姓"之一，原生活在中亚地区

西域人本来各自有他的文字，自己的姓，来到中国后，就学习中国文字改用了中国姓，譬如康国人，就改姓康，曹国人，就改姓曹。在中国住下去，传了几代，连起的名字都同中国人一样了，敬德、明达、嘉荣等等，不都是纯粹中国化的名字吗？

这些住在长安的西域人，学习了中国的语言风俗，接受了中国的文化，子子孙孙传下去，便和中国人没有区别了。

大家知道宋代有个著名的山水画家米芾（fú），过去大家总不会怀疑他是外国人吧！可是近年来经过一些人的研究后，他的祖先很可能是住在中国的西域米国人呢！

长安城里住着这许多西域人，我们可以说唐代的长安已是一个具有国际性的大都市。

西域文化传入了长安

大批的西域人住进长安城，接受了中国的文化；同时他们又把西域的文化带进来，许多西方文化都是在唐朝的时候传进了中国。

我们今天吃的东西，是不是完全中国化的呢？很显然，并不完全是，特别是在城市里，除了中菜外还可吃西菜，除了用筷子外还可用刀叉，糖果店里的面包、咖啡糖，都是中国本来没有的食品。

我们应当知道，外国的食品，并不是在近代才传进中国的，在古代，早已陆续地传进来了，年代一久，中国人习惯了，也就不以为吃这些东西是外国风俗了。

在唐代，长安城里流行的外国食品特别多。

我们今天大家都吃烧饼，这总是中国的土产吧；其实并不是这样，烧饼在古时候叫做胡饼，很明白的，它是从西域一带传进来的食品。

唐代的长安城中，吃胡饼的很多，这种胡饼，和今天的烧饼差不多，所不

唐代点心和饺子（新疆吐鲁番出土）

同的，仅仅是饼上不撒芝麻。

另一种西方传来的面食，名叫豍饻（bù tǒu），当时长安城里吃的人也很多，这是一种油煎饼。

还有一种面食，叫做毕罗。在唐代的长安城里有许多毕罗店，这是从西域的毕国传来的食品，里面放蒜，讲究一些的有樱桃毕罗，卖的时候论斤计算，可能和今天北方人吃的波波差不多。

西域商胡在长安城里开了许多酒店，长安人好喝西域葡萄酒的很多。葡萄酒在汉朝时候早已输入中国了，到了唐代，中国人也已能仿制西域的葡萄酒。

和葡萄酒齐名的，长安城里还有一种从波斯传进来的三勒浆，是用庵摩勒、毗梨勒、诃梨勒等三种植物酿成的好酒。

西域式样的衣服，也在唐代传入了长安，妇女学这种西域装束的特别多。

传进长安最早的是冪䍦（mì lí），在隋朝就传进来，唐初很盛行。这是一种骑马时的装束，用大幅的丝绸罩在身上。唐代的妇女身体健康，都能骑马，因此穿戴这种冪䍦的很普遍。

后来，又传进了一种帷帽，在帽边四周挂下一重丝质的网，罩到颈子边，妇女戴的帷帽上面，还装饰了许多珠翠。

还有一种胡帽，帽边卷上去，没有网，当时也很风行。

妇女的化妆，也大大的受了西域式的影响。

当时长安城里的妇女，把头发梳成一种新的式样，叫做椎髻，又叫堕马髻、抛家髻。

骑马女泥俑

眉毛画成八字形，叫做啼眉妆，唇上擦上乌膏，脸上不敷胭脂香粉，而涂上一种赭色。

脸上涂赭，是吐蕃民族的风气，是经过西域传入长安的。

中国人一向就讲究卫生，注重体育的，在唐朝时候，盛行一种骑在马上打球的运动，叫做波罗球，长安城里玩这种波罗球的人很多。

打波罗球要准备一个球场，有的和现在的足球场差不多，两边各有一个球门，有的和现在的篮球场很相近，两边各有一个架子，上面钉块板，板上开个孔，制个网。打球的人骑着马，手里拿着打球的棒，棒的一端弯弯的，可以打球——叫做鞠杖。波罗球是一个用轻韧的木头做成的小球，有拳头大小，中间挖空。比赛的时候，分作两队，骑着马往来驰骋，用鞠杖抢着把球向对方打过去，要是能把球打进对方的球门或球网，便算获得胜利。

这种波罗球的运动，是波斯人发明的——在唐代传入了长安。不论皇帝贵族、军人、士大夫，都很喜欢打这种波罗球。（老百姓因为买不起马，筑不起球场，恐怕打的不会很多。）

长安城里打波罗球的花样很多，有人骑了驴打，还有人不骑什么牲畜，步打。

三彩胡人奏乐俑

前面已经讲过，西域各国的音乐和歌舞是很有名的，在唐朝以前以及唐朝的时候，先后纷纷地传入了长安。

唐朝皇室的音乐队，共分十部，十部的名称是：燕乐、清乐、西凉、天竺、高丽、龟兹、安国、疏勒、高昌、康国。我们只要看一看这些名称，就可知道其中绝大多数是西域传来的音乐。

西域传来的乐器，在当时最流行的有琵琶、觱篥、羯鼓等种，琵琶我们大家很熟悉，可是谁知它也是西域传入的乐器呢！觱篥是吹的，羯鼓是敲的。据说唐玄宗李隆基自己就是一个玩羯鼓的好手。

唐代歌舞中最盛行的有柘枝舞、胡旋舞，此外还有兰陵王、拨头、苏摩遮等等好多种名称，都是从西域传来的歌舞。

唐代的长安，是中西文化交流的大都市。

骊山和曲江

唐朝的皇帝，驱使无数的劳动人民来替他盖宫殿，修花园。就凭这些劳动人民的智慧和血汗，把一座长安城装饰得无比的庄严和美丽。

长安城里的宫殿和花园实在太多了，一时说也说不完，在这里，我们只好找几个特别有名的来看一看。

在长安城的东北，是大明宫。这个大明宫是建筑在现在西安北门三里外的一座小山上，这座小山名叫龙首原。大明宫有二十一个门，二十四所殿，四个阁，四个省，十个院，还有许多楼、台、池、亭。大明宫的正殿就盖在龙首原上最高的地方，坐在正殿上，整个长安城的街道坊市完全可以看得清楚，连长安城南的终南山，也了如指掌。

大明宫的宫门在山脚下，进了宫门，向上一望，正殿好似在天上。从宫门到正殿，有条用花砖砌成的道路可以通上去，两旁用青石做栏干，道路曲了三折，远远看去活像一条龙的尾巴，它的名称就叫龙尾道。

大明宫的气象，是雄伟极了。

唐长安大明宫含元殿遗址

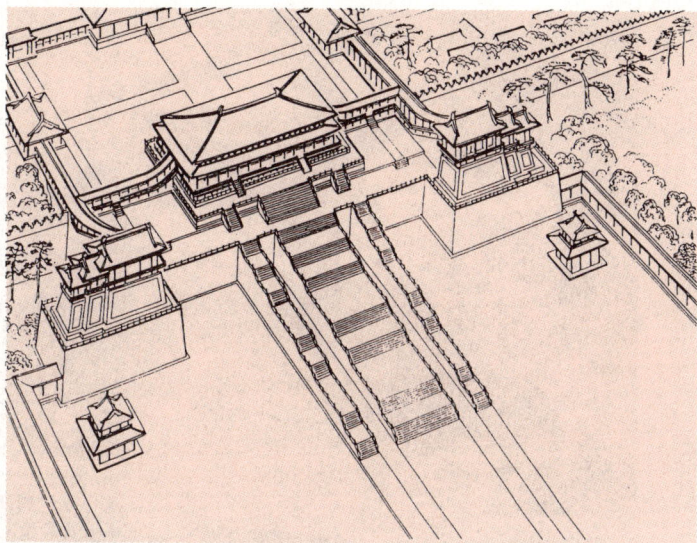

唐大明宫含元殿复原图

再看个精巧的建筑，这便是唐玄宗时候的凉殿，唐玄宗用来避暑的场所。

在凉殿的顶上，用机器喷水，水从屋檐冲下来，好像一个人工的水帘洞，殿里用石块雕琢成榻椅，榻椅后面装着用水力转动的风车，殿里凉风习习，不见炎日，人坐在里面，觉得万分舒服。

这种凉殿，是模仿西域人的方法建造的。

现在我们到西安去，可看不到这凉殿或是大明宫龙尾道了，这些建筑早已经过战乱毁灭了。我们所可看到的，唐代古迹中最著名的，就是在长安城外的华清池，这是洗温泉浴的好地方。

长安城东有一座骊山，山上树林茂盛，华清池就在山脚下。在唐代，山上盖着华清宫，共有六个，十所殿，四个楼，二个阁，以及五处洗澡的温泉。远远望去，满山金碧的宫殿和绿叶相辉映，风景十分优美。

唐朝的皇帝中，最喜欢到骊山来游玩的，便是唐玄宗，他每年十月里，就带着他心爱的杨贵妃，以及文武百官到这里来过冬，到明年春天才回长安。华清宫中有个九龙殿，是专供唐玄宗洗澡的地方，浴室的四周砌着白玉，刻着鱼龙花鸟等雕刻，浴池中装了一对白玉雕刻的莲花，温泉从莲花上喷出来，因此这个浴池就叫做莲花汤。还有杨贵妃的浴池，叫做芙蓉汤。

华清宫遗址旧影

唐玄宗以后的皇帝，很少到骊山去，华清宫就日久荒废了。现在的华清池，是清朝时候重新修建起来的，不是唐朝时候的老样子了。

骊山的风景虽好，终是帝王专有的享乐场所。唐代真正最热闹的风景区，不在骊山，而在曲江。

曲江在长安城的东南角，是一条河流，面对着终南山，青山绿叶，江水澄清，芙蓉盛开，中间点缀着一些亭台楼阁，风景非常美丽。

曲江离开市区不远，终年游人不绝，是个天然的大公园。每逢春秋佳节，曲江附近人山人海，大家扶老携幼地来尽情欢乐。皇帝贵族官吏也来凑热闹。诗人们在这里写下了不少美丽的诗句。

长安附近天然的大公园，还有韦曲和杜曲，韦曲在现在西安城南二十里的地方，杜曲又在韦曲东面，离开韦曲十里。韦曲和杜曲都邻近终南山，那里点缀着绿杨翠竹，芳草流水。长安城里的居民，在百忙中找个空暇日子，到这里来游玩一番，舒畅一下身心。

大雁塔和景云钟

唐代除了个别少数的皇帝外，对于各种宗教，都采取保护的政策。长安的居民有信仰宗教的自由，因此长安城里的寺院和道观，就特别来得多。从这些寺院和道观，可以看出唐代建筑的发达，这些寺院和道观的建筑，都是中国古代劳动人民的血汗结晶啊！

佛教的寺院中，最有名的是大慈恩寺，这是公元 647 年唐太宗时候的建筑。直到今天已一千三百多年了，还没有遭受多大严重的损坏。

大慈恩寺本来是在长安城里东南角的进昌坊的，因为现在的西安城比过去缩小了，所以它已在城外，进了寺门，最使人注意的，便是寺内的一座宝塔——叫做大雁塔。

这座大雁塔，是公元 652 年唐高宗（李治）时候建造的。当时有名的玄奘法师住在大慈恩寺做着翻译佛经的工作，他建议仿照西域的办法，在寺里建造一座石质的宝塔，因为中国的工人不习惯用石块造塔，就改用了砖瓦。当时造成的大雁塔，共计五层，有一百八十尺高。在塔顶向

大雁塔。唐朝时，新科进士们常在塔上题写自己的姓名，以作纪念

北俯视，可以看到坊市中的行人车马，向南远眺，可以看到曲江和终南山的山光水色。因此城里的居民到这里来登高游玩的，也是络绎不绝，成为长安的名胜之一。

大雁塔在后来重修过几次，所以今天的样子已和当年有些不同，现在它增加到七层，有一百九十四尺高，重修的是塔尖，塔的基层仍旧是一千多年前原来的建筑。

砖瓦建筑的宝塔能够保存这么久，不能不惊叹当时工匠们技术的高明了。

在大慈恩寺西北，当时长安的城中心有个大荐福寺，寺内也有一个宝塔，叫做小雁塔。这座小雁塔是公元708年左右建造的，有十五层，一百几十尺高。到了今天，塔的最上面两层已经坍毁了，从塔顶到塔基也有了一条很长的裂缝，可是塔还不倒，和大雁塔遥遥相对，屹立在西安城外。

小雁塔

道观中间，最著名的是景龙观，也是在公元 708 年左右建筑的。到了 711 年，又铸了一口大铜钟，叫做景云钟。这口钟高四尺四寸，直径三尺三寸，有三寸五分厚，上面铸了凤凰、狮子、蔓草等美丽的花纹，还铸有当时唐朝皇帝写的铭文。当时把它挂在观里的钟楼上，每天朝暮有人撞钟，使长安城里的居民听到钟声，知道时间的早晚。

这口一千二百多年以前的古钟，人民对它是极其爱护的，在 1953 年秋天，已把它送到西北历史博物馆①里陈列起来。据搬运时的估计，它的重量大约有一万二千斤左右。

景云钟

上面所讲的，不过是许多寺院道观中最有名的，其他许多比较不大有名，到现在过了一千多年，已经大多数遭受损毁了。

唐代有大批的西域人来到中国，把他们原来所信仰的宗教也带进了长安。这些宗教有景教，有摩尼教，有祆教，有回教。到现在，还有几所回教的清真寺在西安城里。

---

① 编者注：今西安碑林博物馆。

壁画和碑刻

唐代的艺术，除建筑外，绘画也有高度的发展。

当时用绘画来做住宅的装饰，很多作品都画在墙壁上，或是画在屏风上。

唐代的佛教很兴盛，长安寺院的墙壁上，往往请许多名画家来绘画以作装饰。

有名的大慈恩寺和大荐福寺，都请当时的名画家来画壁画，其中有鼎鼎大名的大画家吴道玄和王维，还有张璪、毕宏、郑虔、韦銮等等，都是唐玄宗时代的绘画好手。在其他许多大小寺院中，也有他们的作品。

在寺院中的壁画，多数是画佛教故事中的人物，佛像、天王像、天女像、鬼　神像等等，虽然从内容看来，这些只是宗教的宣传品，可是从绘画的技巧来看，他们可以把这些人物画得眉目生动，神采奕奕，仍旧不能不说是我们祖国优秀的历史遗产。

寺院的壁画，也有画山水树木的，画飞禽走兽的。至于帝王宫殿以及贵族官僚的住宅中，则除掉画普通的人物外，更是画这些东西居多。相传唐玄宗曾叫吴道玄和皇帝的本家李思训在兴庆宫的墙壁上画

王维《江干雪霁图》

了嘉陵江的山水；还画了五条龙，每到阴雨的时候，就好似要飞动的样子，可见画得是多么逼真了。

李思训也是当时的一位大画家，他的儿子李昭道也能画，都是中国绘画史上的重要人物。

住在长安的西域人中，也出现了几个大画家，其中最有名的是于阗国人尉迟乙僧。他传入了西方的绘画技术，画人物画花鸟能够分别光线的明暗，画成的东西好像凸出的一样。吴道玄的画也很受他的影响。

可惜这些名贵的作品，因为是画在墙壁上和屏风上的，日子一久，墙壁倒了，屏风坏了，作品便无法保存了。所以到了今天，唐代名画保存下来的是那么少。

中国人对于写字一向很讲究，因此书法在中国一向也被认为是一种艺术。

唐代的书法家特别多。我们今天学习书法，要临帖，临的是虞世南、欧阳询、褚遂良、颜真卿、柳公权等人写的字，这些人都是唐代最有名的书法家。

当时长安城内要立什么纪念性的碑刻，或者人死了，要立墓碑，往往不惜重价请这些书法家来写碑上的文字。一千多年来，这些石碑有的毁灭了，有的还保存着。

现在西安城里，有一处房屋叫做碑林，里面收集了许多唐代以及唐代以后的碑刻，保

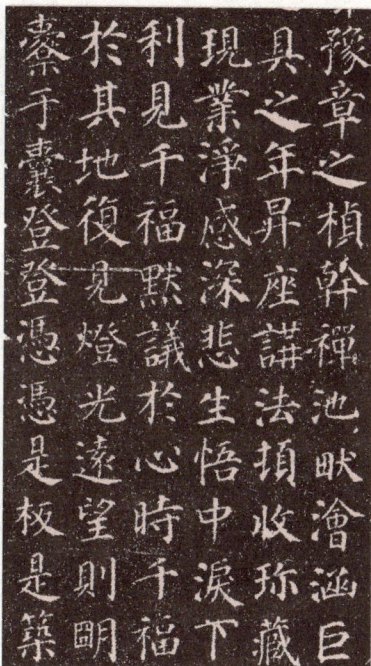

颜真卿《多宝塔碑》

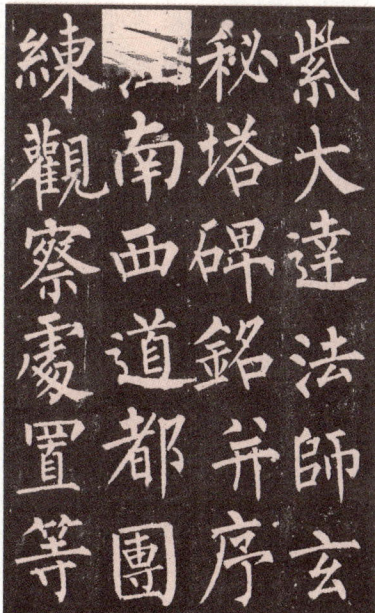

柳公权《玄秘塔碑》

西安碑林博物馆内景

存着，不再让它遭受损坏。碑林是公元 1087 年北宋时候建立的，历年来重修房屋，增添碑刻，到现在共有六百六十七块碑刻收藏在里面。

虞世南、欧阳询、颜真卿、柳公权等写的碑，都在碑林里，我们今天习字用的帖，有许多就是用纸从这些石碑上拓下来的。

碑林以外，西安城里城外还散布着不少唐代的碑刻，例如褚遂良为玄奘法师写的一块碑，就仍旧保存在大慈恩寺里。

唐代以后的长安城

唐代的长安城，前后繁华了三百年光景，到了唐朝末年，遭受了一次空前的大破坏。

公元904年，有个大军阀名叫朱全忠的，控制了中央的政权，强迫唐朝的皇帝迁都到洛阳去。迁都还不要紧，等皇帝一走，朱全忠就下令拆毁长安城里的宫殿民房，运到洛阳去另盖房屋。

繁华的长安城，被朱全忠这个军阀破坏得荒凉不堪。在这年有个叫做韩建的军阀来统治长安，看到实在破坏得不成样子，就以原来的皇城做基础，重新修补成一个新城。

新城比原来的长安城小多了，它只比原来的皇城稍微大一些。

唐兴庆宫勤政务本楼遗址

　　以后中国的经济发展重心，日渐偏向东南一带，长安渐渐失去它的重要性，封建帝王也不再选择它做国都，长安城好多年来一直没有能够恢复唐朝时候那么繁华。

　　在明朝初年，长安城曾经重新进行过一次大修筑，城壁增高了，修筑了四个城门。在清代，为了在这里驻八旗军队，又在城里添筑了一座满城。留到现在，就是今天的西安城。

《旧唐书》与《新唐书》

JIUTANGSHUYUXINTANGSHU

为什么要介绍这两部书

这里要给读者介绍两部历史书《旧唐书》和《新唐书》。前一部是五代后晋时人编写的，后一部是北宋人编写的，都是记述唐代历史的旧史书，在旧时代称之为"正史"，和其他"正史"《史记》、《汉书》等一共二十四种合成《二十四史》。

可能有人提出这样的问题："今天是新社会，应该看新的历史书，看用马克思主义来编写的新历史书，介绍封建社会的这些旧史书干什么？"也可能提出这样的问题："这些旧史书都是所谓'正史'，是封建帝王的家谱，是给帝王将相树碑立传的，难道今天还有用处，为什么不介绍点民间编写的野史？""要知道唐代的历史，应该到西安去看唐代的文物，多形象，多具体，介绍这些旧书本有什么用？"

问题都提得很好，在没有作正式介绍之前，应该先对这些问题和读者交换一下看法。

今天用马克思主义编写的新历史书，可以向我们揭示历史的发展规律，正

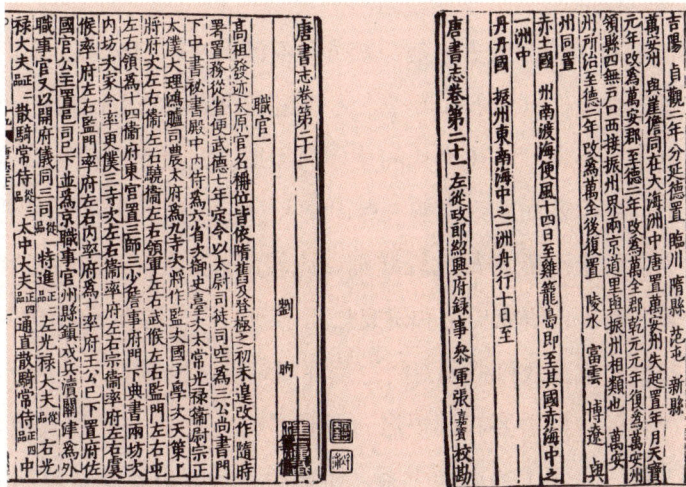

《旧唐书》（《四部丛刊》
影印宋刻本）书影

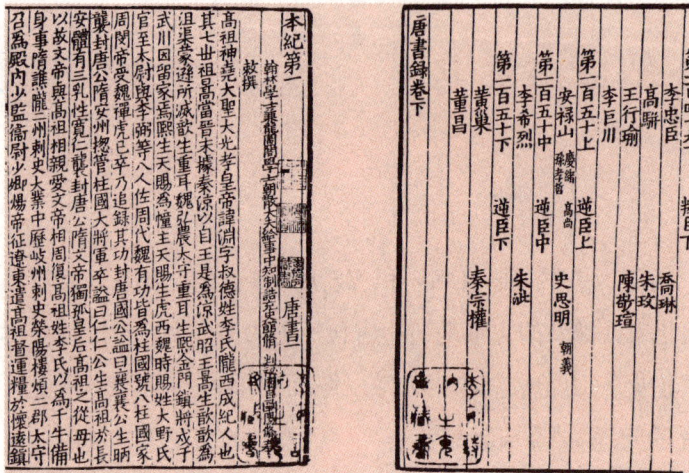

《新唐书》（《四部丛刊》
影印北宋刻本）书影

确地总结前人的经验，当然比旧史书高明，但是任何一本新史书都离不开旧史书，因为新史书引证的史料、描述的史实都取材于旧史书，现代人再怎样聪明，也决不能凭空想像出几百年前、几千年前所发生的事情。就以《旧唐书》和《新唐书》来说，如果这两部书失传了，其他有关唐代的文献和史料也统统失传了，那到今天恐怕连唐太宗是谁，武则天是谁，都闹不清楚，还谈得上编写新的唐史吗？新的历史书只是用马克思主义把旧文献旧史料作一番分析，从而揭示历史现象的本质，找出它的发展规律而已。历史事实的本身，还得依靠旧文献旧史料提供。

有了新的唐史，是否就可以不读旧文献旧史料，不读《旧唐书》、《新唐书》了？如果你只要求知道一点唐代起码的历史知识，读一本中国古代史教科书便可以了，连专门论述唐代的著作都不用读，更不必读什么《旧唐书》、《新唐书》。但如果你要知道得详细一点，深入一点，教科书就不够了。专门论著呢？在某一个问题上可能讲得比较详细，比较深入，但还有更多的问题没有人写过专门论著。何况，研究历史和研究任何学问一样，都要不断地发展，不断地作更深入的探讨，就算教科书和专门论著都写对了，也不能到此为止，何况有时还不一定讲得对，这都需要我们根据《旧唐书》、《新唐书》和其他文献史料，继续做研究工作。大学里要办历史系，还要招收研究生，就是要培养这方面的人才。我认为，青年人如果真对祖国的历史有兴趣，对唐代历史有兴趣，就应该在文献史料上多下些功夫，用马克思主义的观点写出更好的新教科书、新论著，不要以读几本现成的教科书为满足。

现在再说《旧唐书》、《新唐书》本身。这两部书是"正史"，而且还是政府出面纂修的所谓"官修"的"正史"。但是否这就可以说都是帝王的家谱，都是在给帝王将相树碑立传呢？恐怕不能这么说。所谓"正史"，其实本来只是纪传体的史书，这是我国大史学家司马迁的《史记》所开创，而为后来许多史学家所沿用的一种史书体裁。它一般包括"本纪"、"志"（在《史记》里叫做"书"）、"表"、"列传"四大部分，后来有的没有表，有的连志也不曾写，但本纪和列传一直都是有的，因此唐代大史学家刘知几在他的名著《史通》里就称这种体裁的史书为纪传体。为了把事情弄得更清楚些，我们可以分别看一看本纪、志、表、列传，看看是不是都是在给帝王修家谱，给帝王将相树碑立传，歌功颂德。

本纪，通常也简称为"纪"，是以皇帝的年号来纪年的编年史，如唐太宗贞观元年正月某日有什么事，二月某日有什么事之类，通常一个皇帝编写一个本纪，粗看上去真有点像给皇帝树碑立传的样子。其实，当时我国并没有采用公元纪年，不用皇帝的年号来纪年能用什么呢？而且本纪里按年按月按日记载的一般都是国家大事，讲到皇帝本身也因为皇帝在封建社会里是中央政权的首脑，重大的措施要以皇帝的名义来发号施令。至于皇帝个人的品德、生活等实际上很少讲到，即使开国皇帝如唐高祖在没有当上皇帝前也主要讲他如何积蓄力量，如何取得政权，对其家庭出身、个人品德、私人生活等等只捎带说了一点，不能说这就是皇帝的传纪或家谱。相反，正是依靠本纪这种体裁，才使我国保存了历时二千多年不间断的编年史，其他各种编年史的编写，多少都要参考纪传体"正史"中的本纪。

志，是关于皇家的礼乐制度、服饰制度、职官设置、军队编组、法令修订等过去的所谓"典章制度"的分类记述，而且还分类记述了天文、历法、地理、水利、财经、图书等各个方面，人们通过这些志可以对当时的社会获得比较全面的了解。当然，记述这些典章制度的还有其他专书，但全面系统而且头绪清楚的应首推"正史"里的志。这些志根本不讲个人的事情，当然也说不上为谁树碑立传。

表，在《新唐书》里有四种：宰相表是用表的方式按年记述宰相的任命、免职或死亡；方镇表是按年记述各个节度使管区的设置和分并，这都是研究唐代政治的有用史料，并非为个人树碑立传或编家谱。只有宗室世系表和宰相世系表才分别记述了皇室李姓的宗族分支和做过宰相的人的宗族分支，包括他们的父亲、祖父、曾祖、高祖等等是谁，儿子、孙子、重孙等等又是谁，倒可以说是家谱。但这种表对历史研究也大有用处，因为自从魏晋时代出现享有经济、政治特权的世族地主以来，某地某家族为了证明自己是世族而不是受人轻视的庶族身份，都纷纷编写甚至伪造家谱，到唐代时这个风气仍未完全衰竭，《新唐书》正是根据这些家谱编制世系表的。所以，这就为我们查考谁是世族谁是庶族提供了方便，甚至有许多不见于列传的人也可以在表里找到，此外表中并不存在什么歌颂阿谀之词。

列传，也简称为"传"，占的篇幅最多，后人把它区别为"专传"、"类传"和所谓"四裔传"几部分。专传是给有关系、有影响的重要人物立传。类传是以类相从，也就是把同一类的人排到一起立传，如《旧唐书》就有后妃、皇子、外戚、宦官、良吏、酷吏、忠义、孝友、儒学、文苑、方伎、隐逸、列女等类传。所谓四裔传则是给兄弟民族和外国立传。至于将相大臣，要有关系，有影响的才立传，非将相大臣只要有关系或有特殊言行的也给立传，有的立专传，有的入类传。当然，被立传的大多数是封建统治阶级内部的人物，这是时代的局限，怎么可能要求旧时代的史官给劳动人民立传呢？但他们对这些统治阶级的人物也并非一味说好话，在传里有时也指出他们在品德上、生活上的问题，有些类传如酷吏传、宦官传以及某些专传更是用否定的口气来写的，没有歌颂，只有谴责。

可见当时编写纪传体史书的目的并不完全是为了给帝王修家谱，给帝王将相树碑立传，歌功颂德，而是用本纪、志、表、列传这四种体裁比较全面地记述了一个朝代的历史。称它为"正史"，也无非因为它在体裁上比其他史书来得全面，是官修的，或被官方承认的，并不意味着因此就把其他史书斥为"不正之史"或"邪史"。这种体裁全面的纪传体"正史"的出现，应该是值得我们自豪的事情，西方国家在封建时代就没有这样体裁全面、内容详尽的史书。当然，包括《旧唐书》和《新唐书》在内的"正史"，的确也有不少歌功颂德之处，只要我们注意分析，在运用和阅读时，我以为是不难剔除和摒弃的。

至于所谓"野史"，一般是指杂史、杂记、小说之类。它表面上好像出于民间，其实仍是地主阶级知识分子甚至是士大夫官僚们写的，不过是私人记述而已。就阶级立场来说，和官修的"正史"没有多大差别。而且，这些野史多半是故事性的片断记述，其中固然有当事人口述手写的比较可信的史料，但出于道听途说的也为数不少，不仅远不如"正史"记述全面，而且准确性还常成问题。当然，有些官修"正史"不便记述的东西可能在野史里谈到，有选择地用野史来补"正史"之缺是可以而且应该的。但夸大野史的作用，提倡读野史而不要读"正史"，就不对了。

保存下来的或新出土的历史文物当然也很有用。现在的西安市因为是唐皇朝京城长安的所在地，在市区以及邻近的几个县里的唐代文物就特别多。如市区的陕西省博物馆保存着大量唐代碑刻和近年来出土的唐三彩明器、铜镜、金银用器；礼泉县的昭陵博物馆保存着唐太宗手下许多文臣武将的墓碑、墓志；乾县的乾陵博物馆不仅修缮了唐高宗和武则天合葬的乾陵供人们游览，还打开了高宗和武则天的儿子章怀太子李贤、孙子懿德太子李重润和孙女永泰公主李仙蕙的三个墓

三彩骆驼

宫女图（永泰公主墓壁画）

道，让人们参观其中的壁画和明器群。从这些明器、壁画可以看到当时人们的衣服、装饰，骑的马和骆驼是什么样子，怎样打猎、打球，怎样玩乐。墓碑和墓志上提供的史料有时还可以补充"正史"的不足。但所有这些都毕竟太片面、太零星，成不了体系。如果不依靠《旧唐书》、《新唐书》等记载，连章怀太子、懿德太子、永泰公主以至高宗、武则天是何等样人都不知道，光凭几块墓志和壁画、明器等文物是不能把当时的历史弄得一清二楚的。文物只能用来补充"正史"，印证"正史"，或者使"正史"更形象化，但终究代替不了"正史"。要研究唐代历史，主要还得依靠"正史"中的《旧唐书》和《新唐书》。

老一辈的史学家为我们利用"正史"做出了典范，他们在研究某一个朝代的历史时，首先都要把这个朝代的"正史"下苦功研读一番，然后再参考其他有关的史料和文物。如已故吕思勉先生的两厚本《隋唐五代史》，已故陈寅恪先生的《唐代政治史述论稿》，都是主要利用《旧唐书》、《新唐书》以及其他"正史"提供的史料写成的。这种踏实的好学风、好传统，值得我们继承发扬。

唐人怎样修本朝史

《二十四史》不论是官修的，还是像《史记》、《汉书》那样是私人纂修的，一般只写上一个作者的姓名，最多也只写两个。如《新唐书》的作者写欧阳修、宋祁；《旧唐书》作者写刘昫（xù）。不过因为是官修，在姓名下面还加个"等"字，私人纂修的就连"等"字也没有了。我小时候总惊叹这些人本领那么大，一个人或几个人竟能写出上百卷，甚至几百卷的大书。后来才知道其实不然。就"正史"的头一部《史记》来说，实际上并不能说是司马迁一个人的成绩，其中好些篇在他父亲司马谈手里已经写出来了。班固的《汉书》也是这样，开头一部分采用了《史记》的现成文字，他父亲班彪也写了几十篇，《汉书》是在此基础上编写成的，而且其中还有一部分是在他死后由他的妹妹班昭等写完。官修的更不用说了，别看在作者姓名后面加个"等"字，这一个"等"往往包括了好几个人甚至几十个人。因为人太多了，所以编写完工进呈给皇帝时只写上一个领头者的姓名，而这个领头者又往往是宰相。有的还能真正负责，有的只是挂名。如《宋史》、《辽史》、《金史》的挂名作者宰相脱脱，是蒙古族人，不懂汉文，实际上出力的是名字没有写在书上的一批人。

编写"正史"的人从来都不是凭空动笔的。从班固的《汉书》开始，形成了一个传统习惯，一个朝代的"正史"要在这个朝代灭亡后由下一个朝代的人来编写。如《旧唐书》是在五代的后晋朝才编写成的，这时离开唐亡已将近四十年，离开唐初也有三百多年了，《新唐书》的编写更迟至北宋中叶，比编成《旧唐书》还要晚一百年左右。读者们试想，这么久远以前的事情编写者怎么能弄得清楚呢？怎么会记得住呢？尤其是本纪，是要按年按月按日记载国家大事，这么详细的事情谁会记得清呢？好在我国自古就有档案保管制度。早在古老的商、周时候，已有了记录国家大事、保管文书档案的人员。据说经孔子加工过的《春秋》这部史书，它的前身就是春秋时鲁国史官按年月日记录下来的历史档案。这种设置史官记录本国本朝历史的工作一直受到统治者重视，每个朝代都认真地去做，而且在制度和办法上越来越完善，从而准备好大量资料以至半成品，这些都成为下一个朝代的人修史的依据。可见，一部"正史"之所以能编写出来，与上一个朝代的史官们的辛勤劳动是分不开的。直接编写者当然也很辛苦，但多半是在充实改造前朝史官已取得的成果上下功夫。无怪乎人们常称这些编写者是在纂修"正史"，"纂"是编集的意思，"修"是整治的意思，都不是说他们是白手起家。

既然如此，我们在谈《旧唐书》、《新唐书》的纂修者和纂修过程之前，应该先给读者介绍一下唐朝人修本朝史的情况，介绍纂修《唐书》利用了哪些资料和半成品。另外，要介绍唐朝人怎样修本朝史，还要讲讲当时的修史机构，人员编制和职责范围。

在隋朝时，继承了魏晋以来的老传统，史官归秘书省①管辖。在秘书省下设立著作曹②，曹里有两名著作郎，八名著作佐郎，这些就是当时的史官。修史工作常由大臣领导，叫做"监修"。隋炀帝时，又另外设置了两名起居舍人，直接记录皇帝的言行，归当时中央的最高行政机构三省③中的内书省管辖。唐皇朝建立之初，因为忙于进行统一战争，所以除把内书省恢复为隋文帝时的内史省（以后又改为中书省）外，对起居舍人和著作郎、佐郎的设置没有变动。

唐太宗李世民是一位颇有作为而且重视修史的皇帝，他把记录皇帝言行的事情移归门下省来管，在门下省又设置两名起居郎具体做这项工作。高宗时候，又把皇帝言行的记录加以分工，让起居郎专管记录皇帝的"行"；对负责皇帝"言"的人，则恢复了起居舍人的名称，在中书省设置两名起居舍人来专门记录。这是记录皇帝言行的制度的一个变化。

---

① "省"在古代有很长一段时间是中央机构的名称，元代时由于在地方上分设了"行中书省"，"省"才逐渐变成了地方行政区划的名称。

② "曹"也是当时的机构名称。

③ 隋以尚书省、门下省、内史省为三省，隋炀帝以内史省为内书省，这三省的长官都是宰相，唐代基本上继承了这三省制度。

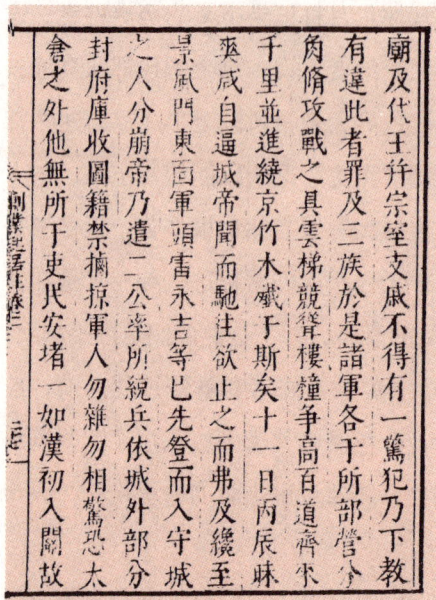

《大唐创业起居注》书影

记录皇帝的言和行，读者千万不要以为是连皇帝私生活里的一言一行都要记录。这些鸡毛蒜皮甚至不便公开的私生活是不好记的，起居郎、起居舍人也没有资格进入深宫里去记（只有宦官才许可在深宫里伏侍皇帝和后妃）。他们所记的只是皇帝处理国家大事时的言行。据记载，皇帝上朝时，起居郎先是随百官朝见，待百官退出后，在皇帝和宰相议论国家大事时，由一名起居郎执笔记录，后面还跟随着属于史馆编制的史官。在添设了起居舍人后，起居舍人就和起居郎一起携带着笔墨跟随宰相上朝，起居郎在左边记事，起居舍人在右边记言。起居郎按年月日记下了国家大事，还要编成一种内容极其详细的编年记载叫做"起居注"。所谓"起居"，就是指皇帝的一举一动，"注"，就是记载的意思。起居舍人记的"言"实际上就是以皇帝名义发布的命令，当时按照不同的用途有"诏"、"制"、"敕"、"册"、"赦"、"德音"、"批答"等种种名称，通称之为"诏令"，由起居舍人把它汇集起来。无论是起居注还是诏令，都得按一年四个季度编写成卷，每当季度终了就要送进史馆保存。

以后除了起居注和汇集的诏令外还出现过一种名叫"时政记"的东西。这是由于宰相和皇帝议论的内容，有许多事关国家机密，而常常又是些仅仅处于考虑阶段还没有正式下命令的事情，如果让在场的起居郎、起居舍人记录了下来，万一泄漏出去很不好办。于是在高宗后期作了个新决定，叫起居郎、起居舍人随百官退朝，皇帝和宰相讨论的机密事项不再让他们知道。但这样一来，有许多涉及机密的国家大事就无法及时写进起居注里，起居郎只好根据事后公开的诏令在起居注里作点记载，这自然很不详备。因此，在武则天做皇帝时又有人建议，让一位宰相把议论的国家大事记下来直接送到史馆，每个月送一次，这就叫做时政记。可有些事情宰相也不便记，再加上因为牵涉到不少人事关系，所记的也未必都很真实，所以不久就作罢了。以后在德宗和武宗时又曾相继恢复过这种记时政记的办法，在文宗时也恢复过让起居郎、起居舍人跟随宰相记录的制度，宣宗时还规定宰相们对国家大事有不同的看法可以各写各的，以防一个宰相写时政记有片面或遗漏之处。可见当时对记录国家大事这项工作确实做得比较认真。只是既要记得完备无遗，又要保密，这个矛盾在当时的条件下很难解决。

起居注、时政记和大批的诏令送到史馆后不仅仅是为了存档，更重要的是为了给纂修本朝史提供资料。纂修本朝史的工作在隋朝是由史官著作郎、佐郎们承担的。前面说过，这些著作郎、佐郎属于秘书省的著作曹，而秘书省设在皇城里，和其他大小政府机构混杂在一起。到唐太宗时，可能为了提高史官的地位，也可能为了保密，在贞观三年（公元629年）把史馆设到皇帝所住的宫城——当时通称为"大内"的里边。大内里只有两个最重要的政府机构即三省中的门下省和中书省，中书省在西，门下省在东，太宗把史馆安在门下省的北面。同时在史官的设置上也作了一次大变动，秘书省的著作局专管做碑文和做祭祀用的祝文、祭文，不再担任修史的工作。修史的工作改由史馆里设置的两名到三名史官去做。这几名史官不是专职的，他们往往原来有别的职务，以后才被派到史馆里去修史，有时也调著作郎、起居郎兼任史官修史。同时，还加派一位宰相来兼做监修工作。这种由宰相来领衔修史的办法从唐朝一直延续下去，成为定制。

贞观时在长安城东北角利用龙首原的高旷地势，按照宫城的规格建造了大明宫。高宗有风痹病，嫌宫城太低下潮湿，所以就住到了大明宫里。史馆也因此跟着中书省、门下省搬进大明宫，不过不在门下省北而是移到了省南。高宗在其后期和武则天在掌权做皇帝时都长期住在当时的东都洛阳。洛阳城也像长安一样有宫城、皇城，在宫城里也设有史馆。以后皇帝搬长安，史馆又跟着回到了大明宫。到玄宗开元二十五年（公元737年），因考虑到宰相商量国家大事的政事堂设在中书省，史馆如在附近工作就比较方便，所以又再次把它搬到中书省北边。

在这以后，史官也有了名称，一般都叫"史馆修撰"，初入史馆的叫"直

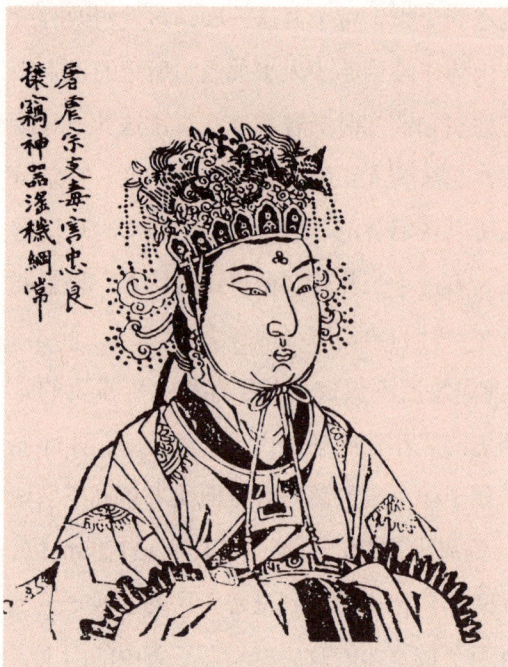

唐睿宗支妻宫忠良
揉窃神品滥稷纲常

武则天像

馆"。宪宗时，修撰这个名称又被专门用来称呼以朝官身份入史馆工作的人，不是朝官而入史馆的才叫直馆，修撰中又设一名由官职较高的人充任的"判馆事"，即主持史馆工作的意思。

以上这一系列措施，都说明唐朝的统治者对史馆十分重视，否则就不会把它从秘书省里独立出来。独立了的史馆如果是无关紧要的冷衙门，也不会把它搬来搬去而且越来越向政治核心靠拢，更不会去健全史馆的编制，并让宰相监修成为制度。

当时史馆的工作，主要有两项：

一是修"实录"。因为每季度送到史馆来的起居注和诏令，每月送来的时政记，都只是修史的资料，只有把这些资料纂修成实录才能算史，所以修"实录"就成为史馆的主要工作之一。所谓实录，就是如实记录的意思。一般是在皇帝死后才编写，一个皇帝编一部，从他出生，当皇太子，做皇帝，一直到去世，按年按月按日地记载，很有点像前面讲过的"正史"里本纪的模样。实际上这也是一种以皇帝年号来纪年的编年史，不过内容要比本纪充实得多。有很多事情在实录里有记载，到本纪里就没有了，有些事情在本纪里只有一两句话，像个骨头架子，实录里却详细到十几句、几十句。道理很简单，因为后来的本纪常常就是根据实录节写的。实录还有一个特点，在讲到某个大臣或大名人逝世时，还附带写一篇这个人的小传附在实录里，这也是"正史"的本纪所没有的。在"正史"里，如果一个人确实很重要，一般都会给他另外立传。

纂修实录这件事不是唐朝人创始的。根据记载，南北朝时的梁朝已给皇帝修过实录，但后来都失传了，不知道内容体裁究竟怎样。像上面所说根据起居注、诏令纂修实录，每个皇帝一部，是到了唐朝才成为一种制度的。从此以后各个朝代都给皇帝纂修实录，如明清两朝的实录到现在还保存着，分量比《明史》、《清史稿》要多出好几倍，因而很受研究者的欢迎。饮水思源，真不能不感谢创立这个好制度的唐朝人。

和纂修实录相似，唐朝人还创立了纂修"日历"的制度。这日历不像今天每年一本挂在墙上一天撕一页的日历，而和实录一样是按年月日记载国家大事的编年史。这是宪宗初年宰相建议纂修的，可能是考虑到实录要到皇帝死了以后再修，不及时，要求根据起居注、诏令，按日编写，因此称作日历。到皇帝死后，把在位若干年的日历汇总起来加点工，就可成为这个皇帝的实录。所以日历等于是实录的初稿，编写日历是为纂修实录做准备工作。

日历、实录都是编年体，史馆还有一项更重要的工作，就是要纂修"国史"。什么叫国史呢？"国"是本国本朝的意思，国史一般地说也就是本朝的历史，譬如唐朝人所说的国史，就是唐朝的历史。那末，上面讲的实录难道不算唐朝的历史吗？当然算的，不过它是编年的，还不符合纪传体"正史"的要求。唐朝人要修的国史，是指修纪传体的本朝史。这和所有的"正史"一样，至少要有本纪、列传，还要有志。

怎样纂修呢？本纪好办，像前面说过的，把实录改写得精练些，次要的事情删掉，大段的记述压缩成简单的一两句话，就可比较轻松地完成任务。列传便有点麻烦了，实录里只有大臣和大名人的传，而且是比较简单的小传，此外还有许多应该写进列传的人物在实录里连小传都没有，兄弟民族的传在实录里也没有。至于志就更成问题。前面说过，这需要对典章制度以及天文、历法、地理、水利、财经、图书等各个方面作系统的讲述，而实录里的资料很有限，起居注、时政记、诏令里也不太多。怎么办呢？幸亏唐朝人注重修史，所以这类问题都已考虑到了，他们根据纂修国史的需要，制订了一整套征集史料的制度。

这套制度规定：各地如发现了"祥瑞"，譬如可以治病的醴泉，捉到长毛的和六眼的乌龟，柱上生了芝草，池里跃出黄龙，田头走来麒麟，天上飞来鸾鸟之类，都要由礼部汇总按季度报送史馆①。

如发现天文异状，尤其是出现了流星、彗星、日珥、赤光、白虹之类的现象，都要由太史局（后来改为太史监、司天台）汇总，并说明所主吉凶，有否应验②，按季度报送史馆。

兄弟民族和外国（当时都叫蕃国）的使者来到长安，负责接待的鸿胪寺要询问他们的土地、风俗、衣服、物产、道路远近等情况，以及国王或首领的姓名，及时报送史馆。

与兄弟民族或外国发生冲突，如果受到损失，军将要把被攻陷的城堡以及被伤杀的官吏姓名、被掠夺的牲口财产在事后报送史馆；打赢了，兵部要把公告抄送史馆；人家投降了，中书省要把降表之类的文件抄送史馆。

变动了音律，编造了新的曲调，管礼乐的太常寺要把情况和新编的乐词报送史馆。

新设置了州、县，或者撤销了原来的州、县，以及旌表了地方上的孝子、义夫、节妇③，主管的户部要及时报送史馆。

法令有修改变更，审判上有了新的原则条例，刑部要及时报送史馆。

丰收了，或闹饥荒，发生了水、旱、虫、霜、风、雹、地震等灾害，户部和州、县要弄清楚时间地点，以及是否采取了救灾措施等，报送史馆。

新封的各种爵位，吏部的司封司要报送史馆。

新任命的中央各机构长官，新任命地方上的刺史、都督、都护以及行军大总管、副总管以上的高级文武官员，都得连同任命的命令报送史馆，文官由吏部送去，武官由兵部送去。

刺史、县令官做得特别好，取得了突出成绩，由考核地方工作的人员回中

---

① 所谓"祥瑞"当然是迷信附会，龙和六眼龟之类的生物在地球上根本不会出现，这是存心编造出来讨好皇帝的阿谀之辞。

② 这种吉凶应验给天文学附加上迷信的色彩，在封建社会里是不奇怪的，并不影响当时我国在天文学上的先进地位。

③ 丈夫死后做妻子的不改嫁，在封建社会叫节妇，要表扬，这实际上是给妇女加上的无形枷锁。

央时带上报送史馆。

有大学问的人，有特殊技能的人，有本领而隐居不贪图富贵的人，以及所谓义夫、节妇之类的人，州县发现了要加以核实，按年记录，由考核地方工作的人回中央时带上报送史馆。

中央各机构长官死了，要由本机构报史馆。地方上刺史、都督、都护以及行军大总管、副总管死了，要由本州、本军报史馆。

公主、大官死后要赐谥①，要把记载死者生平事迹的"行状"②和拟定赐什么字眼的"谥议"报送史馆。

亲王入朝，要由主管皇家宗族即所谓"宗室"的宗正寺报送史馆。

除此以外，还授权史官，如果访问到应该写进国史的事情，尽管不属上列规定范围，可以去公函向有关机构要求提供材料，有关机构得到公函后必须在一个月内报送史馆。

以上这套制度后来由于安禄山叛乱，一度没有很好执行。德宗初年又重新整顿，统一规定中央机构每季度向史馆报送一次，地方上每年一次，由考核地方工作的人员回中央时带上向史馆报送。

史馆里有了这么多供纂修国史的资料，不仅志好写，列传好写，就连写本纪以至编实录也可以从这些资料里吸取有用的东西，不致"巧妇难为无米之炊"了！

当然，有了史馆，有了合理的制度，有了丰富的资料，这只是给纂修实录、国史创造了有利条件，要纂修出高质量的实录、国史，还得看史官的水平，看他们是否称职。

一般讲，唐代的史官是称职的，因为派到史馆去修史的人都要认真挑选，

---

　　① 谥，封建时代在人死后，按其生前事迹，评定褒贬给予的称号。在唐代由吏部考功司审查死者的生平事迹，交太常寺拟谥，再经有关人员研究确定，写出书面的"谥议"，最后上奏皇帝批准。赐的谥一般都是好字眼，如"文"、"武"、"忠"之类，个别的也会得到坏字眼如"丑"、"厉"等。

　　② 贵族大官死了，由他们的亲属将死者生平事迹写成"行状"。要立碑，得把行状送考功司会集百官审核，决定哪些可写进碑文，然后通知亲属，史馆给死者立传，多数也是根据这种"行状"。

唐武宗像

选出有真才实学而且文章做得漂亮的人去担任。例如唐太宗时的敬播、褚遂良，高宗时的令狐德棻（fēn）、李延寿、李淳风，武则天、玄宗时的徐坚、刘知几、张说、吴兢、韦述，肃宗时的柳芳，德宗时的沈既济，宪宗时的韩愈、李翱（áo）、蒋乂（yì）、林宝，穆宗时的路随、韦处厚、沈传师，文宗时的裴休，武宗时的郑亚，宣宗时的崔龟从，昭宗时的裴廷裕等，都是享有盛名或者是比较知名的人士。

他们中间有的纂修过前朝的"正史"，如《二十四史》中的《周书》就是令狐德棻纂修的；《南史》、《北史》是李延寿纂修的；他们和敬播还都参加了《隋书》的纂修工作。有几位除修史外还留下了其他重要的著作，如天文数学专家李淳风注释了《周髀算经》、《九章算术》、《孙子算经》、《海岛算经》、《五曹算经》、《五经算术》等古数学书；徐坚编纂了《初学记》这部至今还有参考价值的类书；吴兢编写了记载唐太宗言行的《贞观政要》；韦述编写了记载长安和洛阳城坊的《两京新记》；林宝编写了记载唐人世系的《元和姓纂》；裴廷裕编写了记载宣宗朝历史的《东观奏记》。当然，更著名的还是前面提到过的大史学家刘知几所写的《史通》，这部书一共有二十卷，是我国古代讨论怎样编写史书的第一部专门著作。他主张编写史书的人必须兼有"史才"、"史学"和"史识"，应该"善恶必书"，不能"饰非文过"，"曲笔诬书"。这些原则在今天看来仍很有价值。还有一位和刘知几同样享有盛名的是大文学家韩愈，他是古文运动的创导人，他纂修的《顺宗实录》现在还保存在他的文集《韩昌黎集》里，在唐朝的实录中是公认的一部佳作。

任何时代、任何地方总是既有有才能、很称职的人，也有不称职甚至品德欠缺的人。刘知几在《史通》里就点了两个史官的姓名。一个叫牛凤及，他干过哪些缺德的事情今天已不清楚了。还有一个叫许敬宗，是武则天开始掌权时的亲信，曾做到宰相的高位，监修过国史。有个叫封德彝的大臣曾揭露过他年轻时贪生怕死的丑态，封死后，许敬宗给封写的传里就大讲其坏话。他贪图财礼，把女儿嫁给钱九陇的儿子，钱本是皇家的仆隶，他给钱写的传里却把他吹成上代都是大阔

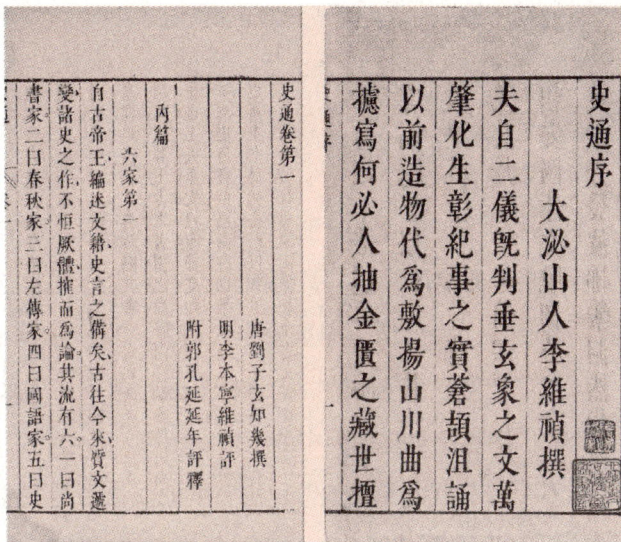

《史通》书影

人。他娶尉迟宝琳的孙女做儿媳妇，给宝琳的父亲尉迟敬德写传时就隐恶扬善。如唐太宗曾写过《威凤赋》赐给长孙无忌，传里却说是赐给尉迟敬德。有个叫庞孝泰的人参加过对高丽的战争，人很胆小，吃了败仗，但因为给许敬宗行了贿，许就给庞胡编了许多战功，甚至胡说庞是少见的骁将。唐高祖和唐太宗的实录本是敬播纂修的，态度比较公正，许敬宗却凭个人爱憎加以删改，不管其是否符合事实。

除了少数不称职的史官凭个人恩怨利害来篡改史实外，皇帝有时也干扰修史工作。例如唐太宗李世民就一再要看起居注，要看修的国史。原来李世民本是高祖李渊的第二个儿子，没有资格做皇帝，他的皇帝位置是通过发动玄武门之变，射死哥哥皇太子李建成和弟弟齐王李元吉，逼迫李渊退位做太上皇，然后抢夺到手的。做了皇帝后对这件事情总是心里有鬼，生怕起居注、国史里如实记载会给他留下个弑兄杀弟逼父的坏名声，想对史官们施加点压力。监修国史的宰相房玄龄是他的亲信，他生怕李世民不满意，所以在修好国史后就赶快进呈给太宗。可是太宗看了仍不满意，竟亲自定了个调子，说这次政变和古代周公诛管蔡、季友鸩叔牙一样，是"安社稷，利万民"的正义行动，叫史官按这个调子改

写①，把建成、元吉写成该死的坏人。

上面所讲的是皇帝公开干扰的一个例子。此外，宰相等有权势者也常常干涉史官的工作。刘知几在《史通》里就讲过：当他在中宗朝修史时，监修国史的宰相宗楚客曾公开要史官为人家"隐恶"。当然刘知几没有听从这种昏话，但这类干扰对多数史官不可能不起作用。给皇帝以及有权势的人隐恶扬善，在封建社会里总是难免的事情。只有对倒台者、失败者才有可能施加谴责。对农民起义领袖则更不会说好话，而要安上"盗"、"贼"的帽子。对兄弟民族也必须开口闭口是"蛮夷"、"夷狄"。而这些局限性即使高明如刘知几者也是避免不了的，因为他们毕竟是封建社会中的人物。

尽管有这些局限性，但史官们的成绩还是主要的。

纪传体的国史，在高祖时就开始撰写。高宗时令狐德棻将已写好的高祖、太宗两朝的本纪、列传和志整理修补，抄写成八十一卷进呈，这是第一次编定的国史。玄宗时，吴兢又修改精简，再加上自己续写的和别的史官续写的部分，统一整理编成国史六十五卷。以后在他放外任时，又续写了二十多卷。后来韦述重定体例，在吴兢旧稿基础上作进一步增修，编成国史一百十二卷，外加"史例"一卷。不久安禄山叛乱，打进长安的叛军到处烧杀抢掠，幸亏韦述把一百十三卷国史稿本藏进南山里，才没有被毁掉。韦述这一百十三卷只写到玄宗时的天宝年间，肃宗时史官柳芳又续写天宝后期到肃宗乾元年间的事迹，编成国史一百三十卷。以后的史官当然还在继续编写，只是再没有人把它整理编定。在整理编定的国史中，柳芳的可以说是最后一个本子。

肃宗末年柳芳被贬官去贵州，路上遇到玄宗时的大宦官高力士，高对他讲了许多开元、天宝时的政治内幕，很有史料价值。但因为他编写的一百三十卷国史已进呈过了，不便改动，所以就用编年体重写了一部《唐历》，有四十卷，把高力士提供的史料编写进去。这本是柳芳的私人著作，宣宗时认为写得不错，就

---

①　周灭商后，周公的弟弟管叔、蔡叔联合商纣王的儿子武庚反叛，被周公讨伐诛杀。春秋时鲁国贵族叔牙反对立庄公的儿子名叫般的为国君，被支持般的异母弟季友毒死。后世常把这两件事作为大义灭亲以安定国家的例子。鸩，传说中的毒鸟，羽毛浸在酒里可毒死人，所以古人把毒死人叫鸩。

由监修国史的宰相崔龟从等写了三十卷《续唐历》，写到宪宗时为止。因此《唐历》和《续唐历》都具备了国史性质，成为另一种编年体的国史。

实录，从高祖开始，以后是太宗、高宗、则天皇后、中宗、睿宗、玄宗、肃宗、代宗、德宗、顺宗、宪宗、穆宗、敬宗、文宗、武宗一共十六朝的实录，都由史官及时纂修成书，其中太宗、高宗、则天皇后、玄宗、德宗、顺宗、宪宗的实录还不止一个本子，很多是出于政治原因作了修改，有的索性重新写过。武宗以后，宣宗的实录在僖宗时曾纂修过，但没有修成。昭宗时又要修宣宗、懿宗、僖宗的实录，也没有修成。后来武宗的实录经过唐末战乱弄残缺了，只剩下一卷，所以完整的实录只到文宗为止，宣宗、懿宗、僖宗都没有实录。僖宗以后的昭宗是被大军阀朱温杀死的，朱温立昭宗的儿子做皇帝，即所谓哀帝，不久就改朝换代，朱温自己称帝，当然不会再给前朝昭宗和哀帝修实录。

已修成的实录是纂修《旧唐书》的重要资料，国史可以说是《旧唐书》的半成品，尽管如上所说并不齐全，但对以后正式纂修《旧唐书》还是做了很好的准备工作。

《旧唐书》的纂修

朱温灭唐，建立的皇朝叫梁，为了和南北朝时的梁有所区别，写历史时通称之为后梁，后梁政权以后又被后唐政权所取代，后来又有后晋、后汉、后周，在黄河流域接连存在过这五个皇朝，成为我国历史上的"五代"。直到赵匡胤取代后周政权自己做上皇帝，建立宋皇朝后，才出现了稳定的统一局面。所以讲北宋末年农民起义故事的《水浒传》一开头就说："纷纷五代乱离间，一旦云开复见天。"歌颂了宋皇朝结束了五代的战乱局面。

但战乱尽管战乱，修国史、修前朝"正史"的好传统并没有因此中断。当时修的前朝"正史"就是《旧唐书》。不过，那时还只叫《唐书》，直到出现了另一部《唐书》——《新唐书》后，为了区别，才给五代时修成的这一部《唐书》加上"旧"字。

《唐书》的纂修早在后梁时就提到议事日程上来了，这正是沿袭了新朝代给前朝修"正史"的老传统。可是由于在唐朝，实录和国史都没有修完，而经过唐末的战乱，史馆的资料又受到了损失，因此开始时征集资料的工作量很大。在后梁末帝时，史馆就提出征集唐代知名人士的"家传"①，还要求抄存武宗以后的公文、奏疏送交史馆。这是因为武宗以后的实录都没有修，武宗实录也只剩下一卷，所以这些公文、奏疏就成了纂修武宗以后本纪的好资料。

后唐时候对收集唐史资料的工作加紧进行。当时刚灭掉了闹割据的前蜀王氏政权，王氏旧臣庾传美报告说成都有唐列朝实录，因而被派去搜访，取回了高祖以下九朝的实录。过了几年后唐政权又下令保护各地的碑碣，不准破坏，因为

---

① 家传是死者的子孙请人撰写的，不必送呈史馆，为了和国史里的传相区别，所以叫家传。但如果国史馆里缺少这个人的传，修"正史"时就得利用家传。

其中有许多唐代名人的墓碑，碑文是写列传的有用资料。此外，还要求搜访宣宗以来的野史，因为这一段没有实录。

组织力量动手纂修《唐书》，是在后晋时候。当时有位名叫贾纬的人对唐史很感兴趣，他曾网罗散佚史料，采集故老传说，旁征唐人杂记小说，编写了一部从武宗以后到唐亡的编年史《唐年补录》，也叫《唐朝补遗录》，以弥补这几朝没有实录的缺憾。不久他做了史馆修撰，就劝监修国史的宰相赵莹赶快动手把《唐书》修起来。赵莹很同意，并向晋高祖石敬瑭提了建议。石敬瑭此人在政治上很成问题，但对修史这件事还算重视。在天福六年（公元 941 年）二月，他正式下令派张昭、贾纬、赵熙、郑受益、李为先等人纂修《唐书》，由赵莹监修。贾纬也献上了他的《唐年补录》供参考。但在四月里贾纬的母亲去

五代十国文官俑

世了，按照封建社会的规定，父母死了，儿子就不能做官而要回家去守孝。于是赵莹又推荐了吕琦、尹拙两人来填补缺额。

赵莹是一位有学问而又长于修史的读书人，虽然贵为宰相，却不像某些监修史书的宰相那样只挂个虚名，而是真正抓起了这项工作。在天福六年四月，他经过深思熟虑，提出了一整套完整的方案，包括对各有关部门提出的要求。后来《唐书》能在不到五年的短时期内就纂修成功，是和这个方案的指导作用分不开的。

唐朝已经编定的国史到肃宗时为止，实录则从宣宗开始就没有修成或根本没有修，武宗的虽修了，但只残存一卷，这是纂修《唐书》时遇到的最大困难。为此，赵莹提出，凡参与过修宣、懿、僖三朝实录的人的子孙，或者他们的门生故吏，以及其他人士，只要能把这几朝实录找出来进献，就按他们的才能破格授

予官职，即使进献的实录是残缺不全的也从优奖励。

当然，赵莹也知道，要把这几朝实录都找到希望不大，何况昭宗、哀帝时根本不曾修过，因此应该广泛收集其他资料。赵莹又提出，凡有人撰写过这段时期的有关传记，以及保存有这段时期的日历和诏令之类的，不论多少，都可踊跃进献。对贡献多的而且内容详备的还要破格授予官职或越级提升。

因为唐人的国史本来就按纪、传、志来撰写的，所以这部《唐书》也计划修本纪、列传和志三部分。赵莹对这三部分分别提出了纂修方法。

本纪按年月日纂修。而这年月日要弄得确切，就需要有一份"长历"，即从唐高祖武德元年（公元 618 年）到唐亡的天祐四年（公元 907 年）这二百九十年间按年按月按日编制历本，供纂修本纪的人使用。这个编"长历"的工作需要历法知识，赵莹提出要由管天文历法的司天台来完成。

列传除唐朝修国史时已写成的前面一大部分外，以后的还多半是空白，已经收集到的一些家传之类的资料又不够用。因此赵莹要求中央文武两班和节度使、刺史等高级地方官把父亲、祖父的情况写成材料，包括姓名、婚配，做过什么官，有过什么功勋，都上交到史馆。如果能同时交出家谱家牒当然更欢迎。这是因为当时做官的人中有许多是唐朝贵族大官僚的子孙，把这些贵族大官僚的情况提供出来，加以选择，就可以充实列传的内容。

至于志，赵莹计划纂修十种。

礼志。玄宗时曾编纂过一部《大唐开元礼》，对所谓吉礼、宾礼、军礼、嘉礼、凶礼等五礼都有详细的记述。但因为在天宝以后又有若干变动，所以要求主管这方面的太常寺礼院把它写出来，供纂修礼志之用。

乐志。唐代皇家的乐舞有所谓"四悬"之乐①，有所谓"二舞"即文舞、武舞。这种乐舞制度起源于什么时候，以后又有何增损，皇家祭祀有哪些用文舞，哪些用武舞，用哪种音乐，哪套歌词；开元时又有哪"十部伎"，以及这十部伎的兴废始末，都要求太常寺把它写出来，供纂修乐志之用。

---

① "四悬"之乐各个朝代不同，唐代的"四悬"之乐是镈钟、编钟、编磬各十二架配合奏乐。

刑法志。唐初制定了"律"、"令"，后来又有种种补充，要求主管刑狱的大理寺把它写出来。武宗以前所处理的疑难案件在实录中已有记载，武宗以后的没有，要求大理寺提供，为纂修刑法志之用。

天文志、律历志和五行志。有关这方面的资料在实录里有武宗以前的记载，武宗以后没有。要求司天台把武宗以来的天文变异、历法更改、五行休咎[①]，都按年月日写出来，供纂修天文志、律历志、五行志之用。

取官志。唐初制定的"令"里有官品令，规定设置哪些文武官员以及他们的品级。但以后品级有所升降，机构有所调整，官名有所更改，职权也有所变动。所有这些都要求御史台写出来，供纂修职官志之用。

郡国志。唐初任命都督、总管以控制边境，到玄宗开元时改设节度使、按察使。有哪些节度使、按察使，管领多少兵马，还有哪些新置州、县，撤销了哪些原有的州、县，都要求兵部的职方司写出来，供纂修郡国志之用。

经籍志。唐代有哪些书籍，是谁撰写的，包括唐以前传下来的和唐人撰写的，要求掌管书籍的秘书省，按经、史、子、集四部分类写出，供纂修经籍志之用[②]。

这个方案和要求很快得到了晋高祖的认可。以后纂修工作进行得十分顺利，到后晋出帝开运二年（公元 945 年）六月，一部包括本纪二十卷、志三十卷、列传一百五十卷一共二百卷的《唐书》，也就是今天我们所见到的《旧唐书》，终于纂修成功了。但因为这时候主持纂修工作的赵莹调到了地方上去做节度使，监修工作换由新上任的宰相刘昫担任，按惯例就应由刘昫领衔进呈给皇帝。所以获得缯彩、银器等赏赐最多的成了刘昫，今后所有《旧唐书》的本子对修撰者也都题"刘昫等"，而真正出了大力的赵莹却从此不再被人提起，甚至连姓名都很少

---

① 古人把水、火、木、金、土称做"五行"，又把所谓"祥瑞"和各种自然灾害以及某些怪异现象附会上去，说哪些是吉，哪些是凶，就叫"五行休咎"。"休"是吉的意思，"咎"是凶的意思。

② 赵莹这个方案是用奏议的形式向晋高祖提出来的，原文收在《五代会要》卷一八里，但赵莹要修的"十志"，在《五代会要》里只讲了上面所说的九种，肯定还有一种食货志被漏掉了。这不是编《五代会要》的人把它漏掉的，而是《五代会要》在多次刊刻传抄中漏掉的。

有人知道。

这部《旧唐书》究竟修得怎么样，在《二十四史》中能不能算高质量呢？

就本纪来说，从高祖到肃宗已有了唐人纂修的国史，从高祖到文宗也有完整的实录，都是纂修这几朝本纪的现成蓝本。代宗到文宗这几朝可以用实录删节改写，高祖到肃宗这几朝也可参考实录，还可以利用国史本纪的原文，而国史本纪原来就是用实录删节改写的，所以《旧唐书》从高祖到文宗的本纪无论直接间接都来源于实录。而实录呢，前面讲过，又是根据起居注和诏令，有时还加上时政记编成的。用今天的史学眼光来看，这种由起居郎在皇帝上朝听政时记录下来的起居注，由起居舍人抄录下来的诏令和宰相亲自撰写的时政记，都是最有价值的第一手史料。尽管统治阶级矛盾斗争的内幕一般是不会写进去的，而且有时为了政治需要还常常修改实录，歪曲真相，但事情的表面现象大体上总还能如实写下来的。如某年某月某日任命谁当宰相，某年某月某日杀掉哪个大臣，某年某月某日发生什么政变之类，是不可能无中生有，或颠倒事实更换姓名的。而且年月日一般也都正确，因为绝大多数是当时的记录，事后即使窜改也很少在年月日上玩花样。研究唐史的人应该感谢《旧唐书》，因为它为后世保存了这部分珍贵的史料。

武宗的实录大部分丢失了，宣宗以后直到唐亡，或者没有写，或者没有写成。赵莹虽然奖励人家进献残稿，但效果不显著。而柳芳的编年体《唐历》连带崔龟从的《续唐历》也只写到宪宗时候，填补不了这一大段空白。因此赵莹等人编

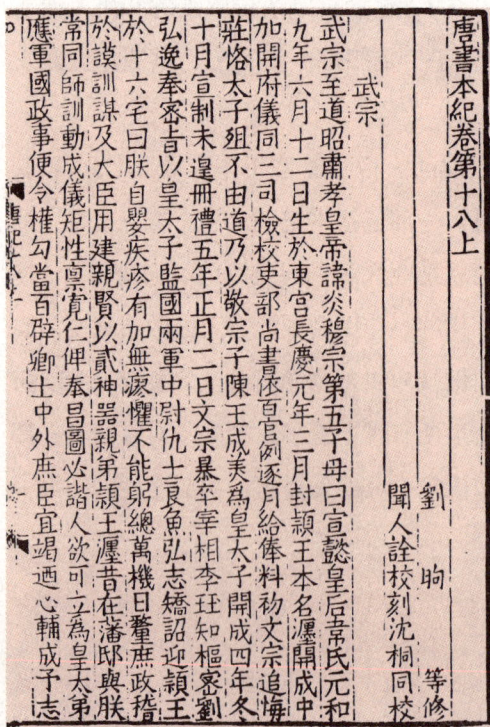

《旧唐书·武宗纪》书影

写最后六个皇帝的本纪，除参考私家著述，如贾纬的《唐年补录》等之外，只能搜罗残存的日历和诏令，再加上各个机构里留下来的文书档案作为依据，当然没有可能像武宗以前那样完整齐全。过去有人指出，宣宗本纪里记载的一个重新审理原江都县尉吴湘被处死的案件竟用了一千多字；懿宗本纪记载的咸通八年延资库使曹确上奏中所开列户部应送延资库的钱、绢数字和历年积欠的钱、绢数字，活像民间的账簿。其实，这些数字正是了解当时财政情况的有用资料。而被处死的江都县尉虽是无足轻重的小地方官，但这个案件却牵连到武宗时的宰相李德裕，和站在李德裕一边的原淮南节度使李绅、西川节度使李回、桂管观察使郑亚等大官僚。因为宣宗时这些人都倒台了，所以另外一些人就借申理吴湘旧案而落井下石。这件事关统治阶级内部的党争案子，记录详备一点并不为过。当然，从文字上看是啰嗦了一些，而且也不太合乎本纪的体例；如果写进有关的列传和志里似乎更合适一些。但这总比把这些记载当成废纸不保存下来要好得多，可见赵莹等人在保存史料上还是颇有见地的。

赵莹原计划修十个志。可修成的《旧唐书》却有十一个志，多了一个。即把原计划礼志改称礼仪志，乐志改称音乐志，律历志改称历志，郡国志改称地理志，天文志、五行志、职官志、经籍志、刑法志以及食货志的名称没有变动，此外又增加了一个舆服志。关于礼仪、音乐、历、天文、五行、地理、职官、经籍、刑法等志的内容，在前面介绍过的赵莹原方案中都已大致讲到了。食货志是讲唐代的赋税、货币、盐铁税、漕运、粮食储藏，以及茶税、酒税等杂税的制度和沿革。舆服志是讲乘坐的车子、穿的衣服、戴的帽子、挂的装饰品的花式品种等，在封建社会里这从皇帝到文武百官、老百姓都有不同的规定，等级森严，不能乱穿乱用，所以要增添个舆服志来专门记述。这些志都写得不坏，搜集的资料比较丰富，讲得也很有条理。要说缺点，比较明显地表现在经籍志上。它没有把唐代所有的书籍全部写出来，而只是把玄宗开元时根据皇帝藏书整理编写的《群书四部录》和《古今书录》照抄一遍，以致开元以后的大量著作，包括李白、杜甫、韩愈、柳宗元等大名人的诗文集，在这经籍志里一部也找不到。这也许是由于当时书籍散失得太厉害，秘书省一时来不及重新征集整编的缘故。

　　列传中的传主如果在肃宗以前的，都用国史里的现成记载，赵莹等人只在必要时作点增删修改，一般不动国史原文。如唐绍传、徐有功传、高宗诸子传里都称玄宗为"今上"，即当今的皇上；窦威传、郭元振传提到开元时都称为"今"，即当今；这显然是玄宗时史官的口气。刘仁轨传在最后有"史臣韦述曰……"的一段评论，说明这些列传是一字不改地直接抄录韦述、柳芳先后递修的国史原文。这倒不能说是赵莹等人在偷懒，连"韦述"这两个字都懒得去掉，"今上"和"今"也懒得改成"玄宗"、"开元时"。因为早在《汉书》中就常常抄用《史记》而不动原文。如汉高祖刘邦做皇帝后曾设置三十户人家给牺牲了的农民起义领袖陈胜守护坟墓，在《史记》的陈涉世家①里称"至今血食"，即直到司马迁的时候还有人杀了牲口祭祀陈胜。东汉初班固写《汉书》时，不再有人给陈胜守墓祭祀了，但《汉书》的陈胜传里还照抄"至今血食"这几个字。我们今天写文章这么做当然不行，可是古人却不讲究，因而这些不能算是《旧唐书》的大毛病。

　　韦述编定的国史只写到玄宗时，柳芳的也只到肃宗，从此以后的列传怎么写？看来赵莹等人有几种方法：一种是仍旧采用唐朝史馆里已经写成的列传。

郭子仪像（清代版画）

①　陈胜名胜，涉是他的字。"世家"是《史记》里专用的一种体裁，专门记载世世代代相传袭的诸侯国、王国和其他有特殊身份地位的人。孔子的传记可以称"世家"；陈涉因为有专设的守墓户，所以也称为"世家"。后来这种制度名存实亡了，《汉书》以下就取消了这个名称，像陈涉只能写入列传。

如郭子仪是德宗初年才死的，韦述、柳芳的国史不可能给他立传，但《旧唐书》的郭子仪传后面有"史臣裴垍曰……"的一段评论，说明这仍是抄录唐史馆给郭子仪写的传，不过已是宪宗时监修国史的裴垍的作品。还有陈少游传、曲环传都称德宗为"今上"，也是德宗时史官的作品。这些在柳芳编国史以后陆续由史官写成的列传为数不少，都可被赵莹等人采用。再一种是利用实录，文宗以上有实录，武宗也有一卷，这些实录中所附的名人小传都可供采用。再一种是利用大官们的行状、家传和墓碑。前面讲过，唐代时规定给大官赐谥要由子孙送行状，这些行状在赐谥后要送史馆，而史馆给没有赐谥的大官立传也要根据行状，这些行状除已写成列传或正式编入国史的外，很可能还有若干保存在后晋的史馆里。另外，后梁的史馆曾征集过家传，后唐时曾保护过碑碣，再加上赵莹主持修史时也搜集了不少。这些收集来的和史馆里原有的行状、家传、墓碑之类的资料自然可以用来写列传。某些不是大官或不算知名的人士，如政绩突出的县令，有大学问或有特殊技能的人，有本领而隐居不贪图富贵的人和所谓义夫、节妇等，因为这些人的姓名和事迹也都按规定报送到史馆，所以在写良吏、忠义、孝友、儒学、文苑、方伎、隐逸、列女等类传时能有所依据。唐代还规定要把兄弟民族和外国的资料报送史馆，与兄弟民族、外国发生冲突的资料也要报送史馆，这些资料保存下来可以作为写所谓四裔传的依据。除此以外，临时采访当然也是写列传的好办法。唐人修国史时要采访，这时也同样要采访，如《旧唐书》里的酷吏传就有很大成分是靠采访得来的，因为这些人很多都没有好下场，史馆里不会有他们的家传、行状。

《旧唐书》的列传部分也有毛病。不论是国史原有的，还是赵莹等人新撰写的，往往对大官们说的好话过多。这主要是由于这些传记归根到底都是以行状、家传之类的资料为蓝本，行状、家传当然不会说死者的坏话。幸好史官们还要去采访，这才使有些传的后面还能有所指责，如某人生活如何不检点、贪财、无家教等等。

再有个毛病就是列传所记载的事实，尤其是年月，有时会和本纪相矛盾，如果认真查对核实，常常是列传错了而本纪正确。这也和列传多根据行状、家传撰写有关系。因为行状、家传是在本人死后由子孙提供材料撰写的，所以他们对父亲、祖父做过什么官，具体又在哪年哪月记不清楚，自然比不上根据实录的本纪来得准确。不过，国史和《旧唐书》的纂修者基本都能继承传统的修史方法，把来源不同的史料尽量如实地保存下来，有矛盾让读者去判断。这就比强求统一要好一些，因为万一统错了，把错的写下来，对的去掉，那将会贻误后世，欺骗读者的。

《旧唐书》的列传部分还有个毛病更为显著，即武宗以前的人的传多而详细，宣宗以后尤其是唐末的传太少，甚至有些比较重要的人物也没有给立传。这个毛病在志里也多少存在，读起来往往有详前略后即头大尾小的感觉。这当然是史料缺乏的缘故，不能说赵莹等人越写越懒了。

平心而论，说这部《旧唐书》是瑕不掩瑜，或者讲缺点和优点三七开是公正的。因为如果没有它，不要说今天研究唐史缺乏最主要的依据，就是北宋人修《新唐书》恐怕也会发生很大的困难。

纂修《新唐书》

　　《旧唐书》修成后过了将近一个世纪，也就是北宋仁宗时候，学术界出现了要求重修的呼声，理由主要是认为赵莹等纂修的不理想。赵莹等纂修的《旧唐书》也确实是有缺点的，这在上面已给读者讲过，主要是详前略后。这是由于唐代的国史、实录不齐全，宣宗以后的史料太缺乏，如果能在这方面予以补救，把它充实起来，自然是大好事。但宋人除认为这部书"事实零落"外，还认为它"纪次无法，详略失中，文采不明"。用今天的话来说，就是编写时缺乏准则，哪些该详细，哪些该简略，处理得很不合适，而且文笔也不行，表达能力不强。他们还指出，这是由于赵莹等人身处五代衰世，水平低下，缺少修史的才识和文笔的缘故。他们认为，如果要表彰前朝明君贤臣的功绩，揭示衰乱的根源，谴责罪魁祸首，使这部史书对后来的统治者能起到劝戒的作用，就非彻底重修不可。

　　正式建议重修《唐书》的是当时的宰相贾昌朝。他的建议得到了宋仁宗的同意，庆历五年（公元1045年）正式下诏，设立史局，重修《唐书》。

　　由于对这一工作很重视，史局里先后网罗了许多人材。清代的史学家钱大昕曾编了个《修唐书史臣表》，很详细，也能说明当时的情况，现简化抄录在这里：

时　间	提　举　官	刊　修　官	编　修　官
庆历五年（1045）	贾昌朝	王尧臣　宋祁　张方平 杨察　赵概　余靖	曾公亮　赵师民　何中立 范镇　邵必　宋敏求
六年（1046）	贾昌朝	王尧臣　宋祁　张方平 杨察	范镇　宋敏求　王畴
七年（1047）	贾昌朝 丁度	王尧臣　宋祁　张方平 杨察	范镇　王畴　宋敏求

续表

时　间	提　举　官	刊　修　官	编　修　官
八年（1048）	丁度	宋祁　张方平	范镇　王畴　宋敏求
皇祐元年（1049）至四年（1052）	丁度	宋祁	范镇　王畴　宋敏求 刘羲叟　吕夏卿
五年（1053）	丁度 刘沆	宋祁	范镇　王畴　宋敏求 刘羲叟　吕夏卿
至和元年（1054）	刘沆	宋祁　欧阳修	范镇　王畴　宋敏求 刘羲叟　吕夏卿
二年（1055）	刘沆	宋祁　欧阳修	范镇　王畴　宋敏求 刘羲叟　吕夏卿　梅尧臣
嘉祐元年（1056）	刘沆 王尧臣	宋祁　欧阳修	范镇　王畴　宋敏求 刘羲叟　吕夏卿　梅尧臣
二年（1057）	王尧臣	宋祁　欧阳修	范镇　王畴　宋敏求 刘羲叟　吕夏卿　梅尧臣
三年（1058）	王尧臣 曾公亮	宋祁　欧阳修	范镇　王畴　宋敏求 刘羲叟　吕夏卿　梅尧臣
四年（1059）	曾公亮	宋祁　欧阳修	范镇　王畴　宋敏求 刘羲叟　吕夏卿　梅尧臣
五年（1060）	曾公亮	宋祁　欧阳修	范镇　王畴　宋敏求 刘羲叟　吕夏卿　梅尧臣

这里的提举官相当于《旧唐书》的监修，一般都由宰相充任。不过宰相能像赵莹那样亲自带领修史的并不多，所以这时又设置了比普通编修官高一级的刊修官。刊修官开头几年人数较多，到皇祐元年（公元1049年）只剩了一位宋祁，成为纂修工作的实际主持者。皇祐三年（公元1051年）以后宋祁虽外任地方官，但仍然兼任刊修官，并带着史稿纂修。至和元年（公元1054年）以后又由提举官宰相刘沆推荐欧阳修做刊修官，在京城里主持史局，并负责本纪、志、表的纂修；列传的纂修则由宋祁负责；所以上列表格的刊修官里要列上他们两位的名字。编修官少的时候只有三位，多则有六位，和赵莹主持纂修《旧唐书》时的人

数差不多。编修官中有好多是知名人士，如宋敏求就是一位唐史研究专家和大藏书家。他家住在京城开封的春明坊，藏书多至三万卷，而且多经他和他的父亲宋绶认真校勘过，不少爱读书的人都愿和他做邻居以便向他借书，弄得春明坊的房租上涨了一倍。他借助丰富的藏书把唐朝实录空白的一段补起来，写成了武宗、宣宗、懿宗、僖宗、昭宗、哀帝的六朝实录共一百四十八卷，成绩超过了当年建议纂修《旧唐书》的贾纬的《唐年补录》，给这次重修《唐书》做了最好的准备工作①。他还写过记述唐西京长安的《长安志》；记述唐东京洛阳的《河南志》；记述

[宋]宋敏求 编

唐大詔令集

中華書局

《唐大诏令集》封面

北宋京城开封的《东京记》；还在父亲宋绶搜辑的基础上编成一部《唐大诏令集》，这部书和《长安志》等书在今天仍是研究唐史的常用书。编修官中还有一位吕夏卿，曾写过四卷《唐书直笔》，三卷唐代的《兵志》，对纂修唐史确实下了功夫。两位主要的刊修官中，宋祁的文才是很有名的。仁宗初年他和他的哥哥宋庠同时试进士科，他取中第一，宋庠第三。后来经垂帘听政的皇太后刘氏干预，说弟弟不好占先，于是把第一名状元给了宋庠，他改成第十，闹得"大小宋"之名连宫廷里都知道。他生平所写的诗文，后人汇总起来多至一百五十卷叫《宋景文公集》②。虽然失传了一些，但大部分还保存到今天。另一位是欧阳修，他的名气就更大了，众所周知的唐宋八大家③中他名列宋人六家的首位。他留下来的《欧阳

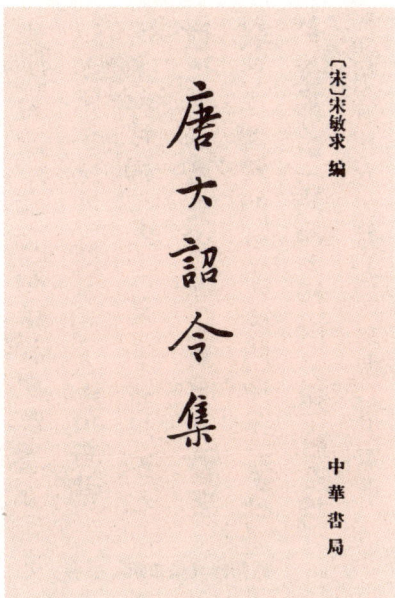

---

①　宣宗以下的六朝实录在南宋时还保存着，可惜后来失传了。幸好司马光为《资治通鉴》所撰写的《通鉴考异》中引用了不少，所以我们还可看到宋敏求较高的史学水平。

②　"景文"是宋祁死后赐的谥。

③　"唐宋八大家"这个名称是明初人定下来的，明后期茅坤编选《唐宋八大家文钞》，风行一时，八大家之名因此而家喻户晓。

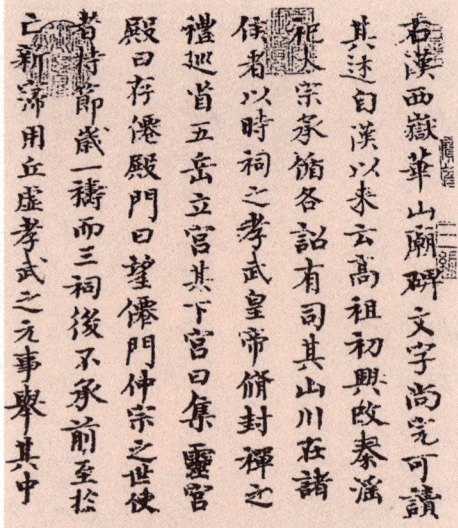
欧阳修《集古录》书影

文忠公集》①也多至一百五十三卷，其中《集古录》十卷是我国研究古代碑刻的第一部名著。此外，《二十四史》中的《新五代史》②，是《唐书》修成后他以个人力量撰写的一部私史。总之，就重修《唐书》的阵容来看，确实比赵莹修《旧唐书》时要强大。

重修《唐书》花的时间也比较多，前后长达十六年，差不多是修《旧唐书》的四倍，一直到仁宗嘉祐五年（公元 1060 年）才完成了这部包括本纪十卷、志五十卷、表十五卷、列传一百五十卷一共二百二十五卷的巨著。当这年六月把这部巨著进呈给仁宗时，是由曾公亮以宰相兼提举官的身份上的表，而在本纪、志、表和列传之前分别列上的是欧阳修和宋祁的官衔姓名。书名和《旧唐书》一样仍叫《唐书》，不过为了和原先赵莹的《唐书》相区别，所以也常给它加上"新"字，叫《新唐书》。

这部《新唐书》的质量怎么样，是不是比旧的好，还是新旧各有长处，这个问题自《新唐书》修成后就有争论。

纂修《新唐书》的人自然认为新的好，在曾公亮的进书表里就说这部新的《唐书》是"其事则增于前，其文则省于旧"，也就是说它所记载的事情比旧的增多，而文字则比旧的简省，或者简称之为"文省事增"。和《旧唐书》的"事实零落"相比，《新唐书》的纂修者认为这是一个大优点。再一个自认为大优点的是进书表里指出的"义类凡例，皆有据依"。这是什么意思呢？说来话长。原来早在传说经孔子加过工的《春秋经》出现后，就流传着所谓孔子亲手制订的

---

① "文忠"是欧阳修死后赐的谥。

② 原名《五代史记》。

"一字褒贬"的"春秋笔法"。例如鲁隐公是被他的异母弟桓公杀死的，桓公做了鲁国的国君，《春秋经》上就写"元年春正月，公即位"。这本来很好懂，但研究《春秋》的人认为其中大有文章。有的说，这是弑君篡位，照例说不能写"即位"，而《经》上写作"即位"，肯定是指桓公达到了他预期的目的。有的说，如果新君没有参与弑君阴谋，那就不能书"即位"，因为他内心悲痛实在不想即这个位。现在写了"即位"，就说明这个新君参与了弑君阴谋，谈不上和被弑者有感情，所以要写"即位"。不管哪种说法对，他们全都认为《春秋经》的一字一句都大有讲究，大有威力，可以使乱臣贼子感到恐惧而改恶从善。其实，天下哪有这么容易的事情！后来，除西汉人写的《春秋公羊传》、《春秋穀梁传》专门宣扬这种理论外①，其他写史书的人包括大史学家司马迁、班固等都不曾使用过这种"春秋笔法"。但修《新唐书》时这种笔法忽然时兴起来，前面讲过的编修官吕夏卿的《唐书直笔》里就大讲这套理论，而且分类举例来说明什么情况该用这种字眼，什么情况该用另一种字眼。这些具体规定虽然没有被《新唐书》全部采用，但本纪和某些志确实是把这种"春秋笔法"作为撰写原则，而且认真贯彻②。这就是进书表中所说的"义类凡例，皆有据依"，这"类"和"例"就是什么情况该用什么字眼的分类举例，他们自认为这是《新唐书》的又一大优点。

　　《新唐书》这种写法并没有得到当时史学界的普遍赞同。在《新唐书》刊行之后不到三十年，就有位名叫吴缜的写了一部《新唐书纠谬》，专门指摘《新唐书》的错误。他并不公开反对"一字褒贬"的"春秋笔法"③，只是主张修史的要把"事实"、"褒贬"和"文采"三者统一起来。首先要尊重事实，是什么就得写什么，事实清楚了自然容易作"褒贬"，再加上写得有文采，才能成为一部好史书。如果文采不足，也没有注意褒贬，只要能把事实写清楚了，尽管不够理

---

　　①　解释桓公即位的第一种说法就见于《公羊传》，第二种见于《穀梁传》。

　　②　因为负责撰写本纪和志的欧阳修就是"春秋笔法"的笃信者，他后来写《五代史记》的目的就是要贯彻这种笔法。

　　③　因为这种"春秋笔法"被说成是孔子亲自制定的，所以谁都不便公开怀疑或反对，否则会存"非圣无法"之嫌。

想，也还可以算是一部史书。如果连事实都没有写清楚，却一味考虑褒贬、文采，那就根本背离了修史的目的。从这个理论出发，他不客气地指出《新唐书》的纂修者就是没有在事实上下功夫，欧阳修修本纪和志时专门讲褒贬，修列传的宋祁专门讲文采，各行其是，弄得事实错误百出。对所谓另一个优点"文省事增"，吴缜也有异议。他认为《新唐书》多于《旧唐书》的事情多取材于唐人小说，而唐人小说里讲的事情有很多是靠不住的，《新唐书》的纂修者对此没有认真加以选择。吴缜这些看法得到了一部分人的支持。

南宋初年晁公武编写的书目提要《郡斋读书志》，和南宋后期陈振孙编写的《直斋书录解题》中，对《新唐书》都有类似的批评。《直斋书录解题》里还指出，《新唐书》列传部分"用字多奇涩"，叫人读起来感到吃力。

尽管有这些批评，《新唐书》在宋代可能是由于官修的缘故，确实取代了《旧唐书》的位置，成为了记述唐代历史的唯一的"正史"。在当时虽然还没有《二十四史》，但已有《十七史》的说法①，这就是《史记》、《汉书》、《后汉书》、《三国志》、《晋书》、《宋书》、《南齐书》、《梁书》、《陈书》、《魏书》、《北齐书》、《周书》、《隋书》、《南史》、《北史》、《新唐书》和《新五代史》，《旧唐书》没有算在里边。明代有了《二十一史》的说法，是把宋人所称的《十七史》加上《宋史》、《辽史》、《金史》和《元史》而成，可仍旧没有《旧唐书》。直到清代乾隆四年（公元1739年）重新校刻"正史"时，才把明人所称的《二十一

《新唐书纠谬》书影

---

① 宋人所编书中有所谓《十七史赞》、《名贤十七史确论》等。文天祥抗元失败被俘后，有个元朝的丞相问文天祥自古至今有几帝几王，文天祥不予回答，只说一句："一部《十七史》从何说起！"在敌人面前保持了崇高的气节。

史》又加上新修成的《明史》和早修成的《旧唐书》合成《二十三史》。以后在乾隆四十七年时又加刻了《旧五代史》，这才最后成为大家知道的《二十四史》①。当时把《旧唐书》恢复到"正史"地位的理由，主要是因为它和《新唐书》都各有优缺点，所以应在"正史之中两书并列，相辅而行"。这代表了官方的态度。

清代的学者也有议论。雍正时有位沈炳震编了一部《新旧唐书合钞》，当时《旧唐书》还没有恢复"正史"的地位，但他认为"《新书》简严，而《旧书》详备"，因此要把《旧唐书》和《新唐书》合抄成一部书以便阅读。本纪、列传都以《旧唐书》为主，而把《新唐书》多出来的或内容有出入的作注；志则有的以《旧唐书》为主而《新唐书》作注，有的以《新唐书》为主，《旧唐书》作注；表因《旧唐书》没有，所以只能用《新唐书》。总的看来还是比较重视《旧唐书》。乾隆时史学界先后出现三部研究"正史"的大著作，先是钱大昕的《二十二史考异》，再是王鸣盛的《十七史商榷》和赵翼的《二十二史劄记》②。《二十二史考异》里没有多讲新旧《唐书》的优劣。《十七史商榷》认为"二书不分优劣，瑕瑜不掩，互有短长"，"《新书》最佳者志、表，列传次之，本纪最下，《旧书》则纪、志、传美恶适相等"。《二十二史劄记》也认为各有优劣，并且对优劣之处作了更具体的论说分析。但这些只是史学专家的看法。一般人也许慑于欧阳修的大名，涉及唐代历史时仍常引用《新唐书》。所以这个优劣问题实际上并没有很好解决。

今天应该怎么办？应该怎样对《新唐书》作出公允的评价？我认为这只好把史书本身和史书中保存的史料分开来说。就史料来说，当然要求保存得越多越详细越好，越接近原来的样子，甚至能完全保持原样更好，不管它的观点怎样，有没有文采。而作为一部根据史料编纂的史书，则不但要求有正确的观点，而且还要讲究文采。从文采来说，过去有些史书如"正史"中的《史记》、《汉书》、《后汉书》等都是很有文采，很受读者欢迎的。《史记》的某些列传至今仍是公认

---

① 民国时柯劭忞撰写了一部《新元史》，被北洋军阀政府承认为"正史"，所以又有《二十五史》的说法。另外民国时修了一部《清史稿》，也是纪传体，有人把它再加上去称为《二十六史》。

② 劄（zhā），本是旧社会一种公文的名称，但常和札字通用。劄记一般多写作札记，是一种高级的读书笔记。

的高水平的传记文学。就是《新唐书》、《旧唐书》中也不是没有好文章值得一读。但观点就都不行了，"正史"的作者包括司马迁在内没有一个不是站在封建地主阶级立场上的，他们都不能也不可能真正寻找出历史发展的客观规律。正因为这样，我们今天才要重新研究历史，利用前人留下来的史料，在马克思主义指导下揭示出历史现象的本质，找寻它的发展规律，然后把它写成我们今天需要的各种历史专门论著和历史教科书。我们今天要求于旧史书的，主要是希望它给我们多保存多提供有用的史料，越多越详细越能保持原样越好。前面所述就是从史料这个方面来评价《旧唐书》的，对《新唐书》的评价，也只能着重在这个方面。

在《新唐书》纂修时，修《旧唐书》所用的实录、国史和其他史料都不曾散失，而《新唐书》的纂修者又继续搜罗，宋敏求所补武宗以下六朝实录更是修本纪的最好参考书，《新唐书》的本纪修成后照理应该远胜于《旧唐书》。但结果并非如此。《旧唐书》本纪有二十卷，而《新唐书》的本纪只有十卷，从字数算还不到《旧唐书》的三分之一，这不能不说是吃了"春秋笔法"的大亏。原来

民有父母国有著龟斯文有传学者有师君子有所恃而不恐小人有所畏而不敢为譬如大川乔岳不见其运动而功利之及于物者盖不可以数计而同如东坡祭公文中语也坡又序公集云欧阳子论大道似韩愈论事似陆贽记事似司马迁诗赋似李白此非予言也天下之言也

欧阳修像

《春秋经》不仅有所谓"一字褒贬"，还有个特点是简，这在当时是有道理的，当时通用竹木简，一根竹木简上写不了很多字，竹木简多了又太笨重，所以习惯记得简单些，一件大事不到十个字就可以了。到了北宋时，时代早已变了，大家都用纸来写字了，可欧阳修还要学《春秋经》的笔法来写本纪，把原来比较详细具体的内容变成一句话两句话，有些大事认为不重要就完全删掉，一个字也不留，这样就不知损失掉多少有用的史料。"一字褒贬"的笔法也害人不浅，举个例子，凡叛军作战，在《新唐书》本纪里规定都得写上大头儿的姓名，而不写出指挥这支叛军的是哪个将领，意思是要让大头儿即首

恶分子来承担罪责。如灵宝之战打垮哥舒翰官军的本是叛军将领崔乾祐，《旧唐书》玄宗本纪就写"哥舒翰将兵八万与贼将崔乾祐战于灵宝西原，官军大败，死者十六七"；到《新唐书》玄宗本纪却被写成"哥舒翰及安禄山战于灵宝西原，败绩"，把安禄山变成了叛军的直接指挥者。接着攻占长安的是孙孝哲指挥的叛军，安禄山本人仍在洛阳做伪皇帝；《新唐书》玄宗本纪却写成"禄山陷京师"，好像安禄山真的进入了长安。这种为了褒贬可以损伤到史料的真实性，是所谓"春秋笔法"的最坏恶果。幸亏这种乱改乱换的地方在本纪里还不太多，多数记载虽

黄巢像

然太简，但还没有怎么背离事实。尤其是武宗以后到唐亡这一段，因为有宋敏求所补实录作参考，多少可以补《旧唐书》本纪的不足或纠正其错误。如黄巢农民军攻占长安后，官军反扑突入城区，经战斗又为农民军所歼灭一事，《旧唐书》本纪把这件事记在僖宗中和二年二月，《新唐书》本纪和宋补实录都记在中和元年四月，经过考证，证明元年四月是正确的。可见《新唐书》本纪在史料上还是有一定的参考价值。

《旧唐书》十一个志，《新唐书》有十三个。即把《旧唐书》的礼仪志、音乐志合并成为礼乐志，又增加仪卫志、选举志和兵志，另外把《旧唐书》的舆服志改称车服志，职官志改称百官志，经籍志改称艺文志，而《旧唐书》的历志、天文志、五行志、地理志、食货志的名称在《新唐书》里没有改换。《新唐书》这十三个志是花了大气力撰写的，即使在《旧唐书》内原有的也没有完全照抄，而有很多是另起炉灶。其中与《旧唐书》内容出入最大的是艺文志，《旧唐书》经籍志记的书籍只到玄宗开元时，《新唐书》艺文志则把开元以后直到唐末的新书统统收集进去，成为查考唐人著作的主要依据。百官志删去了《旧唐书》职官志

开头所记从高祖到肃宗时官制的变迁，以及各种品阶的职事官、散官、勋官、爵的名目，而增添了一大段文字讲宰相制度和翰林学士制度的沿革，删掉虽不应该，增添的则很有用。食货志也增添了文武官的俸禄制度，内容比《旧唐书》的丰富。此外礼乐志、车服志、历志、天文志、五行志、地理志、刑法志与《旧唐书》也互有详略，说明在撰写《新唐书》的这些志时确实搜罗了不少《旧唐书》纂修时没有见到的史料，可以和《旧唐书》的志互相参考补充。至于《新唐书》新增加的三个志，选举志写得最好，也最有用处，因为它把关系重大而又复杂的唐代科举制度理出了个头绪。仪卫志也可以，它记述了唐代皇帝、皇后等人的仪仗制度，其中提到的服饰、武器之类，对考古工作者有用处。只有兵志写得最差，作者欧阳修又在这里本着"春秋笔法"发议论，而忘掉了首先要把事实讲清楚。结果连"健儿长任边军"这个重要制度都没有讲到①。无怪乎同时的编修官吕夏卿要另写四卷《兵志》以表示他对欧阳修所修兵志的不满。可惜这四卷《兵志》已失传了，给今天研究唐代军事制度留下了许多困难。

《旧唐书》里没有表，而在《新唐书》里增加了宰相表、方镇表、宗室世系表、宰相世系表四种。在本书开头一节就讲到过这四种表的内容，所以这里不再重复介绍。据记载，其中的宗室世系表和宰相世系表是吕夏卿创制的，他能发现欧阳修兵志的问题，说明在志、表这类史料编排工作上他的能力要比欧阳修强一些，因此这两个表是编得很不错的。宰相表不知是他编的还是欧阳修编的，也不坏。只有方镇表人们对它不满意，因为它只记载各个节度使管区的设置和分并，而没有像宰相表列出历任宰相的姓名那样把历任节度使的姓名也列在表上。表中管区的设置和分并固然给研究唐代政治史提供了重要史料，但没有列上节度使姓名则不能不说是很大的缺点。编的时候当然省了事，却害得后来研究工作者要花很大气力从其他史料里把这些姓名找出来重新编排②。

---

① 这个制度是魏晋南北朝隋唐史专家唐长孺教授把它讲清楚的，他还写过一册《唐书兵志笺证》，纠正了不少《新唐书》兵志的错误。

② 民国时吴廷燮编写的《唐方镇年表》就是为此做的补缺工作，博得唐史研究者的赞赏，尽管其中还不免脱漏和错误，总比没有记姓名的方镇表要有用得多。

　　列传部分是宋祁主持纂修的，增修了好多《旧唐书》所没有的传。有的是被《旧唐书》遗漏掉的，如大臣中的李栖筠、郑珣瑜、李夷简，武将中的史大奈、张伯仪，文学家中的独孤及、皇甫湜、贾岛，等等，都是本应立传而且史料也不缺乏的。有许多唐末的重要人物可能是由于史料缺乏而没有能写进《旧唐书》里，如韩偓、周宝、刘巨容、杨行密等有好几十人。对此，《新唐书》全都征集了史料并分别给他们立了传。此外，类传和所谓四裔传里增修的传也有一大批，我粗略地统计过，总共增修了三百一十五个①，《旧唐书》所没有而《新唐书》增立的诸帝公主传所记二百十二个公主还不在其内②。虽然有的传比较详细，有的只有一两句话极简略，但总是多少提供了一些有用的史料，真正做到了所谓"其事增于前"，这不能不说是宋祁这位主修者的一大功绩。另外，"事增"这点还体现在对《旧唐书》原有的传作增补上，即使增补的有些只是无关大局的小事情，有的真如吴缜所批评的是取材于小说的也不要紧，因为唐人小说中也有些是真人真事。真正成问题的还是在这些列传的文字上。一是硬要做到"其文则省于旧"，把《旧唐书》原有的列传大加删节，结果不仅删节掉许多并非无关紧要的事情，甚至有许多极其重要的诏令、奏议也被整篇地删掉了。删掉的原因还不仅是为了"文省"，而是因为这些诏令、奏议在唐代是习惯用骈体文写的，宋祁不喜欢这种骈体文而提倡古文③，于是见到就删，即使损失了有价值的史料也在所不惜。也有些实在太重要了不便删就改，把人家的骈体文硬改窜成古文。幸好《旧唐书》还没失传，可以让我们看到这些文字的本来面目，否则只看《新唐书》岂不要认为当时人真都用古文来写诏令、奏议了？说得不客气点，这真是在胡闹。而且，宋祁尽管是一位才子，咏诗、填词都很漂亮，但在做古文上比真正的古文家欧阳

---

　　①　钱大昕的《二十二史考异》里作过一次统计，但遗漏很多，因为有许多只在别人的传后提上了几句，所以很容易被忽略。我这个统计也不敢说十分精确。

　　②　其中有两个比较重要的而又有政治活动的公主在《旧唐书》里已另立传。

　　③　骈体文是一种讲对偶、讲音调还要多用典故的文字，如文章选本中常选入的王勃的《滕王阁序》，骆宾王的《代李敬业以武后临朝移诸郡县檄》，就是这种文字。反之，如韩愈、柳宗元等唐宋八大家那样的文字才叫古文，并不是所有古代的文字都可统称为古文。

修却差得很远。他的古文是所谓"涩体"，也就是陈振孙所指出的是一种"用字多奇涩"的文体。他用这种文体把《旧唐书》里原有的诏令、奏议以及记叙文字乱改一气。例如柴绍传有"隋将桑显和来战，绍引军缭其背"，这"缭其背"是什么意思呢？查对《旧唐书》，原来写的是"绍引军直掩其背"。因宋祁嫌它不够古，所以硬用这个"缭"字来替换"直掩"，"缭"是绕的意思，用在这里确实很奇，同时又很涩，因为使人读到这里就得打住，无法念下去。再如《旧唐书》的玄宗废太子瑛传有"李林甫代张九龄为中书令，希惠妃之旨，托意于中贵人，扬寿王瑁之美，惠妃深德之"几句话。寿王瑁是武惠妃的儿子，李林甫为了讨好武惠妃就通过中贵人即大宦官来说寿王瑁的好话，《旧唐书》这样写本来很好懂，宋祁却改成"九龄罢，李林甫专国，数称寿王美以揠妃意，妃果德之"。这个"揠"字本是拔的意思，宋祁用在这里当"助长""迎合"来讲，确实够奇，不对照《旧唐书》谁又能看懂呢！当然不能否认《新唐书》列传的文字也有写得好的，但像这种涩体实在使人无法领教。

由此可见，《新唐书》虽然有不少优点，从保存史料本来面目来讲则有很多地方比不过《旧唐书》。它代替不了《旧唐书》的作用，只能用来补《旧唐书》的不足，或纠正《旧唐书》的某些错误。

怎样读这两部书

读这两部书，自然要以《旧唐书》为主，而用《新唐书》作为补充，这个道理如果看过前面几节就很明白了。

这里所要讲的是一大堆的《旧唐书》，再加上《新唐书》，究竟应该怎样下手去读。

当然，首先是要准备一些条件。条件之一是起码要能读懂不太艰深的文言文（也就是所谓古汉语），像《新唐书》列传里的涩体文字读不懂没关系，用《旧唐书》一对照就懂了，但《旧唐书》中并不艰深的文言文总得基本上能看懂。其实这也不难，用不到去啃古汉语语法，多读一些文言文写的书就大体可以过关。再有一个条件是要知道点起码的历史知识，如果连教科书上的一点历史知识都不具备，唐朝是在隋朝之前还是之后都闹不清楚，唐太宗、武则天、郭子仪、韩愈等是什么人都搞不明白，打开《旧唐书》、《新唐书》眼前一团漆黑，那当然无法读下去。更重要的是，还要对祖国的历史和文化有感情，有点献身于历史科学的勇气，因为这不比看小说、看电视，要付出点劳动，有时甚至是颇为艰苦的劳动。但只要钻进去了，领会或解决了一些历史上的问题，尝到了甜头，那你就会变得爱读、愿读了。

读书通常要从头读起，但并不是所有的书都必须从头读。就《旧唐书》和《新唐书》来说，一开卷就都是本纪，按年按月按日地像流水账。流水账是谁都怕读的，为了提高读的兴趣，我建议不妨先读列传。因为列传讲得具体，有的还比较生动，有点像讲故事。

但不要以为我是叫读者真的把两唐书的列传当历史故事来读，或者当作文学作品来读。《旧唐书》列传中有些虽有文采，但在文学上总算不上第一流的，更不用说《新唐书》列传中的涩体文字了，这些列传远不如《史记》、《汉书》

中的列传好读。而且当历史故事读也不好，因为这样很容易光知道些表面现象，只知道某人怎么好，怎么能干，怎么爱国爱民；某人又怎么坏，怎么阴险奸诈，怎么祸国殃民；其结果很容易产生一种错觉，好像历史就是由这些个别的好人或坏人来决定的。出了几个好皇帝、好宰相就马上天下太平，出了几个昏君、奸臣就马上天下大乱，甚至亡国。这岂不成了历史唯心主义的信徒了？

我们读史书决不能孤立地看待历史人物，当然更不能孤立地去读他们的传记；而应该把列传分做若干时期来读。譬如唐高祖、太宗时作为一个时期；武则天、中宗、睿宗作为一个时期；玄宗又是一个时期；肃宗、代宗是一个时期……然后按时期读十几个以至更多的同时期人的传。这样就可以比较多方面地弄清楚这个时期的历史情况和历史条件，然后根据历史条件对人物的言行作分析，找出其中一些带规律性的东西。

列传应该这么读，那本纪呢？是不是可以因为它是流水账，就可以索性不去读呢？当然不可以。前面早已给读者讲过，《旧唐书》和《新唐书》的本纪绝大部分是直接或间接地根据实录编写的，它虽然不如列传讲得具体生动，但年月日的可靠性往往超过了列传，还有许多纪事是列传里看不到的。所以在读列传的同时，还需要参考本纪，常常查对本纪。最好在读完一个时期的列传，对这个时期的历史全貌有个大体的了解后，再把这个时期的本纪从头到尾认真读一两遍。这时候的本纪在你心目中已经不再是索然无味的流水账了，而是变成有血有肉的历史记录，可以用来加深对列传的理解，同时还可以纠正列传的某些错误和补列传的不足。志和表也是如此，除了有目的地另外把它通读外（这在后面还要专门讲），在读列传和本纪时也应该查对参考。有些官名、地名以及其他不好懂的制度，一查志就很好懂，有时比使用辞典还有效。因为即使专门的历史辞典也不会把各个朝代所有的制度和专门名词都收进去。

这种分期读列传，再参考本纪、志、表的方法使用起来究竟怎么样？为了增强读者的信心，不妨在这里举两个实例。

玄武门之变，是唐朝初年政治上的一件大事，是唐高祖李渊的窦氏夫人所生的第二个儿子秦王李世民发动的一次军事政变。他在宫城北门玄武门内用突然袭击的方式杀死亲哥哥、亲弟弟——也就是窦氏所生的大儿子、皇太子李建成和第四个儿子齐王李元吉，接着迫李渊退位做了太上皇，自己做了皇帝，他就是历史上有名的唐太宗。前面讲过，李世民后来曾给史官定过调子，说这次政变是不得已的正义行动。新旧《唐书》以及其他历史书包括今天的某些教科书上也都跟着这么说，好像建成和元吉是两个坏人，不把他们除掉，李世民不上台做皇帝，天下就会马上大乱，就出现不了"贞观之治"。这种把治乱兴衰归之于个别统治者的品德的说法，显然有着浓厚的历史唯心主义色彩。

但是玄武门之变离开今天已有一千三百多年了，无法再去向当事人进行调查，事情的真相怎么能够弄清楚呢？这就需要我们的敏锐眼光和判断力了。因为新旧《唐书》尽管所依据的已是李世民定调子后的实录和国史，但还可以找到一些没有按调子改动过的东西。

譬如建成和元吉是不是坏人这一问题，在《旧唐书》的建成传和元吉传里确实讲了他们很多劣迹，归结起来主要有两条，即"外结小人"和"内连嬖幸"。内连嬖幸是说他们勾结高祖的妃嫔，让她们帮自己说好话。但李世民自己也是这么干的。在李世民的妻子长孙皇后传里就说她当秦王妃时对高祖的妃嫔很恭顺，为李世民说过好话。这与建成和元吉的"内连嬖幸"有什么区别呢！建成和元吉"外结小人"无非是在东宫、在齐王府里招致了谋士，组织了自己直属的武装，如建成传所说"私召四方骁勇，并募长安恶少年二千余人，畜为宫甲，分屯左右长林门，号为'长林兵'"等等。殊不知这最后一句就露了马脚，因为既然公开号为"长林兵"，那肯定是得到高祖允许的，怎么能说是"私召"？其实，皇太子和有权势的皇子可以有直属的武装，这本是南北朝以来的老传统。更何况李世民同样有直属的大量秦府兵，还蓄养了尉迟敬德、秦叔宝和程知节等勇将。秦叔宝和程知节是先参加瓦岗寨农民军后来又投靠王世充再投靠李世民的；尉迟敬德也是从刘武周手下投过来的；他们后来都参加了玄武门之变，而且尉迟敬德还是射死李元吉的杀人凶手。所有这些，在《旧唐书》尉迟敬德等人的传里都讲得清清楚楚，不见得比建成招募的所谓"恶少年"好到哪里去。至于谋士，秦王府自己就有以房玄龄、杜如晦为首的十八学士，褚亮传里还开列出这十八个人的名单，不过应该承认这些都是有本领或有学问的人。然而建成和元吉手下的谋士也并非是坏人。譬如贞观时著名的政治家魏徵就曾经是建成的亲信，直到建成被杀后才投靠李世民的，这在建成和魏徵的传里都还有记载。可见在这些方面李世民与建成和元吉是半斤八两，并没有什么好坏之分。

在才能上建成和元吉是否不如李世民呢？这也并不见得。李世民在统一战争中是有功劳的，他先后消灭了薛仁杲、刘武周、王世充、窦建德四个武装集团，还打败过另一个刘黑闼武装集团，但并不是常胜将军。在打薛仁杲的父亲薛举时就曾被薛举杀得大败，这在当事人薛举、刘文静、殷开山的传里都有记载，不过都说李世民这时候凑巧病倒了，把失败的原因都推在李世民手下的刘文静、殷开山身上。建成和元吉也并不是常败将军，虽然元吉曾吃过败仗，在刘武周进攻下把根据地太原丢失了，但这时元吉才十七岁。如果十七岁的人由于缺乏经验没有打好仗，要受谴责，那李世民被薛举打败时已二十一岁了，这又怎么说呢？而且根据《旧唐书》记载，元吉以后很能打仗，在打洛阳的王世充、平定现在河南地区的一次大战役中，充当李世民副手的就是元吉。当河北地区窦建德来救援王世充时，李世民负责打援，留元吉围洛阳城。后来王世充开城出战，被元吉杀得全军覆没，从而保证了李世民打援的胜利。王世充传里讲到了这次战斗，但已看不到元吉的名字，幸亏在元吉传里还有比较具体的记载，大概是当年修国史时忘了把它抹掉。建成呢？打仗也不外行。建成传和高祖本纪、太宗本纪都透露出这样一个事实，即高祖太原起兵后是派建成和世民分兵两路进取长安的①；在长安建立政权、出兵经略河南地区也是派建成为主将，世民当副手。只因建成是长子，在高祖称帝后做了皇太子；所以根据传统习惯让他留在高祖身边学习管理国家的本领，以便将来接班，而由第二个儿子世民在以后的几次大战役中当主将，并不是因为特别欣赏世民的军事才能。建成传说高祖除了"军国大务"之外，其他的日常政事都交给建成处理，这就说明高祖对建成是信任的，而且建成干得也不坏。所以即使是建成失败后的所有记载包括建成传，也难于在这方面给他编造

---

① 根据《大唐创业起居注》的记载，首先打进长安城的还是建成手下的军头霍永吉。

罪状。后来刘黑闼在河北起兵反唐，先是李世民去打，没有彻底解决问题，以后又相继派元吉、建成去，不到两个月就消灭了刘黑闼，平定了河北。这也说明他们的军事才能确实不比李世民差。

再看高祖和李世民父子之间的关系。《旧唐书》里说了不少高祖宠爱李世民的话，甚至在建成传里还说高祖私底下已答应改立李世民做皇太子了，这当然是修实录和国史的史官按照李世民定的调子编造的。因为这样才好让后人认为建成和元吉反对李世民是违背了高祖的意旨，李世民杀害他们是不得已的自卫手段。但

《旧唐书·李建成传》中有关玄武门之变的记载

建成传里毕竟留下了李世民和高祖闹矛盾的事实，当时李世民在消灭窦建德、王世充后，羽毛丰满了，势力大了，他在外面下的命令比高祖的手诏都有效。气得高祖对最亲信的宰相裴寂说："此儿典兵既久，在外专制，为读书汉所教，非复我昔日子也！"从此高祖对李世民"恩礼渐薄"，而"建成和元吉转蒙恩宠"。以后建成和元吉去打刘黑闼，从建成传里看这是魏徵的建议，希望建成借此扩大势力，其实这同时也正符合了高祖的意图，好就此削掉李世民的兵权。最后高祖准备召集宰相大臣在宫城的临湖殿公断建成、元吉和李世民的曲直，李世民和他的秦王府私党就感到末日来临，只好冒险发动军事政变。从其私党张公谨的传里可以看到他们当时十分紧张，甚至要用龟卜来占吉凶，这说明此举是他们毫无把握的孤注一掷。结果这一掷成功了，武德九年（公元626年）六月四日在玄武门内李世民、长孙无忌带尉迟敬德等九人袭击了前往临湖殿听候公断的建成和元

吉，因为建成和元吉自以为胜利在握，毫无准备，结果被当场射杀。但事情并没有到此就结束，从尉迟敬德传提供的情况可以知道，敬德在得手后立即披甲持矛杀奔临湖殿，勒迫等在殿里准备公断的高祖下手敕把全部兵权交给李世民。在这种情况下，高祖才下诏立了李世民做皇太子，八月里让位给皇太子李世民，自己退位成为太上皇，这一切当然也都是被迫的，而不是自愿的。可见玄武门之变不仅是针对建成和元吉，同时也是针对高祖的一次夺取最高权力的政变。

《旧唐书》里还有许多史料可以证实这次政变的性质。如裴寂、刘文静传和太宗本纪里都有一个李世民刚做皇帝后公布的功臣名单，在四十三名功臣中站在李世民一边包括参与玄武门政变的有三十一名，占了总数的百分之七十二，其余的则是本来功勋卓著的将领列在里面作陪衬，而属于高祖亲信的仅有一个裴寂，算是暂时给高祖留点面子。过不了几年，连这个裴寂也被削职为民并敕令回了老家，连京城里都不准住，不久又索性流放到边远地方去了。而另一个曾经支持过李世民反对高祖和裴寂、后来被高祖杀掉的刘文静，在这时却被彻底平反，追复官爵。这真是俗话所说"一朝天子一朝臣"。当然，我们也不必过于谴责李世民，说他不孝或对父亲高祖缺乏感情，说他忍心对建成和元吉下毒手缺乏兄弟之情，因为如果建成和元吉成功了，他们同样也会对李世民和他的私党下手的。元吉传里就说他们准备一旦成功后就把尉迟敬德等一伙人活埋掉。他们也真有可能这么做的，因为这是封建统治阶级内部的权力斗争，在斗争中一切最本质的东西如欺诈性、凶残性必然会充分暴露出来，否则还叫什么封建统治阶级！当然，这种欺诈和凶残并不影响李世民作为一个比较有作为的皇帝而受到好评，可是建成和元吉如果成功了也并不是没有可能成为一个有作为的皇帝，因为当时无论老百姓或是统治阶级中的有识之士都迫切希望出现一个统一安定的局面，更何况建成还有个好辅佐魏徵呢！

有些人大概因为李世民做皇帝后干了不少好事，就不愿意把玄武门之变说成是权力之争，而要说成是进步和保守之争。还有人说，李世民是代表庶族地主，建成和元吉是代表世族地主，世族地主是保守的，而庶族地主则是进步的。

又有人说，建成和元吉是代表北周以来的关陇集团①的势力，李世民则代表了新兴的山东势力②，后者是进步的，而前者是保守的。且不说这种讲法在理论上是不是能成立，只要把李世民与建成和元吉双方私党的列传通看一下，再把《新唐书》的宰相世系表查对一下，就知道这都不是事实。事实上是这些私党中既有关陇人，也有山东人；既有世族地主，也有庶族地主甚至不是地主的庶族；双方都一样，连数量上也看不出有什么区别。如李世民的两大谋士中，房玄龄是山东人，是庶族地主，而杜如晦则是关中人，是世族地主；

房玄龄像

建成的大谋士魏徵是山东人，是庶族地主，而另一个韦挺就是关中人，是世族地主。可见，根本就谈不上谁进步谁保守。

还有一个现象，在读了这个时期的列传后会发现，即李世民做了皇帝后，他的儿子们在贞观年间也闹过一次权力之争。原来，李世民和长孙皇后生了三个儿子，大儿子李承乾理所当然地做了皇太子，而承乾的弟弟魏王李泰却不服气，企图取而代之。他们各自积蓄力量，准备大干一场。李世民是过来人，生怕自己像高祖一样被弄成太上皇，于是来了个断然措施，把李承乾、李泰都废掉，另立皇后的最小的儿子李治当皇太子，即后来的唐高宗。原因是李治当时只有十六岁，没有能力结党营私，不会危害李世民的统治权。所有这些，在李承乾、李泰的传里都讲得很详细。可见这种皇子之间为夺取最高权力而进行的你死我活的

---

① 关指陕西关中地区，陇指甘肃地区。北周在开始时因为只统治这点地区，所以统治集团中多数人来自于这些地区，在史学界有人称之为"关陇集团"。

② 这个山东，是古人所说的山东，即华山或函谷关以东的广大地区，在唐初人心目中包括有现在河南、山东和河北各省区。

杨贵妃像

斗争，在这个时期似乎已成为一种规律①。至于为什么会形成这种规律，当然光读新旧《唐书》还不容易解答，需要寻找其他资料并在理论上进一步探讨。

玄武门之变是人们感兴趣的，下面再举一个也是人们感兴趣的例子，这就是马嵬驿杨妃之死。

杨妃就是杨贵妃，她本是寿王李瑁的妃子，而李瑁则是唐玄宗李隆基和他最宠爱的武惠妃所生的儿子。李隆基在开元十二年（公元724年）把王皇后废掉了，武惠妃成为没有皇后称号的皇后。开元二十五年（公元737年）武惠妃病死，李隆基看上了美丽的儿媳妇杨氏，开元二十八年（公元740年）以度她为女道士的手法弄进宫廷，天宝四年（公元745年）册立她做贵妃，代替她原先的婆婆武惠妃而成为没有称号的皇后。这段历史在新旧《唐书》上讲得很清楚，这种把儿媳妇当妻子的事情在古代宫廷里也并非绝无仅有，不值得去追究。应该追究一下的，倒是天宝十五载（公元756年）李隆基为避安禄山叛军兵锋南逃路过马嵬驿时禁军兵变杀死杨贵妃这件事，因为所有的旧史书包括新旧《唐书》都没有把事情的真相正面写出来，给人们留下了许多疑团。

一般人都认为这是禁军自发的行动，有些记载如《旧唐书》杨国忠等人的传里还讲闹兵变是因为士兵饥疲。但马嵬驿距离长安城不过一百多里，《旧唐书》

---

① 例如隋炀帝杨广的皇帝位置也是这样抢来的。他是隋文帝杨坚和独孤皇后所生的第二个儿子。当时他的哥哥杨勇是皇太子，留在京城里，而他带兵在外。在灭陈后杨广扩充了自己的势力，形成了一个私人的政治集团。最后终于用阴谋手段取代了杨勇做上皇太子，又害死了杨坚当上了皇帝。所有这一切和李世民极为相似，只是当上皇帝后的所作所为大不相同。

《明皇幸蜀图》（局部）。描写安史之乱后，唐玄宗前往四川避难的情形

玄宗本纪说头天早晨走，中途住一晚，第二天才走到马嵬驿，走得并不快，何以禁军会受不了而闹兵变呢？而且旧社会闹兵变都是一发不可收拾的，哪有像这次兵变专杀宰相杨国忠一伙包括杨贵妃在内，而对皇帝、皇子、宦官高力士等却丝毫不侵犯呢？当时还有另一个宰相韦见素同行，《旧唐书》里有他的传，说他在混乱中已被误伤，士兵却大喊"勿伤韦相"，把他保护下来。禁军士兵不仅把这些人保护下来，而且还花上一个多月的时间通过崎岖的蜀道，把他们平安地送到成都重建了临时政权。所有这些，用自发行动说是无法解释的。

对于这样的问题，还是要通过阅读这个时期的列传和本纪来寻找线索。

读了列传和本纪，可以发现的重要线索在陈玄礼身上。此人多年来充任禁军主力龙武军的大将军，是禁军的老长官，这次逃难时又是包括左右龙武、左右羽林在内的全体禁军的最高指挥官。《旧唐书》玄宗本纪记载得很清楚，是他先向皇帝提出要杀杨国忠，然后士兵才动手的。如果再仔细一点，读一读陈玄礼本人的传，事情就会更清楚了，因为传里明明写着这样几句话："玄礼欲于城

中诛杨国忠，事不果，竟于马嵬斩之。"原来，禁军长官陈玄礼早就准备在长安城中对杨国忠下手了，只因时机不成熟，到了马嵬驿终于动用禁军把他收拾掉。这完全是一场有预谋的军事政变，哪里是什么自发行动。

但陈玄礼虽有兵权，平时毕竟只能在禁军里行使他的权力，和统筹国家大政的宰相可说是河水不犯井水，即使有些小矛盾也何至于杀人行凶，而且要杀的这个宰相又是身为皇亲国戚的杨国忠。这位杨国忠虽不是杨贵妃的亲哥哥而只是族兄，可杨贵妃却是皇帝李隆基的心

《旧唐书·陈玄礼传》书影

上人，没有称号但却是事实上的皇后，要杀这杨家兄妹可真是件有灭族之祸的大险事，非有泼天的胆量不可。可是，陈玄礼传上却又明明说他"以淳朴自检"，而不是跋扈飞扬的家伙。这就要求我们找寻另外的线索：是谁在指使陈玄礼这么做，谁是马嵬驿兵变的后台人物。

这个人当然需要具备两个条件，一是能控制禁军、指使陈玄礼，再是要和宰相杨国忠有不可调和的矛盾，在当时只可能是宦官高力士。因为《旧唐书》的列传、本纪和其他史书里都提供了证据。

从睿宗本纪、玄宗本纪以及韦后、太平公主、王毛仲、高力士等人的传里，可以知道李隆基是通过两次军事政变夺取最高权力的。第一次发动政变前他还只是临淄王，通过他的亲信警卫人员王毛仲勾结当时禁军羽林军的主力部队万骑营，收买了营长葛福顺、陈玄礼，联合他姑母太平公主一帮的势力，在唐隆元年（公元710年）发动政变杀掉了掌权的婶母韦后、堂姊安乐公主和她们在羽林军

高级将领中的亲属党羽，让他的父亲睿宗李旦当上皇帝，自己当上皇太子。以后又使睿宗退位当太上皇，而自己当了皇帝，但实权仍在睿宗和太平公主手里。在先天二年（公元713年）他又发动第二次军事政变杀掉了太平公主一伙并使睿宗交出了全部权力。在这一系列斗争中，王毛仲、葛福顺和陈玄礼等禁军头目都立了大功，成为李隆基的亲信。王毛仲和葛福顺还结成了儿女亲家，实际上成了禁军的太上长官。

宦官高力士也在这一系列斗争中立了大功，第一次是在宫廷里充当内应；第二次更随同李隆基一起行动杀人。因此事成后被任命为宦官机构内侍省的首脑，也成为李隆基的亲信，但同时也和另一股同样是皇帝亲信的禁军产生了矛盾。起初是禁军占上风，这不仅是因为禁军手里有枪杆子，而且王毛仲还贵为辅国大将军、左卫大将军，而高力士只是右监门卫将军。这里就用到了《旧唐书》里的职官志，职官志上写明右监门卫将军只是职事官的从三品，王毛仲的左武卫大将军是职事官的正三品，和正三品的宰相同级，所加荣誉性的武散官辅国大将军更是正二品，当然不会把从三品的宦官高力士看在眼里。这两派之间的斗争最后是以高力士取胜而告终。在开元十九年（公元731年）皇帝李隆基下诏把王毛仲、葛福顺以及属于他们一党的其他禁军将领、文职官员一共十个人统统贬逐到边远地区，王毛仲在中途还被下诏杀死。但其中却没有和葛福顺地位相埒的陈玄礼的名字。

高力士之所以能战胜王毛仲、葛福顺，是由于他身为宦官可以经常接近皇帝，而且又是没有生殖能力的人。历史上的宰相、将军如果权太大了都容易产生想做皇帝的念头，而宦官绝无这种可能，相形之下自然容易获得皇帝的信任。试看《旧唐书》的齐浣传，齐浣这个吏部侍郎就曾用上面那套理由劝说过李隆基，劝他支持高力士除掉王毛仲、葛福顺。但王毛仲、葛福顺毕竟手里有禁军，连皇帝的人身安全都掌握在他们手里，他们何以不作抗拒，何以不像过去一样再来闹一次军事政变呢？原来高力士，甚至是李隆基，都早已通过各种手段抢先拉拢了不属于葛福顺的另一部分禁军，就像当年通过王毛仲收买葛福顺、陈玄礼的万骑营来对付担任禁军长官的韦后党羽那样。唐玄宗和高力士利用这部分禁军控制了王毛仲、葛福顺一伙，使他们不得不俯首就范。这从王毛仲一伙虽倒台而禁军并没有受到歧视，相反从《旧唐书》玄宗本纪和职官志上都可以看到，在这以后万骑营被升格为左右龙武军，和原来的羽林军并称为四军，就可以得到证实。而这批被高力士拉过来的禁军的首领，当然只能是没有和王毛仲、葛福顺一起贬逐的陈玄礼，所以在建立龙武军后就任命陈玄礼为龙武大将军担任这支禁军主力的最高长官。而从此陈玄礼和禁军也就自然承认了高力士的权威，正和当初王毛仲之成为禁军的太上长官一样，高力士这时也成了禁军的太上长官。

依靠《旧唐书》弄清楚了高力士之所以能动用禁军来杀杨国忠，还得进一步解答为什么高力士一定要杀杨国忠，这就牵涉到当时宦官和宰相的关系。从高力士传可以看到，当时高力士实际上成了皇帝的机要秘书，"每四方进奏文表，必先呈力士，然后进御，小事便决之"，几乎可以代行皇帝的职权。这是唐朝开国以来不曾有过的事情，当然容易招致宰相的不满，从而出现内庭宦官和外朝宰相的矛盾。如果遇到不想争权的宰相还可以暂时容忍，而从杨国忠传来看，此人又是一个弄权的所谓权相，这就必然会使矛盾激化。在天宝十三载（公元754年），也就是马嵬驿之变前两年，李隆基曾和高力士讨论政治问题，高力士就乘机大肆攻击杨国忠①。可能是李隆基想在宦官和宰相之间搞平衡吧，当时没有表态。于是高力士乘安禄山变乱、京城里人心不稳之机，指使陈玄礼下毒手，通过马嵬驿兵变达到了目的。从玄宗本纪上还可以看到，在外边杀杨国忠全家的是陈玄礼指挥的禁军，逼杨贵妃自尽则是由高力士亲自出马。这也是封建社会灭族的办法，因为杀了杨国忠而把贵妃留在皇帝身边，就不能使人放心。

李隆基对这件事情采取什么态度呢？当然再搞平衡是不成了，必须在宦官和宰相之间任选其一。从玄宗本纪等记载来看，他是选择了高力士和陈玄礼而抛弃了杨国忠和杨贵妃的，杨贵妃的自尽还是他下了命令然后由高力士动手勒逼的。高力士和陈玄礼都是李隆基年轻时帮他夺取政权的老伙伴，又经过解决

---

① 这件事在新旧《唐书》里看不到，但根据高力士口述而编写的《高力士外传》里讲得很详细，后来司马光还把它写进了《资治通鉴》。

王毛仲的考验，是信得过的；而杨国忠不然，在《旧唐书》的传里交待得很清楚，他是到天宝时才逐渐被重用，在天宝十二载（公元753年）才当上宰相的，杨贵妃也是开元末年被弄进宫廷的。这和高力士、陈玄礼相比较关系就浅得多了。何况当时正处在兵荒马乱之中，正需要掌握禁军的高力士、陈玄礼来保驾，这从后来的事实也可以得到证实。据玄宗本纪等记载，李隆基当年平安到达成都，第二年冬天又回到长安以太上皇身份住进兴庆宫，前后一直是由高力士和陈玄礼形影不离地保护着。直到这位太上皇被他儿子肃宗李亨和宦官李辅国软禁失去自由后，高力士和陈玄礼才随之遭到贬逐，被勒令退休。如果高力士和陈玄礼杀杨贵妃不曾获得李隆基的同意，他们之间是不可能继续保持如此亲密关系的。

唐肃宗像

可见，这又是一场封建统治阶级内部的权力之争，和玄武门政变所不同的只是玄武门之变是皇室内部的斗争，而这次马嵬驿兵变是内庭宦官和外朝宰相之间的斗争。通常认为宦官与宰相之间斗争的尖锐化是在顺宗时候即所谓"永贞革新"中才体现出来，宦官之掌握禁军也是到肃宗时候才实现的。其实，这些说法都说得太迟了，因为只要宦官在内庭掌权，矛盾就一定会很快暴露出来，高力士之控制禁军杀杨国忠就是最好的证明。这就是分期通读列传和本纪所探索到的好处。

以上两个例子都是关于封建统治阶级内部矛盾斗争的，属于政治史。因为新旧《唐书》等"正史"都偏重于政治，所以分期通读时还可以找到诸如此类更多的事例来研究。政治史还有很重要的一部分是关于阶级斗争的，即农民起义、农民战争的，这方面史料也主要靠"正史"保存下来，如新旧《唐书》的李密传、窦建德传、黄巢传等等。如果要读我认为最好也用通读的方法，不要孤立地读某个人的传，而要把有关的传以及本纪合在一起读，这样才能探索到规律性的东西。当然，这些传和本纪都是站在农民的敌对立场上写的，阅读时要注意分析批判。

如果想研究点唐代的经济、文化情况，列传、本纪里也有许多史料，不过比较零散，在读的时候要随时注意收集。史学家吕思勉先生在写《隋唐五代史》等几种大部头的断代史时，关于经济、文化等方面的问题就曾从列传和本纪里收集了大量的史料，这种方法很值得学习。但初学的人要获得这方面的系统知识，最好还是先读志。新旧《唐书》有哪些志，每个志的内容是什么，前面都已分别介绍过了，读者可以根据自己的需要来选读。不过像天文志、历志等实在太专门，必须具备有关的自然科学知识才能读得懂，一般也可以先不读或缓读。

研究经济和文化等方面的问题，还另外有一些书比新旧《唐书》的志讲得更详细，所以研究唐史除《旧唐书》和《新唐书》外另有一大批书可供参考，这将在下面一节给读者介绍。

应该参考哪些书

除《旧唐书》和《新唐书》外，现在还保存着好些记述唐代历史的文献和其他有关史料。其中有的是唐朝人写下来的，有的是后人根据唐人的材料重新编著成书的，虽然比不上《旧唐书》、《新唐书》记述全面，但也还或多或少可以补充这两部《唐书》的不足。因此挑选其中比较重要的在这里附带作点介绍。读者如果对唐代历史发生了兴趣，将来在研究时不妨根据需要找这些书来查阅参考。

先说《资治通鉴》，通常简称为《通鉴》，是北宋时司马光带头编著的一部从战国讲到五代的长达二百九十四卷的编年史。这部《通鉴》对研究唐代历史的人特别有用。因为其中隋以前的历史主要是依靠几部"正史"来编写的，而这些"正史"今天都还保存着，所以要研究的话可以直接用这些"正史"，不必用《通鉴》。但研究唐、五代史时就不一样。在当时，《旧唐书》、《新唐书》以至《旧五代史》、《新五代史》所依据的文献和史料虽都还没有散失，但其中有些在修《旧唐书》和《新唐书》时并未采用，而被吸收进《通鉴》里，因此《通鉴》中这一部分的史料价值并不低于《新唐书》甚至《旧唐书》。

唐人编写的起居注和实录，传下来的有唐初温大雅的三卷《大唐创业起居注》和大文学家韩愈的五卷《顺宗实录》。这两部书也是研究唐史的有用资料。《大唐创业起居注》记载了从唐

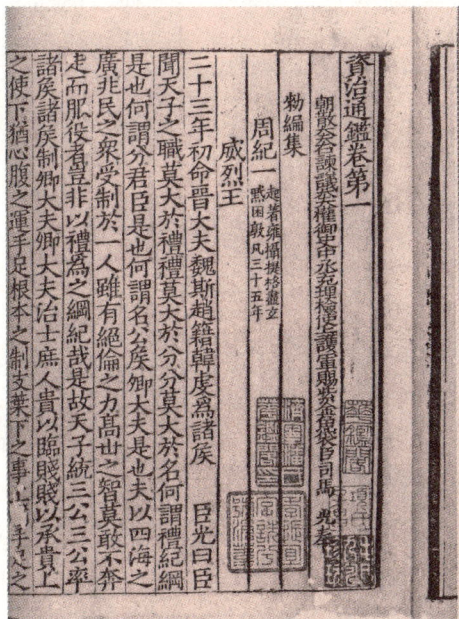

《资治通鉴》（宋刻本）书影

大唐創業起居注卷之一
唐陝東道大行臺工部尚書上柱國樂平郡開國公臣溫大雅撰
明 毛 晉 胡 震亨同校
起義旗至發引凡四十八日
初帝自衛尉卿轉右驍衛將軍奉詔為太原道
安撫大使郡文武官治能不稱職者並委帝黜
陟選補焉河東已來兵馬仍令帝徵發討捕所
部盜賊隋大業十二年煬帝之幸樓煩時也帝
以太原黎庶陶唐舊民奉使安撫不踰本封因

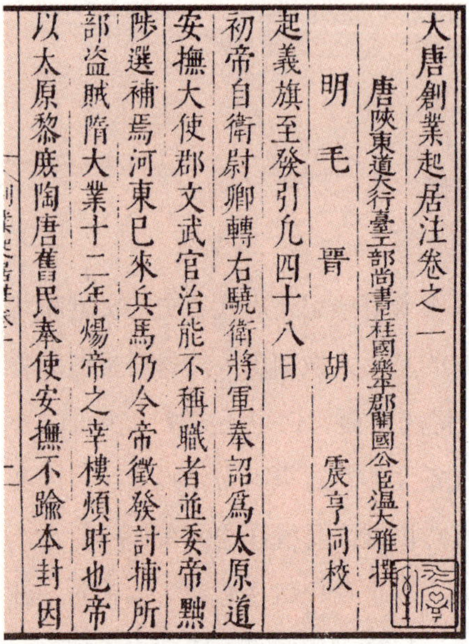

《大唐创业起居注》（汲古阁本）书影

大唐六典三府督護州縣官吏卷第三十
御撰
集賢院學士兵部尚書兼中書令修國史上柱國開國公臣李林甫等奉
敕注上
京兆河南太原三府官吏
大都督府中都督下都督官吏
上州中州下州官吏
京縣畿縣天下諸縣官吏
大都護上都護府官吏
鎮戍嶽瀆關津官吏

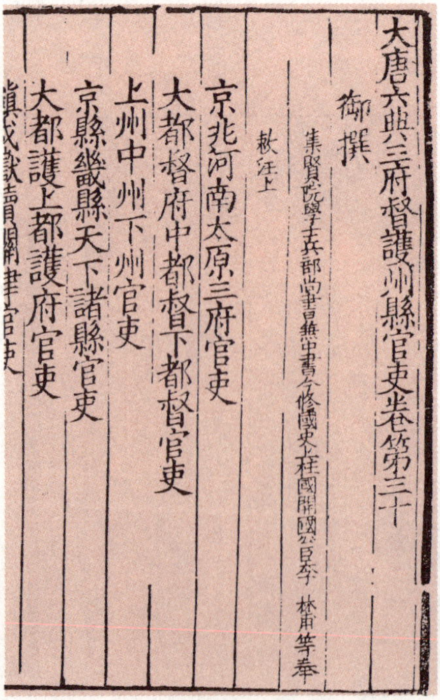

《大唐六典》（南宋温州州学刻本）书影

高祖李渊太原起兵到长安正式称帝之间三百五十七天的事情，保存了这段历史的真相。《顺宗实录》对当时掌权的王叔文等人的政治活动有比较详细的记载。

除两部《唐书》的志以外，记述当时典章制度或保存这方面史料的专书还有：德宗时杜佑的《通典》二百卷、北宋初王溥的《唐会要》一百卷、官修的《册府元龟》一千卷等。杜佑是当时著名的政治家、理财家。《通典》以食货为首，然后是选举、职官、礼、乐、兵、刑、州郡、边防等一共九大门类，都从上古讲到唐安史之乱前后，其中收集了许多唐代的诏令、奏议，另外再加上他自己的议论，一向为研究唐史者所重视。《唐会要》则是诏令、奏议等文件的分类汇编。最早由德宗时苏冕、苏弁两兄弟编纂四十卷，称为《会要》；宣宗时又官修四十卷《续会要》，到王溥时又补足宣宗以后的史实才成为今天看到的《唐会要》。《册府元龟》是北宋官修的“四大书”之一。在真宗时由王钦若、杨亿等收集历代君臣事迹，分类编成这部大书，其中唐代部分多采用实录、诏令和奏议，与《唐会要》互有详略，因此通常也作为查考唐代典章制度之用。

唐代官制除见于《旧唐书》的职官

志和《新唐书》的百官志外，还有一部专书叫《大唐六典》，是唐玄宗开元后期官修的，有三十卷，比职官志、百官志讲得更详细。另外，清人赵钺、劳格著有《郎官石柱题名考》二十六卷，可供查考唐尚书省所属吏、户、礼三部历任郎中、员外郎等郎官的姓名事迹。赵、劳二人又著有《唐御史台精舍题名考》三卷，可供查考历任侍御史、殿中侍御史、监察御史的姓名事迹。南宋人洪遵编有《翰苑群书》二卷，可供查考唐代翰林学士的制度和学士的姓名。五代时王定保著有《唐摭言》十五卷，清人徐松著有《登科记考》三十卷，可供查考唐代科举制度和登科姓名。唐宪宗时史官林宝著有《元和姓纂》十卷，可供查考唐人世系，和《新唐书》的宗室世系表、宰相世系表互有详略。

《旧唐书》和《新唐书》的刑法志主要讲唐代的法令——"律"、"令"、"格"、"式"怎样编制修订，而内容却很少提到。如果要想知道律的内容和条文可看《唐律疏议》，这是唐高宗永徽年间由长孙无忌监修的。原本《律》十二卷，《律疏》三十卷，后人把《律疏》改称为《唐律疏议》。令的原本都失传了，已故的日本学者仁井田陞曾从其他文献里收辑出七百多条编著了一厚册《唐令拾遗》，可供查考。格、式是律、令的补充，原本也都失传，残卷残片在敦煌曾有发现。

唐代的诏令在《旧唐书》里收录了一部分。参与编写《新唐书》的宋敏求又编集了《唐大诏令集》一百三十卷，收录得更多。还有吴兢编写的《贞观政要》十卷，专记唐太宗的言行，因取材于《太宗实录》，所以歌颂的话比较多。

全面记述唐代地理的，除《旧唐书》、《新唐书》的地理志和《通典》的州郡典外，有唐宪宗时宰相李吉甫编著的《元和郡县图志》四十卷，图已失传，志

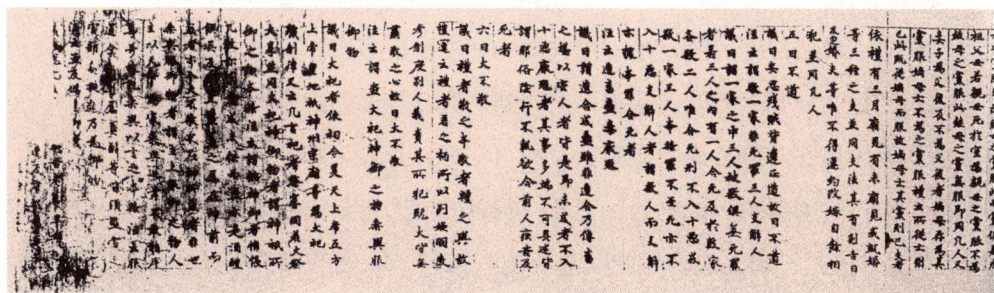

敦煌《唐律疏议》残卷

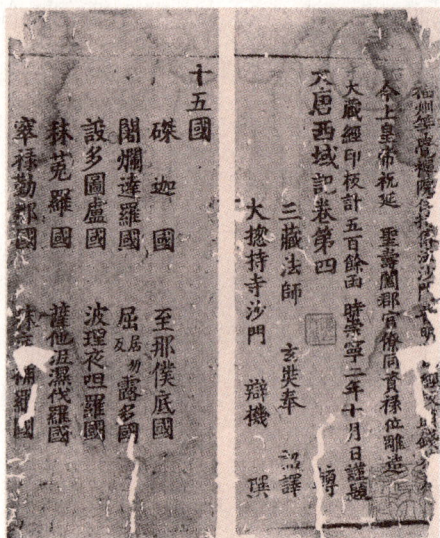

玄奘《大唐西域记》（宋刻本）

还保存着，有些地方比地理志、州郡典讲得还详细。记述唐西京长安、东京洛阳的专书也很多，比较重要的，如唐韦述的《两京新记》五卷，现在残存第三卷记述长安的部分。另外，北宋宋敏求的《长安志》二十卷、北宋张礼的《游城南记》一卷、南朱程大昌的《雍录》十卷、元骆天骧的《类编长安志》十卷、元李好文的《长安志图》三卷等都记述了长安的情况。元人据宋敏求原书增续的《河南志》四卷则记述了洛阳。清徐松又在宋敏求《长安志》、元人《河南志》的基础上写成《唐两京城坊考》五卷，分别记述长安、洛阳的宫室街坊。另外，记述唐代云南地区兄弟民族南诏的专书有唐末樊绰的《蛮书》十卷。记述唐代西域地区以至印度的专书有贞观时玄奘的《大唐西域记》十卷。玄奘是读者熟悉的佛教慈恩宗大师，曾到印度学习，历时十九年才回国。明朝人给他写了一部神话小说《西游记》，其真实情况见于玄奘身后佛教徒慧立和彦悰（cóng）给他撰写的十卷《大慈恩寺三藏法师传》。《大唐西域记》是由玄奘口述、他的弟子辩机撰写的，比《三藏法师传》里所讲更为详细。

可供研究唐代历史参考的杂史、杂记、小说等都是所谓野史。其中比较重要的，有唐代宗时人郭湜（shí）根据大宦官高力士口述编写的《高力士外传》一卷，唐人姚汝能编写的记述安史之乱的《安禄山事迹》三卷，唐德宗时人赵元一编写的记述泾师之变的《奉天录》四卷，这几种书的内容都比较真实，可补"正史"的不足。另外如唐玄宗时张鷟的《朝野佥载》六卷、刘𫗧的《隋唐嘉话》三卷、宪宗时李肇的《国史补》三卷、刘肃的《大唐新语》十三卷、唐末裴庭裕的《东观奏记》三卷、高彦休的《唐阙史》二卷、缺名的《玉泉子》一卷、五代时尉迟偓的《中朝故事》二卷、刘崇远的《金华子杂编》二卷、孙光宪的《北梦琐言》二十卷，北宋初钱易的《南部新书》十卷等，所记述的唐代史实常为研究者采用。北宋后期王谠的《唐语林》十卷，今存辑本八卷，则是汇总杂史、杂记、小说五十种，挑选若干有关唐代的记述分类编成，使用起来极为方便。以编集小说为主，兼及杂史、杂记的，则有北宋初李昉等人的《太平广记》五百卷，也是北宋官修的"四大书"之一。所采集的小说、杂史等多至五百种左右，分成五十五部，上起先秦，下至唐、五代，而其中尤以唐、五代居多。其中有些是真人真事，有些是真人假事，更多的虽是人事都假的神怪故事，但可借此了解有关唐代的生活习惯、社会风尚，是个大可发掘、大有用途的宝库。

《太平广记》（明嘉靖刻本）书影

　　唐诗是我国古典文学百花园中鲜艳的花朵，唐人的骈体文和韩愈、柳宗元等提倡的散文也有许多是传诵不衰的好作品。留下来的较重要的个人诗文集、通称"别集"的就有六十多种。北宋官修"四大书"之一、李昉等编选的《文苑英华》一千卷里，也绝大多数是唐人的诗文。在清代，官修了《全唐诗》、《全唐文》两部大书。《全唐诗》九百卷，是康熙时彭定求等以明末胡震亨编集的《唐音统签》和清初季振宜编集的《全唐诗》为依据，重新整理成书的，收入的诗有四万八千九百多首，作者二千二百多人。《全唐文》一千卷，是嘉庆时徐松等以清宫收藏的一百六十册《唐文》为基础，重新增辑成书的，收入文一万八千四百八十八篇，作者三千零四十二人。对于这些书，爱好唐诗和唐文、研究唐代文学的人固然要看，就是研究唐代历史的人有时也得查阅，因为不仅文章，即使在诗里也包孕了有用的史料，可补"正史"等旧史书的不足。

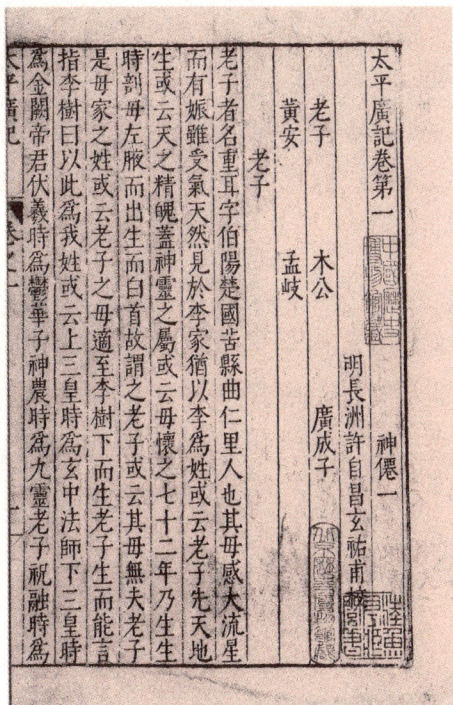

唐人的墓碑、墓志也很有用，可以补充列传记载的不足，这在《全唐文》里已收录很多。墓碑、墓志原石尚存在的，先后收入了清代王昶编集的《金石萃编》和陆增祥编集的《八琼室金石补正》里。前者一百六十卷，后者一百三十卷，其中唐代的占了绝大部分，除墓碑、墓志外所收的其他唐代石刻中也有不少有用的史料。

读者看了上面的介绍，可能会说："这么多书，叫我怎样读得完。"其实，如果研究宋以后的历史，要参考的书还要多呢！好在这些书并不要马上读，有些也用不着从头到尾去读，需要时查阅一下就可以。对有志于研究唐代历史的人来说，主要精力还应用来读《旧唐书》和《新唐书》。

用哪个本子好

　　《旧唐书》和《新唐书》现在容易买到的是中华书局出版的点校本。图书馆里还有各种各样其他的本子，有新的，有旧的。用哪个本子作为读本好呢？这就需要把这些本子给读者作个简略的介绍。

　　我国在唐代中期开始使用雕版印刷，五代时已经用这种技术来刻印整部的书了。但《旧唐书》编纂成书后却没有马上印出来，而北宋时编的《新唐书》在编纂好后就马上由政府刻印了，以后《旧唐书》也刻印过。可惜的是北宋时刻印的这些本子后来统统毁失了，现在所能看到的都是南宋本。《旧唐书》有一部南宋高宗绍兴年间两浙东路茶盐司的刻印本，但已经残缺，只保存了六十九卷，现在收藏在北京图书馆。《新唐书》有一种较好的南宋初年刻印的残本已流入日本，现收藏在东京的静嘉堂文库；北京图书馆收藏了两种，可惜也都残缺不全。

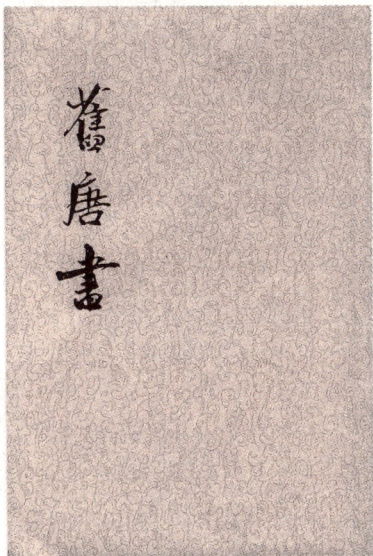

中华书局版《旧唐书》封面　　　　中华书局版《新唐书》封面

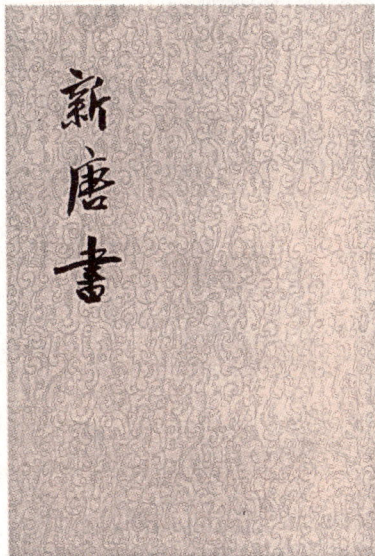

《旧唐书》（宋绍兴两浙东路茶盐司刻本）书影

《旧唐书校勘记》书影

元代也刻过《新唐书》，书版在明初曾送进南京国子监继续印刷。明成化时，南京国子监又把这部《新唐书》重刻过，成为所谓南监本《二十一史》的一种。万历时北京国子监根据南监本重刻了一套北监本《二十一史》，崇祯时常熟人毛晋又以私人力量刻了一套汲古阁本《十七史》，其中自然都有《新唐书》。不过《旧唐书》的命运可没有这么好。幸亏明嘉靖时的闻人铨在苏州做官时，收集前面所说的南宋绍兴时两浙东路茶盐司等旧本，重刻了一部《旧唐书》，才使人们有可能购读。

清高宗是个重视文化的皇帝，他一方面大兴文字狱，禁毁了许多他认为有问题的书；另一方面又刻书、修书，并纂集了《四库全书》。著名的附加考证的武英殿本《二十四史》就是他叫人整理刊刻的。但是，这殿本《二十四史》中的《旧唐书》和《新唐书》却并不见得怎么好。因为《旧唐书》是根据明闻人铨刻本校订后重刻的，有随便改动原文的毛病。《新唐书》则直接用北监本重刻，而北监本并不是好本子，很有些错误。至于这两部书所附加的考证，则出于沈德潜等人之手，沈德潜是诗人，本不懂历史，所做的考证自然不可能是高水平的。只是因为这部殿本《二十四史》是第一套完整的《二十四史》，所以后来各种《二十四史》多根据它重刻或影印。只有道光时扬州岑建功校刻的《旧唐书》，虽然也根据殿本重刻，但因后面所附的校勘记是请当时知名学者刘文淇等人撰写的，所以远胜于殿本的考证。

二十世纪三十年代在张元济先生主持下商务印书馆出版了一部名为"百衲本"的《二十四史》，都是用宋、元本和其他较好的本子影印的。其中《旧唐书》用南宋绍兴刻残本配合闻人铨本影印，《新唐书》用日本静嘉堂文库的南宋刻残本配合北京图书馆等收藏的其他南宋刻残本影印，都接近原书的本来面貌，胜过殿本和殿本以前的汲古阁本、北监本、南监本。

现在容易买到的是中华书局点校本的《二十四史》，这是在六十年代开始整理出版，到七十年代后期才出齐的。中间由于受到过十年动乱的干扰，因此工作做得并不很理想。《新唐书》根据百衲本整理是对的，《旧唐书》却没有根据百衲本，而是根据源出殿本和原文已有改动的岑建功本，在整理时又根据其他文献随便改动了原文，只是在所附的校勘记里交待了一下，标点、分段也有许多欠妥当的地方。在没有重新改订之前，这恐怕不能说是好本子。

当然，开始读《旧唐书》、《新唐书》时可以用中华书局的点校本，因为它有标点，读起来比较方便。如果要进一步研究，还是用百衲本为好，因为它保存了南宋本等旧本的面貌。好在建国后曾把本来是线装形式的百衲本《二十四史》重印成精装本，现在还不难找到。

敦煌千佛洞

DUNHUANGQIANFODONG

敦煌——古代西北的大门

读者们打开新中国的地图，可以在西北找到一个狭长的省份。这就是属于西北大行政区的甘肃省，我们这本小书里要讲的敦煌，就是在甘肃最西边的一个县份。

解放前，西北曾经是一个荒凉的地方，敦煌这个县份自然也不例外。全县的面积不算小，但是百分之九十以上都是沙漠，天空中经常吹起阵阵的寒风，有时走了几十里路也找不到一个村落。

县城是有的，一条党河从南到北流过，县城就建筑在它的东边。县城附近一带土地，靠着党河的灌溉，还可以耕种；另外在党河西边有个小湖沼，叫做南湖，在它的附近也有一小块土地可以耕种。在荒凉的沙漠中，只留下这两块绿色的土地，出产着粮食，来维持居民的生活。

这种荒凉的地方，居民当然不会很多，全县的人口还不到三万，只抵得上富庶省份的一个小乡镇。交通呢？也不方便。以前西北是没有什么铁路的。外省人要到甘肃的省会兰州去，有钱人可以乘飞机，钱不多的便只好坐长途汽车。兰州是西北的大都市，交通尚且这样不方便，偏僻的像敦煌这种地方就更无从说起了。开汽车的公路倒有一条，可以通到兰州，但是崎岖不平，往来的人也很少。因此，好多年来，敦煌这个地方不很引起人们的注意，提到西北，兰州还有人知道，知道敦煌的便不多了。

但在很早以前，敦煌却不是这个样子啊！当时敦煌不但是个重要的地方，而且还是祖国西北边境的大门！

这段历史，讲起来可长啦！

原来在二千多年以前，现在甘肃兰州以西一带的地方，是归北方的匈奴族统治的，而在黄河流域、长江流域广大的地区，是汉族建立的西汉皇朝。这个西汉皇朝和匈奴进行着连年的战争，打败了匈奴，把现在兰州以西一带地方收入了自己的版图，公元前一世纪左右，在这里设立了四个行政区域——当时叫做"郡"：武威、张掖、酒泉，而敦煌也是其中的一个。

现在甘肃省的西边，就是祖国最大的省份——新疆省①。在当时，这片广大的地区也是不属于西汉皇朝直接统治的。这里建立着许多大大小小的国家，当时管它叫做西域。

西域这个地方，正好在亚洲的中部，当海上交通没有发达以前，我们祖国要和西方国家有往来，就必须从这里经过。

我们祖国和西方的哪些国家有往来呢？当时西方有些什么大国呢？在欧洲，罗马是当时顶顶富强的大国，还有印度，在我们祖国的西南，也是有名的文明古国。我们祖先在当时和这些大国经常有往来，商人带着我们祖国的特产，像绢啦、丝啦，运到这些国家去贩卖，宗教徒为了传教，也经常不怕辛苦地往来奔走，在西域的土地上，留下了他们的足迹。

打开地图，读者们可以看到在新疆省的中部是一大片沙漠，叫做大戈壁，当然，在这沙漠里，是不好行走的。当时要通过西域，只有两条大路好走：一条走大戈壁的北面，经过哈密、吐鲁番和库车；还有一条走大戈壁的南面，经过鄯善和于阗。走南路的人要多些，特别是历史上到印度去取经的佛教徒，像公元二

玄奘译经图

---

① 编者注：1955 年 10 月 1 日成立新疆维吾尔族自治区。

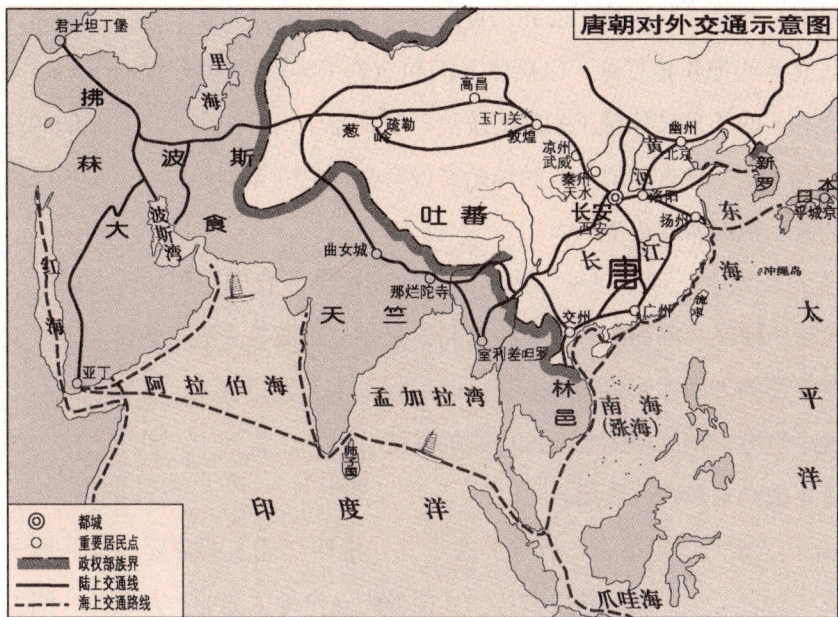

唐朝对外交通示意图

世纪三国时候的朱士行、六世纪初东晋时候的法显，以及大家知道的七世纪初唐朝时候的玄奘，都曾经过这里。直到十四世纪马哥孛罗①从欧洲来到我们祖国，还是走过这条道路。这南北两条大路，是当时中西交通的要道，而它们会合的地点，就在敦煌。在敦煌境内，当时有个重要的关口，名叫玉门关。我们祖先从内地出发到西方国家去，必须经过敦煌，出了玉门关，然后走南路、北路都可以。从西方国家到我们祖国来也是一样，不管走南路还是北路，必须经过敦煌，进了玉门关，才好到达内地。

　　读者们可以想像，当时的敦煌，一定是个十分热闹的地方，每天有一队队的商人和宗教徒骑着骆驼从这里走过去，哪里像后来那么荒凉！

　　这种情形，从西汉时候开始，一直继续了一千多年的光景。当然，在这一千多年中间，变换了好多个朝代，敦煌这个地方，也曾经几次脱离内地的封建皇朝，形成了独立的局面：公元四世纪初统治敦煌的是所谓五胡十六国中的前

---

　　① 编者注：今译马可波罗。

凉、前秦、北凉以及西凉，公元八世纪末年又被吐蕃所攻陷，过了七十年才由个名叫张义潮的把吐蕃打跑。以后张义潮和他的子孙就成为敦煌的统治者。随后，曹议金和他的子孙又代替了张家的统治，从公元十一世纪到十三世纪的时候，西夏又占领了这个地方。但是，敦煌始终没有失掉它的重要性，一千多年以来，始终成为我们祖国西北边境的大门。

直到公元十三世纪以来，海上的交通发达了，我们祖国和西方国家的往来多半改走了海路，沿海的大城市像广州、泉州、宁波等一天天热闹起来，敦煌这个陆路交通的大站才慢慢地冷落了。以后到了十五世纪中叶，明朝的统治者更抛弃了这个地方，把国境缩到长城西端的嘉峪关以内，直到十八世纪初年，满清的统治者才把它重新收入版图。

由于这五六百年以来，敦煌失去了它在中西交通上的重要地位，加上各个朝代的统治者对于西北的摧残破坏，才使敦煌这个地方显得一片荒凉，叫人想不到它在过去曾经是一个那么重要的城市。

鸣沙山和千佛洞

从西汉以来，我们祖国和西方国家的交通一天天发达，西方国家的文化也就慢慢传入了我们的祖国。

读者们知道，印度是佛教创始人释迦牟尼诞生的地方，从公元前三世纪开始，佛教在印度就兴盛起来，不但印度本地的居民很多信了佛教，而且还把这种宗教传播到西域，现在新疆的库车（当时叫做龟兹）、于阗等地方，当时都成为了佛教在西域的大本营。

我们前面讲过，当时中西交通有南北两条大路，北路要经过库车，南路要经过于阗，因此在库车、于阗流行的佛教，也就很容易沿着南北两条大路传入了我们的祖国。

敦煌呢？又是这南北两路会合的地方，是我们祖国古代西北边境的大门，佛教沿着南北两路传入我们的祖国，首先要通过这个西北边境的大门，然后再向全国各地广泛地传播。因此，敦煌这个地方和佛教的接触最早，在很早的时候，当地的许多居民就信仰了佛教，佛教在这里一天天地兴盛起来。

佛教兴盛的地方，一定是有许多寺院的，在这些寺院里，有佛殿，有讲堂，有宝塔，还有许多其他壮丽的建筑。这是每个读者都知道的。但是，在敦煌，却很奇怪，这里的佛教在当时虽然很兴盛，却并没有给我们留下什么壮丽的大寺院。

原因是我们所看到的那种壮丽的建筑，已经不是寺院的最初形式了。这是由于我们所看到的佛教徒，往往是几十几百甚至几千人聚集在一起，除掉自己念经修道，还要对外宣传宗教，接待从外面来礼拜的信徒，因此需要建筑壮丽的佛殿、讲堂；同时，许多佛教徒的穿衣吃饭也得自己料理，因此除了佛殿、讲堂外，还需要建筑谷仓、厨房和食堂。在佛教最初兴起的时候，情形便不是这样了，当时佛教徒的生活很简单，他们很少和外面打交道，多半住在深山里，自己拜佛修道，口渴就到山涧里去喝水，肚子饿了就托着一个钵盂，到附近村子里去化斋。因此，他们只需在山壁上凿个小小的洞窟，作为自己住宿修道的场所，后来的那种壮丽的大建筑，他们不需要，也没有想到。

这种山上的石窟，就是最早的寺院的形式。以后佛教一天天发达起来，佛教徒多了，信仰佛教要"朝山进香"的人也多了，但是在很长的一段时间中，这种用洞窟作为寺院的形式还没有能够很快地改变过来。印度是这样，西域的库车和于阗也是这样，在这些佛教兴盛的地方，到处开凿着这样的石窟。佛教传入敦煌后，也就把这种开凿石窟的风气带了进来，在敦煌没有建造壮丽的寺院，而要开凿许多大大小小的石窟。

正好在敦煌的境内，有一座鸣沙山，是个开凿石窟的好地方。

从现在的敦煌县城向南走出十里路，就可以看到一座大山，这座山有一百多里长，横在敦煌县城的南面，山脊都是像刀削一样的峭壁，山里的泉水很清，流成一个十亩大小半月形的池子，当地人叫它做月牙泉。

读者们不要忘记，敦煌附近是一片沙漠，大风刮起来，沙粒一颗颗吹到半空，到处飘扬，大部落到这座山上，日子一久，山上就盖了一层厚厚的沙土，人跑上山，沙土就会一块块坍下来。

因为沙土坍下来有响声，因此当地居民就把这座大山叫做鸣沙山。有些古书里甚至把这个现象夸大了，说人马上山，山上的沙土就会发生打雷似的吼声，于是把山上的沙土叫做神沙，给这座山加上了许多神话。

当印度的佛教经过西域传到了敦煌，敦煌的居民就选择了这座神秘的鸣沙山，在山上开凿石窟，把它变成了佛教的圣地。

鸣沙山的东端，离开现在的敦煌县城大约三十多里的一带山壁上，有着许多大大小小的石窟，当地居民管它叫做千佛洞。这就是当时佛教传到敦煌后所开凿的，当时叫它莫高窟。

这个千佛洞究竟是什么时候开始开凿的，我们今天已经不很清楚了。现在千佛洞里有一块残破的碑刻，是公元七世纪末唐朝初年时候的东西，根据上面的

莫高窟外景

记载，说这个莫高窟是在公元 366 年五胡十六国的前秦时候开凿的。据说，当时有个名叫乐僔（zūn）的佛教徒，在这里开凿了第一个石窟，以后，继续开窟的人愈来愈多，莫高窟才成了佛教的圣地。

但是在千佛洞的某个石窟里，又有唐朝末年时候人所写的一段记载，里面说到有个名叫索靖的曾经在这里题过字，把这莫高窟称为"仙岩"。我们知道，索靖是西晋时候的书法大家，死在公元 303 年，足见莫高窟在公元 303 年以前，已经开凿了许多石窟，成为了佛教的圣地，否则索靖决不会到这里来题字，而且称它为"仙岩"了。

因此，我们可以想像，这个千佛洞的创造不一定会是乐僔，在乐僔以前，公元三世纪末四世纪初的时候，已经有人在这里开凿石窟了。

大家知道，我们祖国今天保存下来的佛教石窟，除掉这个敦煌的千佛洞外，最有名的是山西大同的云冈和河南洛阳的龙门。但是这两个地方的石窟都是在公元五世纪北魏时候开凿的，比千佛洞要晚了一百多年，其他各地的佛教石窟，就

晚清时期的莫高窟第 96 窟

开凿的时代来讲，也没有一个比得上千佛洞那么早的。这并没有什么奇怪，因为敦煌正是最早接受佛教的地方，因此开凿石窟，也就必然赶在其他各地的前面了。

自从西晋时候鸣沙山上开凿了石窟，以后经过五胡十六国、北魏、西魏、北周、隋、唐、五代、宋、元以至清朝，一千多年以来，信仰佛教的人们都先后到这里来开凿石窟。西北一带，每年总有不少佛教信徒到这里来"朝山进香"。在一片荒凉的沙漠里，只有这个千佛洞还没有被佛教信徒们所忘记。

千佛洞的遭劫

好多年来，千佛洞只是西北沙漠中的一个佛教圣地，没有引起人们的特别注意。

可是，意想不到的事情终于发生了，公元 1900 年，也就是八国联军打进北京的那一年，在千佛洞里发现了惊人的奇迹。

这个奇迹是当时主持千佛洞的王道士所发现的。本来，千佛洞是佛教圣地，主持的人照理应该是佛教徒！不知为了什么缘故，从十九世纪中叶起，就换了道士来主持。这时候的主持王道士，名叫圆篆，是湖北麻城人。他虽然毫无学问，对于佛教、甚至道教都是一窍不通，但是对于募化修庙的事情，却是很感兴趣的，当时千佛洞的好多洞口都被沙土堵塞了，他发了愿心，要把它打扫干净。

在 5 月 26 日那天，王道士正在打扫某一个石窟的时候，忽然发现石窟的墙壁上有些破裂，里面隐隐约约地好像藏着许多东西。王道士马上把墙壁挖开，跑进去一看，原来里面另外有一小间石室，堆满着许多卷子，一共有两万多件，打

唐　写经纸（甘肃敦煌藏经洞发现）

开来一看，有的写着字，有的画着画。

起初，王道士还不知道这些东西宝贵，随便把它送人。后来，被敦煌的知县汪宗翰知道了，这个知县念过书，晓得这些卷子是很古的东西，就向王道士讨了一些。另外大批的呢，有人建议运到省城兰州去保存，但是一算运费要几千两银子，没有人肯出这笔费用。到了1904年的春天，这些糊涂的满清官僚就下道命令，叫王道士把这些卷子封存了事。

满清官僚是糊涂虫，可是他们的主子——帝国主义者却不像他们那么糊涂。早在1879年的时候，就有当时匈牙利的什么地学会会长洛克济等来到我国的西北，借口调查地质，实际上偷偷地进行文化间谍的活动，他们看到千佛洞的古迹很多，回到欧洲后，告诉了其他许多帝国主义分子。其中有一个名叫斯坦因的匈牙利人，听了洛克济的话，首先起了野心。

斯坦因这个家伙，是英帝国主义所雇佣的文化间谍，专门派来我国西北一带进行非法活动的。1907年3月，他特地来到敦煌。这时候，王道士发现古代卷子的事情已有很多人知道了，斯坦因这个家伙当然也听到了这个消息，于是，他的野心更加大了起来，他已经不满足于一般的间谍活动，而是存心要来劫夺这批宝贵的古物了。

他带着一个名叫蒋孝琬的中国翻译，亲自去找王道士，不巧，王道士出远门化缘去了。但是他贼心不死，在5月21日那天，来到千佛洞，搭起帐篷住了下来，终于等到了王道士。

斯坦因和王道士一见面，就拿金钱来向王道士引诱，要王道士卖给他封存起来的卷子。起先，王道士还有些不敢，他怕当地的满清衙门会要干涉。可是，斯坦因

斯坦因（右）和王圆箓（中）、蒋孝琬合影

哪里肯放松？加上蒋孝琬这个走狗在旁边出力拉拢，王道士终于动摇了，他打开那间堆存着卷子的石室，让斯坦因和蒋孝琬进去看看货色。

斯坦因进去一看，欢喜极了，卷子一层层地乱堆在地上，足足有丈把高，他马上叫王道士替他一捆一捆地搬出来，以便仔细挑选，当天，斯坦因和蒋孝琬一直忙到半夜，把一大捆挑好的卷子带回帐篷里。

这三个家伙偷偷摸摸地忙了七天工夫。不知怎样，王道士忽然又后悔起来，——大约是怕衙门里追问起来不好回答罢？把石室的门重新上了锁，自己跑开表示不干了。可是，在这七天中被斯坦因弄到手的卷子已经足足有九千件左右，其中完整无缺的就有三千多，装满了二十九个箱子——二十四箱是抄写的卷子，五箱是绘画和其他艺术品。

最后，王道士也回来了，斯坦因给了他五百两银子，使这个贪财的家伙重新感到十分满意！

斯坦因把这掠夺来的二十九箱的宝物，得意洋洋地运回英国，陈列在伦敦的不列颠博物院。

俗话说："祸不单行。"在千佛洞遭了斯坦因这个文化间谍劫掠后的第二年——1908年的春天，又有一个法帝国主义分子名叫伯希和的来到了敦煌。

伯希和来到敦煌，不用说，和斯坦因是抱着同一个目的——要劫掠千佛洞里的卷子。王道士呢？他盗卖古物已经有了经验，因此这次交易很顺利地谈妥了。

伯希和在这里住了三个多星期，每天到石室里去挑选卷子，一共挑选了六千多件，还有大批的绘

伯希和在挑选卷子

画，装满了十多个箱子，最后把一个五十两重的银元宝送给王道士，作为贿赂。以后这批卷子和绘画，藏在法国的国家图书馆、鲁佛博物院和吉美博物院。

伯希和的贼胆比斯坦因更大了，当他带了这批赃物回国的时候，路过北京，居然地在六国饭店开了个展览会，把赃物公开展览。这一下，叫当时北京城里的一些"学者"们从睡梦中惊醒起来了，他们到这时候才知道在荒凉的沙漠里，有着这许多珍贵古物，而且已被外国人拿走一大批了。当然，这些半殖民地社会中的"学者"们，对于外国人是害怕的，他们没有胆子扣留伯希和贼赃，只好请求政府下道命令，把千佛洞里剩下来的卷子，赶快运到北京保存。

鲁迅先生曾经说过："中国公共的东西，实在不容易保存。如果当局者是外行，他便将东西糟完，倘是内行，他便将东西偷完。"这几句话，毫不容情地揭穿了半殖民地社会中官僚"学者"们的嘴脸。当这批卷子在 1910 年运往北京的路上，先经过甘肃省内大小官僚们一次次的偷盗，到达北京的时候，只剩下八千六百多卷了。

可是，即使这八千六百多件卷子，也还没有马上让公家接收保存，暂时寄在一个名叫李盛铎的官僚家里，这个官僚对于古物很"内行"，他把其中认为较好的又偷了一大批。并且为了要掩盖他偷窃的罪行，就把一个长的卷子撕成几段，凑足原来八千六百多卷的数目。糊里糊涂地送进了当时的京师图书馆——现在北京图书馆的前身。

卷子运往北京的事情，王道士当然是很不愿意的，因为他需要留着这些卷子卖钱。但是他没有力量来违抗政府的命令，只好在卷子没有运出之前，偷了一批藏起来，准备等待新的外国主顾。

新主顾是有的，在卷子运往北京的第二年——1911 年的冬天，日本帝国主义派遣的文化间谍也到达了敦煌。其中一个名叫橘瑞超，一个名叫吉川小一郎，两个人鬼鬼祟祟地找到王道士，第一次花了三百两银子，向王道士骗到一百多件卷子，第二次再花五十两银子，又骗到二百件卷子。当时我国东北的旅顺口已经被日本帝国主义所侵占，这三百多件卷子就都藏在旅顺博物馆。

新主顾走了不久，老主顾斯坦因又再度来临。这是 1914 年的事情，当时满清政府已经被推翻，但是政权仍旧掌握在帝国主义的奴才——北洋军阀的手里，因此这个帝国主义分子照样可以施展他劫掠古物的手段。他从王道士手里骗到最后一批剩余的卷子，还有六百多件，足足装满五大箱，运回了英国。

千佛洞里发现的两万多件古代的卷子，经不起这些帝国主义分子几次的劫掠，不到十年工夫，就弄得四分五散。留在我们祖国的，除掉北京图书馆里的一批外，就没有好多了，而且这些还都是帝国主义分子挑剩下来的货色。至于最精美的一大批，都被抢到英国和法国去了。李盛铎偷窃的一批，后来也卖给日本人了。这些帝国主义者霸占了我们祖国的古物，并且说：只有他们的"学者"才有资格研究这些东西，中国人是不配研究的！

抢夺了人家的东西，还要说出这种无耻的话，帝国主义者就是这样凶恶、这样不要脸！

两万多件卷子

这两万多件卷子，究竟是什么东西呢？为什么我们要把它们当作十分珍贵的古物，而认为不应该让帝国主义者把它们抢去呢？

要说明这个问题，首先要请读者们回忆一下纸的发明史。

大家知道，纸是我们祖先发明的，是我们祖国古代的四大发明之一。在没有发明纸以前，我们祖先用削好的竹木片——叫做"竹简"和"木简"的来写字，有时也用一种叫做"帛"的丝织品来写字。当时读的书，也就是抄在这种帛和竹木简上面的。到了一世纪左右，我们祖先把纸发明成功了，才慢慢地改用纸来写字，把纸裁成长条，用毛笔把书抄上去，一条纸抄完，再贴上一条，这样好几条贴在一起，就成为一卷书。平时卷好，要读的时候再把它放开来。

在印刷术没有发明的时候，我们祖先读的书，都是这种一卷卷的手抄本。千佛洞里发现的卷子，绝大部分都是这种古代手抄的书籍。

千佛洞里发现的这些古代书籍，有许多都注明了抄写的年月，其中最早的有公元458年（北魏太安四年）时候的抄本，最迟的也是公元995年（北宋至道元年）时候的抄本。这些手抄本，大约是千佛洞开凿不久以后，主持的佛教徒陆

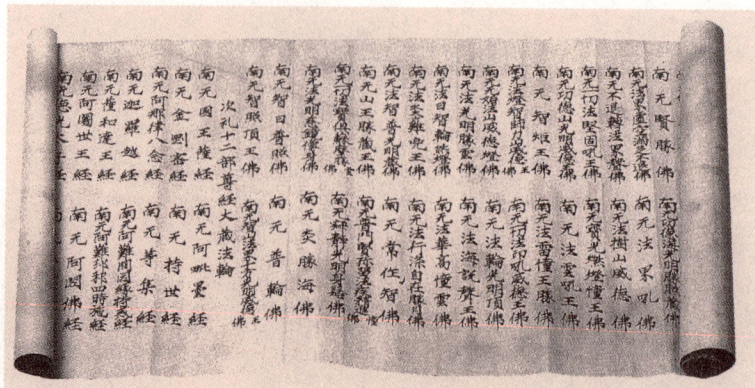

唐　写经纸（新疆吐
鲁番哈拉和卓出土）

续收集收起来的。以后一代代传下去，手抄本收集得越来越多。到了十世纪末年，北宋和西夏在这一带打仗，主持千佛洞的佛教徒怕它遭到破坏，便把它和许多佛画、佛幡之类，统统封闭在这间石室里，经历了九百多年，一直没有人知道，直到王道士打扫石窟的时候，才无意中把它发现出来。

读者们要知道，在这批手抄本没有发现以前，我们所能看到的中国古书，最早也不过是公元十一世纪北宋时候的东西，这些已经都是用雕版印刷的书籍了。至于雕版印刷没有发明的时候，我们祖先所读的书是什么样子，就几乎没有办法知道。现在呢？千佛洞里居然发现了雕版印刷发明以前的手抄本，而且发现的数量是这么多，这难道还不值得我们注意吗？

再就这些手抄本的内容来说，也是非常丰富的，而且有许多都是已经失传了好久的东西，现在重新发现出来，使我们研究古代学术时可以获得了不少的帮助。

这些手抄本中，最多的是佛教经典，当然，这是因为千佛洞本是佛教圣地的缘故。可是其他各种宗教的经典，在这里发现的居然也有不少，像道教啦，景教啦，摩尼教啦之类。其中尤其是景教和摩尼教，都是曾经在我国古代流行过的，他们的经典，很早以前就差不多完全失传了，在千佛洞发现的手抄本中，居然还保存了好几种。

读者们对于宗教或者不感到兴趣，那么让我们来谈谈别的东西吧，因为在这些手抄本中，除了大量的宗教经典外，还有不少

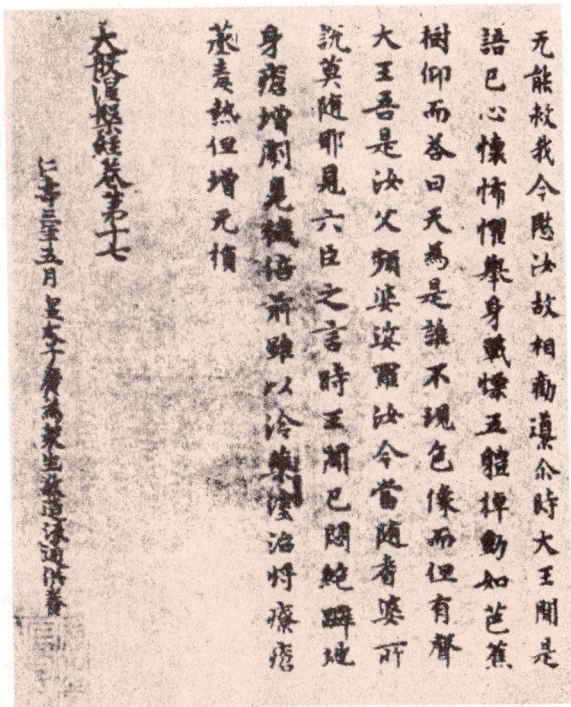

隋　《大般涅槃经本》（局部）。此为隋炀帝做太子时写经，经后落款为"仁寿三年五月皇太子广为众生敬造流通供养"

古代的文学作品呢！

　　读者中间有听过"说书"的吧？要知道，这种民间艺术，并不是今天才有的，它的来源很久了，倒数上去，在元、明两朝，叫做"平话"，在宋朝，叫做"说话"，在唐朝，叫做"俗讲"。这种"俗讲"，在起初的时候，是由佛教徒在寺院里讲的，讲的内容也多偏于佛教的宣传；日子久后，除了宣传佛教以外，还选择了其民间故事作为题材，讲的人也不限于佛教徒，慢慢地演变到"说话"、"平话"和今天的"说书"。从事这种工作的艺人，都有讲说的底本，这种底本，在宋、元、明几朝叫做"话本"，在唐朝叫做"变文"。"话本"流传到今天的还不少，"变文"呢，幸亏千佛洞的这批手抄本中还保存了一些，像什么"孟姜女变文"啦，"伍子胥变文"啦，以及专门宣传佛教的"大目连冥间救母变文"等等，使我们可以看到民间艺术发展的情形。

　　除掉这些民间艺术的"变文"外，在这些手抄本中，还有新歌等古典文学的作品。尤其是有首叫做《秦妇吟》的长诗，是九世纪末年一位文学家韦庄所写的，过去大家认为这首长诗早已失传，想不到在这批手抄本中会重新发现出来。这首诗里面描写唐朝末年黄巢占领长安的情况，还是研究农民起义的重要史料呢！

　　还有好些书籍，都是一向认为已经失传，而在这批手抄本中发现的。例如在儒家的经典中，有部叫做《尚书》的，其中搜集了古代的许多重要文告，研究古代历史的人都要用到它。它有两种不同的本子，一种叫《今文尚书》，一种叫《古文尚书》，后来，《今文尚书》失传了，《古文尚书》的文字也在八世纪唐玄宗时代经过了改写，有了很多出入。这次在千佛洞发现的手抄本中，居然还保存着一卷《古文尚书》的残本，是没有改写过的，使我们重新看到了这部古书的真面目。此外，像晋朝时候孔衍所写的《春秋后国语》，是讲古代历史的著作；唐朝时候的《水部式》，是有关当时海运的文献；《诸道山河地名要略》和《贞元十道录》，是唐朝的地理书；《沙州都督府图经》和《西州图经》，更是专门讲述西北地理的著作。这些古书，在宋朝以后便没有人看到过了，可是在千佛洞的手抄本中还保存了一些残本。

　　还有许多古代民间的通俗书籍，像给儿童读的《太公家教》，治病用的《疗

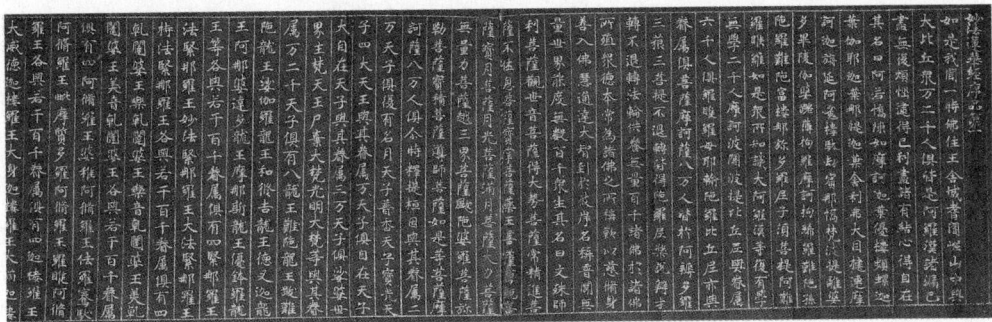

莫高窟发现的《金刚经》

服石医方》、《食疗本草》，占卜用的《周公卜法》、《孔子马头卜法》，以及公元十世纪时候的历本，买牛、卖屋、借贷粟麦等的契约。这些东西，都是向来没有人知道的，现在发现了，使我们对于古代人民的生活，可以有进一步的了解。

上面这些，都是我们祖先的手抄本，此外在这大批的手抄本中间，还夹杂了好几种雕版印刷的书籍。我们知道，雕版印刷是世界上最早的印刷术，这是在七世纪初年隋朝时候由我们伟大的祖先发明的，到了宋朝，雕版印刷的书籍就代替了手抄本，广泛地在社会上流通了。但是，我们前面已经讲过，过去我们所能看到的雕版印刷的古书，最早也不过是北宋时候的东西，北宋以前的呢，几乎谁也没有见到过。现在可好了，千佛洞里发现的这几种雕版印刷的书籍，都是唐朝末年和五代时候的东西，其中有一卷《金刚经》，是公元868年（唐朝咸通九年）所刊印的，在现存的我国古代雕版印刷品中，可能是最早的一种了。

当然，在千佛洞的这批书籍中，珍贵的东西多得很，这里给读者们介绍的只是其中一小部分，而且只限于汉文的书籍。在这些手抄本中，还有一部分是用古代西域一带通行的其他各种文字写成的，其中有梵文、康居文、于阗文、龟兹文、回鹘文、西藏文等等。大家想一想，千佛洞这批古书的内容是多么丰富啊！

可恨的是，这些珍贵的书籍，大部分都被帝国主义者抢去了。尤其是许多最精美的，像我们前面所提到的那些，现在大部都陈列在英、法等国的图书馆博物馆里面，我们自己反而只能看到一些影印的复制品。

石窟和塑像

千佛洞里的书籍，好的都被帝国主义者抢去，剩下来的八千多卷也都运到北京，现在千佛洞里是一卷也不剩了。

但是，读者们不要认为千佛洞就此失去了它的价值。要知道，这些书籍不过是宝藏的一小部分，整个千佛洞里，珍贵的艺术品不知还有多少呢！

单就开凿这些石窟来说，便是一件了不起的大工程。从公元五世纪北魏时候开始，一直到十四世纪元朝时候为止，整整一千年中间，始终不断地有人在这里开凿石窟。据说，在唐朝时候，这里开凿的石窟已经有一千多个了，以后有些遭到了破坏，也有些经过修理添加，直到今天，有壁画的石窟，还保存了四百六十九个，连续了二里路左右。

读者们，这么多的石窟连续在一起，是很难得看到的。在我们祖国的境土上，山西的云冈、河南的龙门以及其他好些省份虽然也开凿过这样的石窟，但是就数量来说，没有一处能够比得上这里，即使在全世界上，恐怕也找不出第二个地方有这么多的石窟！

何况，这四百六十九个石窟，都是各个时代先后开凿的。其中北魏有二十二个，隋代有九十个，唐代有二百零六个，五代有三十二个，北宋有一百零三个，西夏有三个，元代有八个，清代有五个，每个时代开凿的石窟，无论在构造上，装饰上，都有种种的不同，五光十色，让看的人不会发生单调乏味的感觉。

我们先从北魏时候的石窟看起吧，这在千佛洞是较早开凿的一批。它的式样，大约可以分成两种：一种是正方形，从外面走进去，可以看到里面凿了一个石柱，石柱是四方的，每一面都凿出佛龛，里面塑着佛像。还有一种虽然也是正方形，但是里面的构造却不相同，它没有凿石柱，而是在正面的石壁上凿了一个大佛龛，左右两面也凿出几排小佛龛，里面塑着大小不一的佛像。

这两种式样，当然都是仿照印度的。可是，我们祖先并不是把人家的式样原封不动地搬过来就算了，在这些式样中，还加进了我国固有的建筑风格，做了许多改造的工作。譬如说，在印度，一个大石窟里还需要凿出许多小石窟，好让一心修道的佛教徒长期住宿在里面，但是，在我国，佛教徒不需要住在石窟里，因此这些小石室便可省掉了。另一方面，我们祖国的房屋，通常都是用木材建筑的，屋脊盖成人字形，人在屋子里，可以看到屋脊下面一排排的椽子。我们聪明的祖先想到了这一点，于是在这些石窟里面也凿成人字形的屋脊，而且凿出椽子的形式，使人们走进去，觉不出是到了山洞。

以后，到了隋代，石窟的样子开始起了变化。有的虽然在窟里仍旧凿了石柱，但是在窟顶已经不凿椽子，而改用颜色画成椽子的样子，不但省了人工，反而更为美观。有的索性连石柱也不用，只在中间凿成一个石坛，上面塑着佛像。至于北魏时候那种不用石柱只在正面壁上凿个大佛龛的式样，这时候还保存着，不过佛龛凿得更要深一些。以后这种形式继续发展下去，正面壁上的大佛龛凿得越来越深，就成为了唐代石窟的主要形式。

五代宋初的时候，敦煌归入了曹家这个封建领主的统治，曹议金和他的子孙叫人在这里开凿了好些石窟。这些石窟的式样，和过去的又有不同，窟里面凿出一面像屏风一样的石壁，石壁前面连着一个大石坛，靠着这个石屏风塑了一个佛像，在石坛上还塑了许多小佛像。读者们有没有到过大寺院里去

敦煌莫高窟第 419 窟隋代造像

过？在大寺院里总有个大雄宝殿，殿的中间拦着一个砖头砌成的墙壁，屏风正面塑个大佛像，背后塑个脚踏鳌鱼的南海观音，这种情形和千佛洞里的石屏风很相像，也许就是由这种石屏风演变而来的呢。

我们今天到寺院里去，看到许多大小的佛像，这些佛像小的用木雕，大的用泥塑，千佛洞里的佛像呢，就时代上讲，虽然很古老，但是在质地上也还和今天寺院中的没有什么区别，不过不用木雕，却是泥塑的罢了！

读者中也许有到过云冈，或者到过龙门的，云冈和龙门的佛像不都是用山石凿成，甚至就凿在石壁上的吗？千佛洞为什么不这样做呢？原因很简单，这座鸣沙山的石质比较粗，凿个洞窟还可以，要想用它凿成佛像便不行。只好改用泥塑了。

唐　泥塑供养菩萨

这种泥塑的佛像，在每个寺院里都可以看到，好像没有什么希奇，可是，读者们要知道，今天寺院里的佛像，最多只是几百年内塑成的东西，假如要找个时代比较早的，例如唐代时候的佛像吧，就很困难了。除了在苏州甪（lù）直镇的保圣寺里，还保存着几个残缺不全的佛像，相传是唐代的作品外，谁有办法再能找到唐代的塑像呢？更不用说唐代以前的了！

可是，读者们不用着急，我们的千佛洞不是有二百零六个唐代的石佛吗？这些石窟中的佛像，不都是道道地地唐朝时候所塑成的吗？而且不只唐朝，北魏的也有了，以后五代、宋、元各朝的也有了。这里的佛像总共有一千七百二十七尊之多（满清时候所塑的六百八十四尊还没有算在里面），好像开了一个历代塑像的展览会。

这些佛像，不但塑得十分壮严，十分生动，而且和它的那些石窟一样，一个时代有一个时代的作风：北魏时候所塑的都很清秀，唐朝时候所塑的都很雄伟。同时这些佛像已经不完全是印度的式样了，不但慢慢地改用了我们祖国的衣服装饰，甚至面貌也逐渐塑得和我们中国人很相像了。

这些都是塑在佛龛里或是石坛上的佛像。还有许多佛像，不是用手塑成，而是事先做了一个木头的模子，用泥捏进去，取出后就成为一个个小佛像，把它贴在石壁上。这种小佛像，在北魏的石窟里，就可以发现不少。

这些大大小小的佛像，在解放以前，一向不被人注意，大家认为这些都是匠人的作品，没有什么艺术上的价值。其实，匠人不正是最有智慧的劳动人民吗！在唐代时候，有一位名叫杨惠之的，他本来学绘画，后来改行去塑佛像，获得了很大的成就，当时社会上把他和吴道子同等推重。吴道子想来大家都知道，他是我国古代著名的大画家，而杨惠之的塑像居然可以和他的绘画并驾齐驱，足见塑像这个工作，不是一件简单的事情了。千佛洞里的佛像，都是我国古代劳动人民智慧的结晶，是极有价值的艺术品，我们今天应该好好爱护才对呢。

壁画和佛教故事

爱好艺术的读者们！假如我们走进千佛洞，一定会感到异常兴奋，因为不但泥塑的佛像是那么庄严生动，而且在四周的石壁上到处画着美丽的图画，使我们看了又看，再也不忍离开。

石壁上这些美丽的图画，我们通常叫它做"壁画"，它是各个时代画家们的创作。这些创作充满了四百六十九个石窟，假如把它们统统连接起来，将要有五十里路长，即使匆匆地看一遍，恐怕起码也得花费一个星期的工夫。读者们想一想，千佛洞这个天然的美术馆，是够多么的伟大啊！

对于这样伟大的美术馆，读者们很想去看一看吧！不过，远道的读者要到

唐　乐舞图

敦煌去，一时不见得能够去成功。因此，只好在这本小书里，把这些壁画给读者们作个简单的介绍，好让读者们知道一些大概的情形。

首先，要给读者们介绍一下壁画的内容。没有问题，千佛洞既然是佛教的圣地，壁画的内容当然也一定是以佛教为中心，其中有各式各样的佛像，还配着各式各样的图案和其他装饰；而最引人入胜的，尤其是一种叫做"变相"的故事画，上面画着许多佛教中的著名故事，有人物，有树木，有山水，显得格外美丽夺目。

大家要知道，印度的文化发达得很早，因此佛教中流传的故事也就特别来得丰富，画进千佛洞壁画里的，大概可以分做三大类。

一类是用壁画的方式，来替佛教经典宣传。譬如有一种《阿弥陀经》，说西方有块叫做净土的地方，是个极乐世界，只要经常念"阿弥陀佛"，将来死后就可以到这极乐世界去享福。这种说法在唐朝时候获得了许多佛教信徒的信仰，因此在唐代的石窟里，就根据这种幻想画了许多西方净土的美景，中间坐个阿弥陀

佛，观音和"势至"两个大士侍立在左右，四周环绕着他们的信徒，点缀着楼台池沼和花鸟树木。这种《阿弥陀经》的宣传画，我们叫它"西方净土变"。当然，壁画中宣传的不止这一种《阿弥陀经》，还有什么"东方药师变"、"弥勒净土变"、"维摩诘变"、"华严经变"、"法华经变"以及"金刚经变"等等，有人算过，一共有十七种之多。

故事画中的另一类，是专门描写释迦牟尼生平事迹的。读者们知道，释迦牟尼是佛教的创始人，他一生的事迹都记载在几部叫做《佛所行赞》、《佛本行经》之类的佛教经典中。当然，这些经典已经把这位佛教的创始人神化了，把他说得神通广大，法力无边，说他怎样在得道前和魔王战斗，说他逝世时怎样引起信徒的哀痛，以及以后怎样再生说法的种种神奇事迹。这许多神话，都成为了壁画中的好题材。我们看到，在北魏的石窟中，这类壁画占了一个很大的数量，以后隋唐和五代的石窟中也有好几幅。在这类壁画中，有几幅画着魔王向释迦牟尼进攻的情形，魔王的军队是多么凶恶啊！个个奇形怪状，拿着刀枪弓箭，在空中旋转呼喊，还有魔王的三个女儿，现出了一副妖媚的样子，想来引诱释迦牟尼，而释迦牟尼呢？却安静地坐在中间，丝毫不动声色。另外有几幅画着释迦牟尼逝世的经过，信徒们难过得有的在拔自己的头发，有的在捶自己的胸膛，有的昏倒在地上不能起身，一片惊惶哀痛的景象，画得非常生动。

佛教是相信轮回的，认为人死后可以投胎转世，因此，他们认为释迦牟尼这一生以前，已经活过了好多次，他们把印度的许多民间故事拉了进来，把传说中好的主角说成是释迦牟尼的前生，坏人便是魔王之类的前生，这种故事，在佛教中叫做本生故事。北魏和隋唐的石窟里，有关这种本生故事的壁画也有好多，我们把它和前面所讲的释迦牟尼事迹的故事画区别开来，另外作为一类。

这类本生故事的壁画中，场面最伟大的要算一幅萨埵（chuí）那本生了。萨埵那是印度某个小国的王子，也就是释迦牟尼的前生。有一天，他同两个哥哥到山上去打猎，看见有一只老虎，生了七只小老虎，饿得没有东西吃。他的哥哥说："这只母老虎假如再找不到吃的东西，恐怕就要吃她自己的孩子了！"萨埵那王子听了很难过，就决心牺牲自己的生命，来救活这些老虎。他叫两个哥

舍身饲虎图

哥先走，自己脱了衣服躺下来，让老虎吃，谁知母老虎已经饿得不行了，连吃人的气力都没有。于是萨埵那王子想找一把刀来割自己，刀找不到，就用一根干竹子刺自己的脖子，让血流了出来。母老虎先舐了血，有了气力，然后和七个小老虎一起把萨埵那王子吃掉。这时候，两个哥哥看不到萨埵那王子跟上来，起了疑心，折回去一看，发觉了这件舍身救虎的事情，不免大哭一场。最后，收拾了萨埵那王子的骸骨，在那里立了一座七宝塔。

还有一幅是九色鹿王本生的故事。据说，曾经有一个九色的鹿王，在江边游戏，看见一个人跌下水，连忙游水过去把他背上岸来。这个人得了活命，向鹿王拜谢，自愿做鹿王的奴隶。鹿王说："我不能因为这点事便累你一生！将来假如有人想捉我时，你只要说声没看见就好了。"那个人当然满口答应下来。谁知，过了不久，有个王后梦见了这个九色鹿王，她醒后要国王替她去捉九色鹿，把鹿皮做衣服，鹿角做耳环。国王便出了赏格，谁能捉到九色鹿的，赐给他土地和金银。这时候，那个被鹿王救活的人起了贪心："土地和金银多么好，鹿死了和我有什么相干！"于是他便把九色鹿王的行踪告诉了国王，国王就带兵去捉鹿王。鹿王还正在睡觉，幸亏它的好朋友乌鸦把它叫醒了，鹿王一看国王已来到它的面前，连忙跪下来，把那个被它救活的人忘恩负义的事情诉说了一遍。国王一听，觉得鹿王虽是畜生，良心可比人还好，于是不但不杀死它，反而命令全国，听凭

九色鹿王本生

鹿王到处行走，不准捕捉。王后听说国王放了九色鹿，一怒而死。那个忘恩负义的人呢？生了癞疮，得到了报应。这个故事最后说，鹿王就是释迦牟尼的前生。

除此以外，有关释迦牟尼的本生故事还很多，画进壁画里的也还有好几个。

当然，不管鹿王的故事也好，萨埵那王子的故事也好，以及其他本生故事，释迦牟尼和魔王的战斗故事、西方净土、弥勒净土之类，都是佛教里的幻想和神话，读者们自然不会相信真有净土、真有魔王，真有会讲话的九色鹿，真有把好好的身体去喂老虎的王子，也不会相信世界上真有过这些奇事。这里也不过是想通过上面所介绍的几个例子，使读者们大致了解一下千佛洞壁画的主要内容，使我们知道这些壁画不是简单的东西，而是内容复杂具有高度艺术水平的美术品。

优秀的艺术遗产

千佛洞的壁画，扩大了我们的眼界，使我们看到了中国绘画的全部面貌。

记得在解放以前，小学中学里有图画课，大学里也有什么艺术系。可是，那些图画课的内容，甚至艺术系里所学的东西，差不多都是清一色从西方国家贩来的货色。至于我们祖国的绘画，大家只看到一些近代的山水画，一幅宣纸上画出几个山峰，几株大树，小桥流水，再加上一个弹琴的雅士或是扶杖的老翁，显得十分单调。因此，许多人认为中国画是落后的，今天已经没有学习的价值，要学画，就得向西方国家请教。

其实，这种看法是不正确的。我们承认，西方国家出过许多伟大的画家，他们许多优秀作品，当然是值得我们虚心学习的。但是，这并不等于叫我们不学习自己祖国的东西。事实上，我们祖国曾经同样产生过许多有名的大画家，我们祖国在绘画上有它独具的光辉优秀传统。

这个光辉优秀的传统，不能由那种近代的山水画来代表，因为这种山水画已经公式化，绘画的题材严重地脱离了现实的生活，只能代表一小部分人的没落情调，从这里决不能看到中国画的全部面貌。要看中国画的全部面貌，只有到博物馆去，看几幅唐宋时代名画家的作品。唐代的作品，主要是画人物，山水花鸟不过是陪衬。宋代以后，人物虽然退步，让山水花鸟占了主要的地位，但是这些山水花鸟，大部分还是生气勃勃，不像近代那些不高明的山水画，显出一副干瘪的模样。当然，这些宋名家的作品，保留到今天的太少了，那么，就请看敦煌的壁画吧！它的题材是多么广泛，尽管是一些宗教宣传画，可是里面有人物，有房屋，同时也有树木花草、高山流水，非但没有因为宗教宣传的目的而脱离了现实，恰恰是充分地反映了当时社会上的现实生活，因此，这些壁画，虽然只是一些无名画家的作品，但是它和唐宋时代名画家的杰作一样，都是真正地代表着中

唐　帝王图

国绘画的光辉传统，是我们祖先所留下来的最优秀的艺术遗产。

让我们看一看这些壁画的色彩吧！是多么地光辉夺目啊！在北魏的石窟里，最喜欢用一种蓝颜色，让人家看上去感到异常清醒舒服。隋唐五代的作品颜色繁复了，但是看上去并不叫人感到有丝毫的杂乱和浑浊；相反的，用这种浓艳的色彩，画出一幅幅五光十色繁复富丽的图画，正是表现着一种充沛的活力。有人研究过，这些壁画所用的颜色，有什么烟炱、高岭土、赭石、石青、石绿、朱砂、铅粉、铅丹、靛青、栀黄、红花等十一种原料。其中有些并不是敦煌的土产，要从很远的地方运来，还有好几种在制造时都需要经过复杂的手续，所有这些，当时在千佛洞里工作的画家们都能办到了。可见我们祖先在绘画的色彩上着实下过一番研究功夫，决不像近代那些公式化的山水画，只用些水墨敷衍一下就了事的。

再说这些壁画的布局吧！很多都是别出心裁，叫人看了毫无千篇一律，平板呆滞的感觉。譬如：我们在上面讲过的那些本生故事画，是要在一幅画中画出故事全部内容的，这件事情看来是很不容易，但是我们祖先有他的办法。他们画了许多山水树石，把整个一幅画分隔成好多段，在每一段的空白地方，画出这个故事一个场面。就萨埵那本生故事来说，在壁画上一共分了十三段，从三个王子在出猎前向父王告别起，直到造七宝塔为止，好像今天的连环图画一样，任何人看了这幅图画，都能了解故事全部内容。这种通俗的形式，是最受人民大众欢迎的。

即使是一些佛像吧，我们祖先也能把它画得变化生动，叫人看了不会产生单调乏味的感觉。例如北魏时候流行一种"贤劫千佛"的壁画，在大块的石壁上，要画出一排排无数的小佛像。这种题材是最不易讨好的，弄得不好，便会变成印板似的东西，叫人看了生厌。于是我们祖先在这里又显出他的聪明了。千佛的位置虽然不好更动，但是颜色总是可以随意调配的，我们祖先就在这方面下功夫，尽量变化各个佛像的色彩，但是整个看上去又显得非常统一调和。这种高明的技术，决不是没有本领的人所能办到的。

这些壁画，往往不是佛教徒自己叫人画的，而是一些信徒们，为了表示自己的虔诚，花了钱请人在石窟里画上这些佛像、经变、本生故事之类，附带画上自己全家男女老幼，希望能够得到佛菩萨的保佑。这些信徒们自己的画像，我们叫它"供养人像"，通常画在大幅壁画的下方，往往一连串有好多个。其中有些是官

唐　都督夫人太原王氏供养像

僚封建主们花钱叫人画的，场面更为热闹，不但把他们全家老幼统统画进去，甚至画出他们出巡或是出猎的情况。例如唐朝末年敦煌统治者张义潮的出行图和宋国夫人的出行图之类，上面有车子，有马队，侍卫的人有的拿着兵器，有的揹（qián）着大旗，中间还夹杂着许多人在表演杂技，唱歌跳舞。我们从这些图画中，不但可以体会到封建主在当时的威风，并且可以看到当时的衣服装饰，习惯爱好，使我们对于古人的生活，获得更多的了解。

除掉这些大幅壁画外，整个石窟几乎到处都点缀着美丽的图画。其中最引人注目的，尤其是一种叫做"飞天"的人像，这种飞天是我们祖先想像中的仙人，经常在半空中忽上忽下地飞来飞去。读者们知道，西方国家的耶稣教徒也是相信这种仙人的，他们把这种仙人叫做"天使"，在耶稣教的宣传画里，这种天使是生了一对翅膀的人物，他们用这一对翅膀来表示天使和凡人的不同。在我们祖

唐　河西节度使张义潮统军出行图

唐　宋国河内郡夫人宋氏出行图。宋氏是河西节度使张义潮的夫人，此图描绘的是宋氏夫人春游的情景

夜半逾城。描绘释迦做太子时夜半乘马逾城，入
山修行的情景

国，道教徒也是相信有仙人的，在道
教的图画里，往往在仙人的脚下画上
一堆云彩，用这云彩表示仙人能够腾
云驾雾，和凡人不同。可是，我们祖
先在创作飞天的时候，所用的办法比
上面这些更加巧妙了。我们祖先并没
有在飞天的背上加翅膀，也没有在飞
天的脚下添云彩，只在飞天的身上画
了两根飘带，两根飘带一转一折，便
把这个上下飞腾的身子运用自如地飘
忽在空中了。这种方法，是多么地简
洁、灵巧，多么富于想像力。

这些图画不仅布满在石窟的墙壁上，甚至，一直画到了石窟的窟顶上。尤
其在窟顶的中心，通常画成一方美丽的"藻井"。这种藻井的式样很多，往往中
心是一朵莲花，四周点缀着佛像、花草，显得既大方，又美观，每个藻井都是极
好的图案画。

以上这些壁画，现在都保存在千佛洞的四百六十九个洞窟里。虽然经历了
好几个世纪的岁月，大致上还没有遭到什么损坏，仅仅是某些颜色变了质，像有
些人像的脸孔本是粉红的，由于日子隔得太久，就变成了茶褐色。因此，我们可
以想像，这些壁画在当初一定比今天更美丽，更逼真。

当初在千佛洞里，除了这些美丽的壁画外，还有许多佛画和佛幡。王道士
在发现古代的手抄本时，这种佛画、佛幡也连带地发现了一大批。可惜，都叫斯
坦因、伯希和这些文化间谍抢走，今天留在祖国的已经没有几件了。

　　这些佛画、佛幡的内容，和壁画大致相同。其中最多的是单尊的佛像和神像，像文殊菩萨、观音菩萨以及四大天王之类。但是也有许多大幅的经变，包括"西方净土变"、"东方药师变"等名目。至于有关释迦牟尼生平事迹的绘画，多数画在佛幡上，从上到下分成好多格，连续起来也像一套连环画。

　　我们前面所讲的壁画，是在石壁上涂了一层泥，刷上石灰，然后涂上颜色的，至于佛画、佛幡，则有的画在纸上，有的画在透明的薄绢和麻布上，还有一些不用笔画，而是丝绣的。我们伟大的祖先，是多么多才多艺啊！

西千佛洞和万佛峡

读者们看了千佛洞里这么多的艺术品，假如还有兴致，那么不妨再看一看邻近的两个古迹——西千佛洞和万佛峡。

让我们先看西千佛洞吧，因为从千佛洞到这里，比到万佛峡格外要近些。

这本小书一开始的时候，就对大家讲过，在敦煌境内有一条党河，从南到北流过敦煌城边。它的两岸有许多山崖，西千佛洞就在它北岸的一个山崖上面，这里正在敦煌县城的西南面，离开县城大约有七十五里光景。

从西千佛洞的名称看来，读者们就可猜到它的性质和千佛洞一样，佛教徒在这里开凿了许多石窟，留下了许多佛教的古迹。

西千佛洞是在什么时候开始开凿的？我们今天已经不很清楚了。有的古书曾经提到这个地方，说在汉代已经有人在这里开凿石窟了。这话是否可靠，我们无法断定。不过由此可以推测它开凿的时代不会晚，也许是和千佛洞的开凿同时。

西千佛洞外景

　　不知什么缘故，这里的石窟自从开凿以来，始终没有千佛洞那么热闹。千佛洞的石窟逐年有增加，直到现在为止，有壁画的还有四百六十九个之多。至于西千佛洞，根据前几年的调查，有壁画的石窟保存到今天的，只有十六个。

　　在这十六个石窟中，一个已经完全塌坏了，一个也塌了一半，还有六个因为离开地面高，没有长梯就无法爬上去。可以进去看的有八个，其中五个是北魏时候开凿的，两个是唐代的，一个可能也是北魏的。

　　这些石窟，和千佛洞的很相像。有的在窟的中心凿了方柱，有的在窟的后壁凿成大佛龛，佛龛里和方柱的四周塑了许多佛像。壁画的内容以"贤劫千佛"为主，同时也有画着释迦牟尼生平事迹的。大幅壁画的下面，画了许多"供养人像"，这些"供养人"有的驾着车，车辕很长，上面有支柱，想来是北魏时候流行的形式。

　　西千佛洞大致的内容，就是这样。至于万佛峡，情形和西千佛洞也差不多。

婚礼图（榆林窟壁画）

　　万佛峡离开千佛洞比较远，它已不属敦煌县管辖，而是在敦煌东面的安西县境内了。

　　安西境内有条踏实河，它和敦煌的党河一样，两岸也有许多山崖。万佛峡就在县城南面一百四十里外，踏实河西岸的山崖上。河水汹涌地在中间流过去，山崖上点缀着许多石窟。尤其在春末夏初的时候，两岸长满了绿柳杂花，就风景而论，似乎还胜过千佛洞。

　　这里的石窟，是在什么时候

耕稼图（榆林窟壁画）

开始开凿的，我们今天同样无法知道。不过从石窟的式样来推测，大约和千佛洞开创的年代不会相去太远。在当初，这里叫做榆林窟，万佛峡是后来的名称。保存到今天的石窟有四十个，其中有壁画的是二十个。

这些石窟，有北魏的，有隋、唐、五代的，有的还经过了宋、元人的重修。内容大致和千佛洞相仿佛。所特别的，有些"供养人像"的上面题了西夏的文字，因此曾经有人猜测这些"供养人像"可能是西夏时代的作品。不过根据最近的研究，这种猜测不一定靠得住，因为西夏文字在这里曾经通行得很久，即使西夏被元朝灭亡后，这里还通行着西夏文字，从"供养人像"的装饰来看，这些壁画应该是元代的作品。

万佛峡和西千佛洞，在艺术上和千佛洞是同属一个系统的，它们和千佛洞一样，都是我们祖先留给我们的珍贵艺术遗产。我们决不能因为它们石窟的数量少，壁画的内容也没有千佛洞丰富，就不去注意，不加爱护。

敦煌回到了人民的手里

敦煌千佛洞的石窟、塑像和壁画，现在都是我们祖先遗留给我们的优秀的艺术遗产，论理我们应该好好地加以爱护。可是，反动派是不管这些的，他们对待这些艺术遗产的态度是让它遭受破坏，让它被帝国主义分子任意盗窃。只有人民，才真正能够爱护这些珍贵的艺术遗产。

斯坦因、伯希和、橘瑞超之流来得早，他们趁当地人民还没有注意到这个艺术宝库的时候，抢走了我们最宝贵的手抄本。以后，美帝国主义也眼红了，派了个名叫华尔纳的文化间谍，企图来进一步地洗劫这个宝库。

华尔纳第一次在 1923 年到达千佛洞，这时候，洞里的手抄本已经搬光了，

莫高窟九层楼（第 96 窟）今貌

这个家伙就看中了壁画。他准备了大幅的洋布，上面涂着化学药品，按在壁画上，用力一擦，壁画上面一层的彩色就全部黏到布上了。他花七十两银子买通了王道士，就改用这种方法，剥下了二十多块的唐代壁画，还连带偷去了几尊佛像运回了美国。读者们想一想，这种破坏古物的办法，是多么恶毒啊！

可是，尽管帝国主义分子的办法恶毒，终于敌不过中国人民的铁拳。千佛洞的几次遭劫，教育了当地的人民，他们知道帝国主义分子是贪得无厌的，只有大家紧紧地团结起来，才能保护千佛洞的宝藏，不使它被帝国主义分子抢光。因此，在发觉华尔纳盗窃壁画的罪行后，大家感到无比的愤怒，向县长质问，向王道士质问。等到华尔纳第二次再来盗窃的时候，就非碰钉子不可了。

这一次是在 1925 年，华尔纳这批家伙的野心更大了，他们想大规模地来盗窃北魏的壁画。哪知道，先头部队刚到敦煌，就遭到当地人民坚决的反对，不许这批盗窃犯在千佛洞住宿。华尔纳又想到万佛峡去，要求在那里停留一个月，当地人民也坚决不答应。最后，这批盗窃犯在人民的严密监视下，一无所得，只好狼狈地滚回了美国。

读者们，人民的力量伟大不伟大呢？没有他们，千佛洞里壁画和佛像恐怕都要变成美国博物馆里的陈列品了吧！千佛洞、西千佛洞和万佛峡的艺术品还能完整地保存到今天，都是当地人民和帝国主义斗争的结果！

可是，对于当地人民保存下来的这许多艺术品，当权者还是丝毫不关心。由于一些有良心的学者们的再三建议，在 1944 年，国民政府的教育部才勉强设立了一个敦煌艺术研究所。这个研究所的一些艺术工作者们，长期住在千佛洞里，不辞辛苦地临摹壁画，进行着研究的工作。可是，经费呢，少得可怜。

千佛洞要放射它的光芒，只有在它归到了人民手里的时候。

这个时候终于到来了。1950 年，英勇的中国人民解放军向大西北进军，解放了敦煌。国民政府没有办法也没有可能把这些珍贵的艺术品抢走，千佛洞完整地归到了人民的手里。

西北军政委员会文化部文物处初步接管了敦煌艺术研究所。1951 年，改组成立敦煌文物研究所，直接由中央人民政府文化部文物局领导，经费增加了，还

五代　扬场图（壁画局部）

成立了考古组，研究工作也开展起来了。

　　这一年的 4 月里，在北京举办了一个敦煌文物展览会，展出了九百多件壁画的临本，以及过去被帝国主义们所劫掠的古物的照片材料。让广大人民懂得敦煌千佛洞在艺术上的重大价值，进一步认识帝国主义分子劫掠我国古物的罪行，教育广大人民应该怎样爱护祖国的艺术遗产，继承这优良的艺术传统。

　　正如敦煌文物研究所工作同志们所说的："随着中国革命的胜利，中华人民共和国的建立，国家政权属于人民了，古代的优秀文化艺术遗产，曾长期被埋没，被冷落，被帝国主义者掠夺侵占破坏，蒙蔽了它的光芒的，也开始回到人民的手里，成为广大人民的共同财富，重新放射出它应有的光芒了。敦煌壁画，原来是劳动人民辛勤创造的成果，我们尊重它，不止是在这一点，重要的还是要继承这一优良的艺术传统，从这里汲取营养，获得借鉴，来创造新的人民美术。"

出版后记

　　黄永年先生以研究唐史著名，不仅撰写了很多高质量的论文专著，把唐史研究推向更高水平，而且撰写了一些雅俗共赏的通俗读物，对普及唐史知识起了推动作用。本书收录的四种读物——《唐太宗李世民》、《〈旧唐书〉与〈新唐书〉》、《唐代的长安》和《敦煌千佛洞》，即从不同方面展现了唐朝历史、文化与社会的风貌。

　　这几种读物语言流畅，简明扼要，可读性很强。作者在《唐太宗李世民》的"后记"中谈到写作通俗读物的三个要求，即弄清真相、讲究科学、写得有趣味，作者也正是向这几方面努力的。尤其《〈旧唐书〉与〈新唐书〉》一书，作者充分利用了自己在版本学和目录学方面的特长与优势，并对唐史上的诸多问题作了辨析，写得相当精彩。

　　为了直观形象地反映唐代的历史场景与文化风尚，我们根据内容精选了百余幅历史图片。另外，因《唐代的长安》和《敦煌千佛洞》成书较早，为方便读者阅读，作了少量技术处理，这也是应当说明的。

　　本书的编辑和出版，得到了黄先生哲嗣黄寿成老师和高足曹旅宁老师的大力支持，谨此致以深深的谢意。

中华书局编辑部

2013 年 8 月